Matthias Pflüger

Die schönsten Kanu-und SUP-Touren auf dem Bodensee

21 Kanuwandertouren auf dem Obersee, Untersee, Überlinger See und Hochrhein

Impressum:

© 2022 DKV Wirtschafts- und Verlags GmbH
www.dkvgmbh.de
Postfach 10 03 15
D-47003 Duisburg
Tel.: +49 (203) 99759-0
Fax: +49 (203) 99759-61

1. Auflage
Fotos: Matthias Pflüger
Titelbild: Matthias Pflüger
Gestaltung: www.publicdesign.de
Druck: Silber Druck oHG, Lohfelden
Lektorat: Petra Hassler-Mattes
Karten: Uwe Rex mit MapX
Kartendaten: © OpenStreetMap-Mitwirkende, www.openstreetmap.org, Lizenz ODbL 1.0
Gewässerdaten: © Deutscher Kanu-Verband e.V., 2022

Aktuelle Infos:
Der Deutsche Kanu-Verband und die Zeitschrift KANU-SPORT bieten aktuelle Informationen über ihre jeweilige Homepage. Anregungen zu diesem Buch werden in der nächsten Auflage berücksichtigt. Verlag und Autor sind für alle Hinweise dankbar und erreichbar unter:
info@dkvgmbh.de

Deutscher Kanu-Verband e.V.
Bertaallee 8, 47055 Duisburg
Tel. 0203/99759-0, Fax -60
Internet: *www.kanu.de*

ISBN: 978-3-96806-025-5

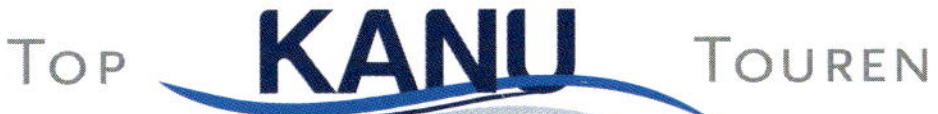

Matthias Pflüger

Die schönsten Kanu-und SUP-Touren auf dem Bodensee

21 Kanuwandertouren auf dem Obersee, Untersee, Überlinger See und Hochrhein

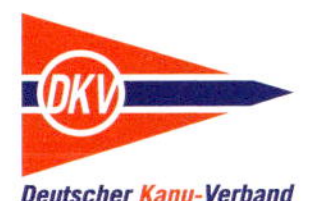

DKV Wirtschafts- und Verlags GmbH
Postfach 100315 - 47003 Duisburg

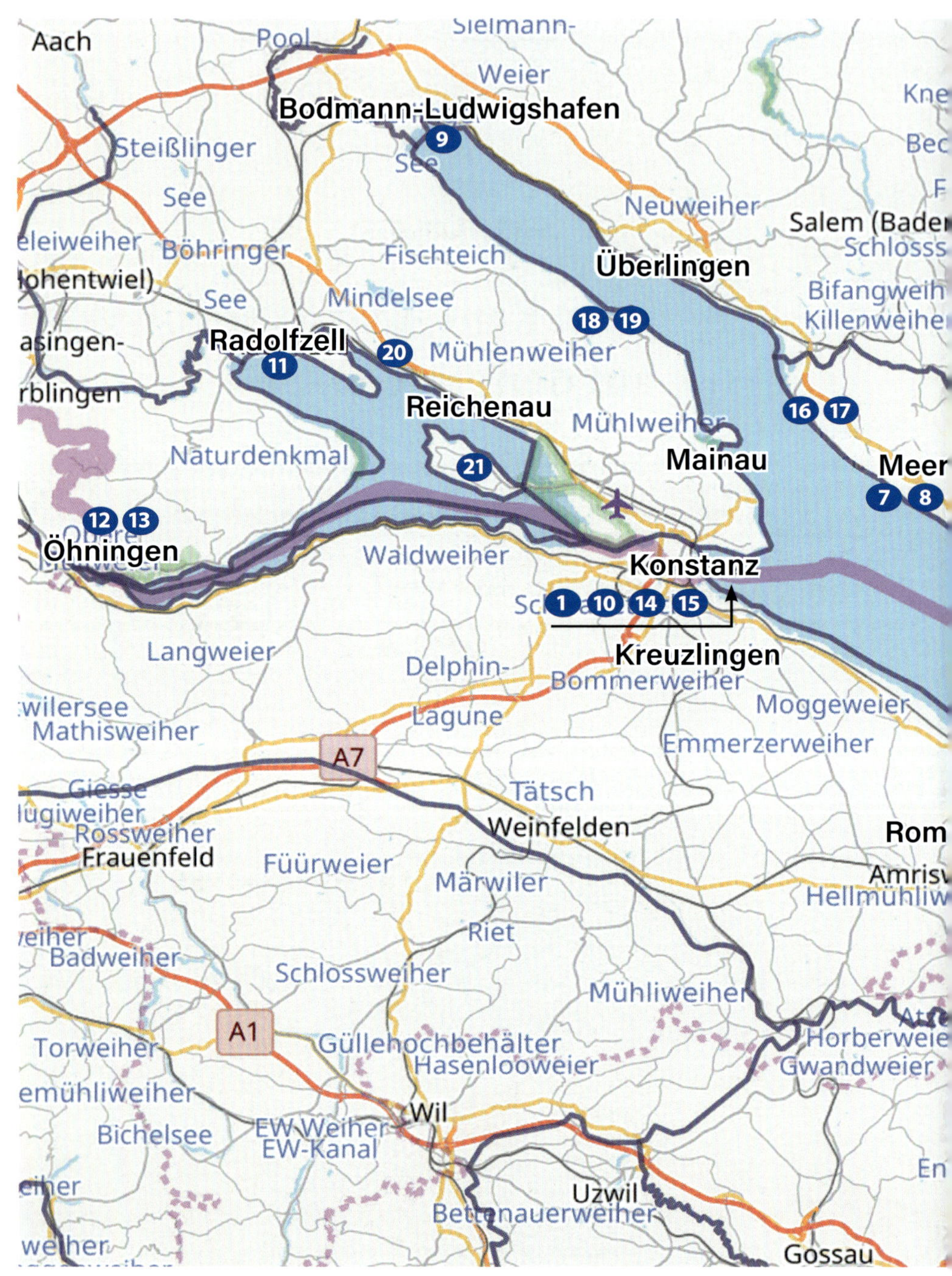
Aach
Pool
Weier
Bodmann-Ludwigshafen
9
Steißlinger
See
See
Neuweiher
Salem (Baden)
Böhringer
See
Fischteich
Überlingen
Mindelsee
18
19
Radolfzell
11
20
Mühlenweiher
Reichenau
16
17
Mühlweiher
Naturdenkmal
21
Mainau
7
8
12
13
Öhningen
Waldweiher
Konstanz
1
10
14
15
Kreuzlingen
Langweier
Delphin-
Lagune
Bommerweiher
Moggeweier
Mathisweiher
Emmerzerweiher
A7
Giesse
Tätsch
Rossweiher
Weinfelden
Frauenfeld
Füürweier
Märwiler
Riet
Badweiher
Schlossweiher
Mühliweiher
Torweiher
A1
Güllehochbehälter
Hasenlooweier
Horberweier
Gwandweier
Wil
Bichelsee
EW-Weiher
EW-Kanal
Uzwil
Bettenauerweiher
Gossau

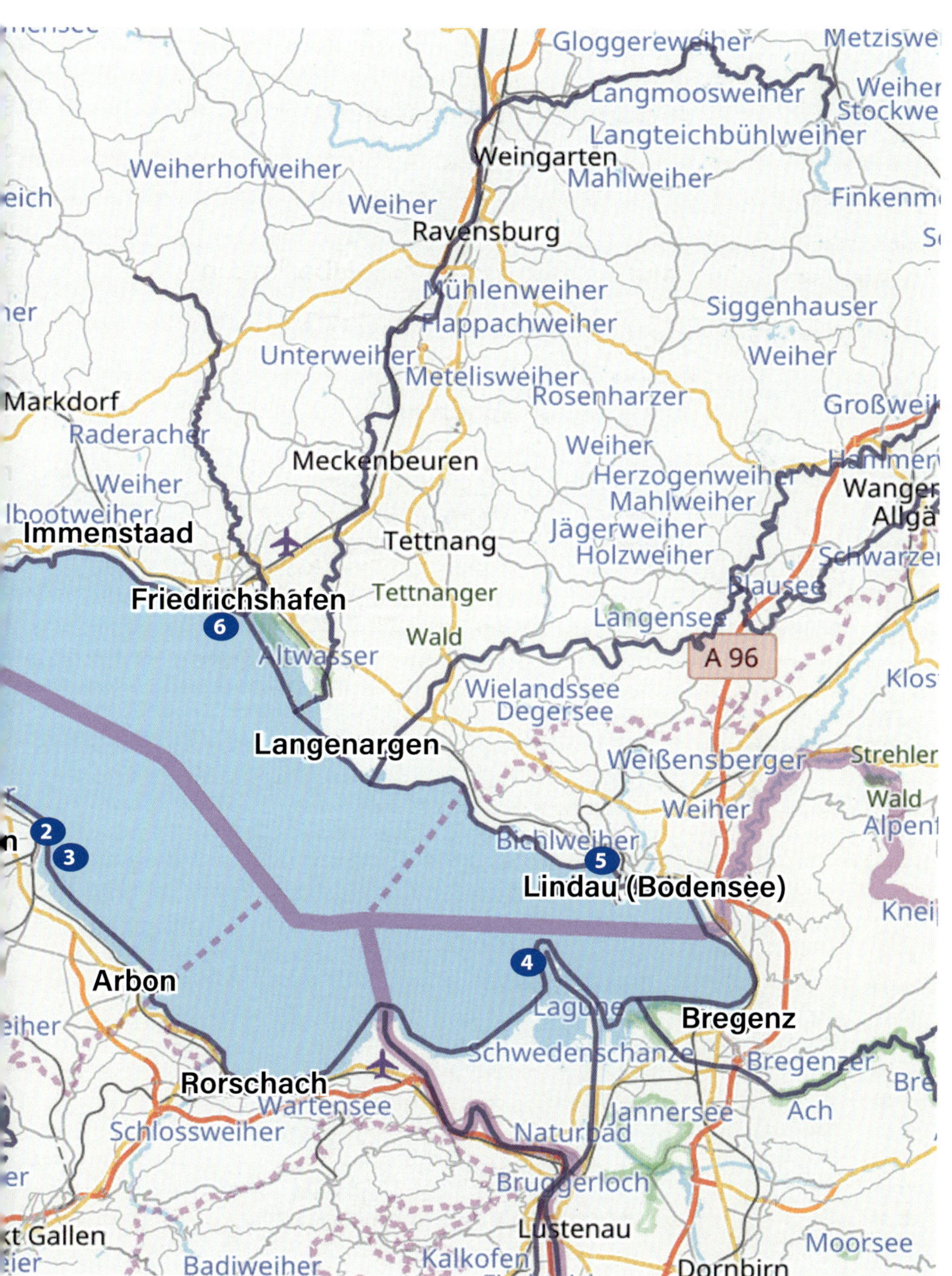
Gloggereweiher
Metziswe
Langmoosweiher
Weiher
Stockwe
Langteichbühlweiher
Weingarten
Weiherhofweiher
Mahlweiher
Finkenm
Weiher
Ravensburg
Mühlenweiher
Siggenhauser
Flappachweiher
Weiher
Unterweiher
Metelisweiher
Rosenharzer
Markdorf
Großwei
Raderacher
Weiher
Meckenbeuren
Herzogenweiher
Wangen
Weiher
Mahlweiher
Allgä
Immenstaad
Jägerweiher
Tettnang
Holzweiher
Schwarzen
Friedrichshafen
Tettnanger
Blausee
Wald
Langensee
Altwasser
A 96
Wielandssee
Degersee
Langenargen
Weißensberger
Strehler
Wald
Weiher
Alpen
Bichlweiher
Lindau (Bodensee)
Arbon
Lagune
Bregenz
Schwedenschanze
Rorschach
Bregenzer
Wartensee
Ach
Jannersee
Schlossweiher
Naturbad
Bruggerloch
Lustenau
Moorsee
Badiweiher
Kalkofen
Dornbirn
2
3
4
5
6

Touren-Gesamt-Verzeichnis: 19 Lang-Touren, 37 Kurz-Touren
Wir unterscheiden zwischen **Strecken-Touren** und **Rund-Touren**!

Strecken-Touren: (13 lange Touren, 25 Kurz-Touren)

Rund-Touren: (6 lange Touren, 12 Kurz-Touren)

Vorwort

Ursprung dieses Buches ist der DKV Kanu-Führer „Die schönsten Kanu- und SUP-Touren in Baden-Württemberg“. Bereits dieses Buch aus dem Jahr 2018 beinhaltet 7 Touren auf dem Bodensee.

Als es dann an die Überarbeitung ging, habe ich mir die Frage gestellt, weshalb der Bodensee so stiefmütterlich davongekommen ist. Wenn, dann schon ganz. Da der Bestandsführer in der Überarbeitung ebenfalls einen Tourenzuwachs bekommt, haben wir entschieden, zwei Bücher zu erstellen und den Fokus bei diesem Band ganz auf den Bodensee zu legen. Die Zuflüsse wie Schussen und Argen verbleiben im anderen Buch mit reinen Fluss-Touren.

Auch in diesem Buch werde ich wieder von kompetenten und erfahrenen Autorinnen und Autoren unterstützt.

Nachdem wir im Autoren-Team die Strecken festgelegt haben, stellte sich die Frage, wo wir die Touren originär starten lassen wollen. Konstanz als größte Stadt am Bodensee mit dem größten Kanu-Club am See war für uns deshalb prädestiniert. Zudem ist die Auswahl an Unterkünften, Lokalitäten und Sehenswürdigkeiten dort am umfangreichsten. Selbst Tages-Touren an anderen Seeteilen können von Konstanz aus bequem angegangen werden.

Alle Autorinnen und Autoren dieses Buches sind Mitglied in einem der Bodensee Kanu-Vereine.

Wir beschreiben sowohl den Ober- als auch den Untersee gegen den Uhrzeigersinn. Natürlich können die Touren auch mit dem Uhrzeiger oder in anderer Abfolge gepaddelt werden.

Weiter lassen wir Feedback zum Thema SUP-Beschreibungen aus dem ersten Baden-Württemberg-Führer einfließen. Der Leser-Wunsch war, mehr Augenmerk auf eine ausführlichere Darstellung von Schwierigkeiten sowie auf eine Klassifizierung des Anspruchs zu legen.

Dieses Buch ist nun so aufgebaut, dass fast alle Touren nochmals halbiert werden können, um die SUP’ler oder die weniger trainierten Paddlerinnen und Paddler aller Bootsgattungen hinsichtlich der Streckenlängen nicht zu überfordern. Entsprechende Einkehr- und oder Übernachtungsmöglichkeiten sind auf den Zwischenetappen ebenfalls eingearbeitet. Außerdem können die Touren nach persönlichem Können und Kondition ausgewählt werden.

Das Buch beschreibt 21 Strecken-Abschnitte. Durch die Halbierung mancher Touren für SUP’ler oder Paddler:innen, die kürzere Strecken fahren wollen, ergeben sich bis zu 37 Kurz-Touren.

Mein persönlicher, großer Dank geht an das Team, das mit der Ausarbeitung und Beschreibung der neuen Touren, der Überarbeitung der Bestandstouren oder auch nur mit der Bereitstellung von Bildmaterial mit viel Zeit und Engagement zum Gelingen dieses Buches beigetragen hat.

Wir wünschen unseren (paddelnden) Leserinnen und Lesern viel Spaß, sowie tolle und unvergessliche Erlebnisse auf diesen Touren.

Matthias Pflüger und das Autoren-Team

Naturverträgliches Verhalten

Da uns die Natur ein hohes Gut ist, in der wir Ruhe und Rückzug vom Alltag finden, ist es uns wichtig, dass wir diese auch schützen. Daher sollten Sie bitte folgende Dinge beachten:

1. Nutzen Sie bitte öffentliche Parkmöglichkeiten und befahren Sie bitte keine Wiesen und Uferbereiche zum Be- und Entladen. Für längere Tragestrecken empfiehlt sich ein Bootswagen.

2. Respektieren Sie bitte die Bedürfnisse anderer Erholungssuchender und verhalten Sie sich freundlich und rücksichtsvoll.

3. Benutzen Sie bitte zum Ein- und Ausbooten öffentlich zugängliche Uferbereiche wie Slipanlagen oder fragen Sie bei den örtlichen Kanu-Clubs bezüglich Nutzung ihres Stegs an.

4. Informieren Sie sich bitte vor Fahrtantritt über die Wind- und Wettervorhersage. Nützliche Adressen: *https://wetterstationen.meteomedia.de* *https://de.windfinder.com*, *www.wetteronline.de*

5. Schützen Sie bitte die Ufer- und Wasservegetation, sowie die Tierwelt. Bitte halten Sie Abstand zu Vogelschwärmen, insbesondere in der kalten Jahreszeit und während der Brutzeit.

6. Beachten Sie bitte die ausgeschilderten Naturschutzgebiete (Uferbereiche oder Flachwasserzonen), die nicht befahren werden dürfen. Gleiches gilt für die Schilfgebiete rund um den See. Ein Mindestabstand von 25 Metern zu Schilf und Schwimmblattzonen ist lt. BSO einzuhalten. Rot-Weiß-Rote Bojen (Tonnen/Schilder auf Seezeichen) kennzeichnen Sperrgebiete oder Schwimmbäder.

7. Nutzen Sie bitte ausschließlich öffentliche Zeltplätze oder fragen Sie bei den ortsansässigen Kanuvereinen an. Zelten in Landschafts- und Naturschutzgebieten, sowie das Feuermachen in der Natur sind verboten.

8. Bitte nehmen Sie Ihre Abfälle wieder mit und entsorgen diese umweltverträglich.

Wir haben in unseren Beschreibungen alle uns bekannten Gebiete und deren Besonderheiten dargestellt.

Tipps für eine Tour

- Nutzen Sie auf Touren zweckmäßige Kleidung und Schuhe dem Wetter entsprechend (orientieren Sie sich an der Wasser- und nicht der Lufttemperatur).
- Wählen Sie die Tour je nach Ihrem Erfahrungsstand und Ihrer Kondition.
- Befahren Sie bitte keine Gewässer bei Gewitterneigung oder Sturmwarnung.
- Sie sollten kein Fließgewässer bei Hochwasser befahren – erfragen Sie vor jeder Tour den Pegelstand.
- Organisieren Sie ihre Rückfahrt vor Ihrem Tourbeginn, falls Sie keine Rundtour planen.
- Paddeln Sie möglichst nicht allein, sondern suchen Sie sich erfahrene Begleiter.
- Vor Tourbeginn überprüfen Sie bitte die Fahrtüchtigkeit Ihres Kanus / SUPs.
- Verpacken Sie Ihr Gepäck wasserdicht und überladen Sie das Boot/Board nicht (evtl. Ladung sichern).
- Tragen Sie Schwimmwesten, egal ob als Kind oder Erwachsener – Sicherheit geht vor.
- Fürs SUPs ist auf dem Bodensee grundsätzlich die Verwendung einer Leash zu empfehlen. Im Bereich des Seerheins und auf dem Hochrhein raten wir davon ab, diese am Fuß zu befestigen. Bei einer Sicherung am Oberkörper kann die Leash im Notfall gelöst werden.
- Nichtschwimmer sollten nicht mit auf Tour genommen werden.

Sicherheits-Themen

1. Allgemeine Infos Bodensee

1.1 Beschriftung

Alle Boote müssen innen mit Namen und Adresse des Eigners versehen sein.

Für SUPs gilt dasselbe (ggf. ein laminiertes Schild mit Karabiner am Board anbringen). Am besten noch eine Telefonnummer dazuschreiben. Dann ist eine Kontaktaufnahme im Zweifel einfacher.

1.2 Vorfahrtsregeln

Allgemein

Es gilt: Windkraft vor Muskelkraft vor Motorkraft.

Grundsätzlich gilt, dass das besser manövrierfähige Fahrzeug ausweichen muss. Dabei sollte das andere Boot hinter dem Heck passiert werden. Dabei sollte stets ein Mindestabstand von 50 Meter eingehalten werden.

- Vorrangschiffe, Schleppverbände und Berufsfischer haben Vorfahrt vor Vergnügungsfahrzeugen
- Segelboote unter Segel haben Vorfahrt vor Paddel,- Ruder- und Tretbooten
- Paddel,- Ruder- und Tretboote haben Vorfahrt vor Motorbooten und Segelbooten unter Motor

Eine Ausnahme dazu bilden jedoch die Rheinstrecken, da Segelboote dort keinen besonderen Vorrang mehr vor Motorbooten haben.

Spezialfälle

Immer Vorfahrt haben:

- Kursschiffe mit grünem Ball: Mindestabstand von 50 Meter einhalten
- Polizei, Rettungsboote, Öl- und Feuerwehr: nur mit blauem Funkellicht

Vorfahrtsregeln bei Hafenein- und -ausfahrten sowie Fahrrinnen

- Schiffe, die in einen Hafen ein- oder ausfahren, haben Vorrang.
- Schiffen, die in einer Fahrrinne fahren, haben Vorrang (z. B. Vorfahrt achten bei Querung des Seerheins).

1.3 Mindestabstände

- Berufsfischer (ohne Fortbewegung), erkennbar am weißen Ball: 50 Meter Abstand halten (Boote mit weißer Flagge = Schleppangelfischer! Diese haben keinen Vorrang!)
- Taucher (ohne Fortbewegung): Wasserfahrzeuge haben einen Abstand von mindestens 50 Metern zur Flagge einzuhalten. Erkennbar sind die Tauchstellen an einer Blau-Weißen Fahne auf einer Boje.

1.4 Praktische Hinweise und Tipps

Spezialfall „Alte Rheinbrücke" Konstanz: Durchfahrtsempfehlung!!!
Flussaufwärts gesehen: links Kursschiffe, Mitte Motorboote, für Paddler wird die rechte Durchfahrt empfohlen.

Spezialfall Seerhein Konstanz:
Motorbetriebene Boote haben in der Schifffahrtslinie Vorrang. Ruderer des RV Neptun haben die Vereinbarung, stets in Fahrtrichtung auf der rechten Seite ihren Sport auszuüben. Kanuten halten sich in der warmen Jahreszeit

außerhalb der Fahrrinne. Vorsicht unterhalb der Schänzle-Brücke Richtung Gottlieben macht die Hauptfahrrinne eine weite Kurve Richtung Schweizer Ufer („Schwanenhals"). Hier ist es empfehlenswert, sich nahe der Sommerfahrrinne zu halten, welche relativ geradeaus führt und bei ausreichendem Wasserstand hauptsächlich von privaten Motorbooten genutzt wird.

Im Winter wegen niedrigen Wasserstands und zum Schutz der Vögel zwischen Gottlieben und Ermatingen bitte in oder nahe der Fahrrinne halten.
Stellenweise ist die Strömung im Seerhein relativ stark, daher unbedingt von den Wiffen Abstand halten.

Spezialfall Querung Fähre Staad-Meersburg:
Fähren haben Vorfahrt. Fahrlinie der Fähren immer nahe dem Hafen queren. Auf der Konstanzer Seite ist der Fährhafen gut einsehbar. Sobald der Schiffsführer die Kommandobrücke betritt, fährt die Fähre zeitnah aus. Auf der Meersburger Seite fährt die Fähre in einem großen Bogen in den Hafen ein und aus. Insbesondere in Fahrtrichtung Meersburg-Unteruhldingen ist der Hafen kaum einsehbar. Hier ist es hilfreich, etwas Abstand zur Hafenmauer zu halten. Fahren keine Autos mehr auf die Fähre, ist das auch immer ein Indikator einer baldigen Ausfahrt der Fähre. Zu den Fähren sollte immer ausreichend Abstand gehalten werden, da diese insbesondere beim Beschleunigen starke Strömungen und Wirbel verursachen.

Spezialfall Durchfahrt Bruckgraben:
Der Bruckgraben bei der Reichenau kann etwa zwischen einem Wasserstand von 3 Metern bis 4,5 Metern Pegel Konstanz befahren werden. Bei niedrigem Wasserstand ist es empfehlenswert, im Gnadensee reichlich Abstand zum Reichenauer Ufer zu halten, um die ausgedehnte Flachwasserzone zu meiden.
Bei starkem Hochwasser kann die Durchfahrt durch die Brückenhöhe limitiert sein.
Bei der Durchfahrt durch den Bruckgraben ist auf der weißen Seite der Rot-Weißen Rauten zu bleiben. Rote Seite = Befahrungsverbot!

Zudem ist auf die, auf beiden Seiten des Bruckgrabens beginnenden, Naturschutzgebiete beachten.

1.5 Wasserstand im Bodensee

Im Sommer ist der Wasserstand im Bodensee über einen Meter höher als im Winter (Pegel Konstanz i.d.R. über 4 Meter im Sommer, teilweise unter 3 Meter im Winter). Im Winter ist es empfehlenswert, sich nahe der Schifffahrtsbereiche zu halten, um Untiefen zu vermeiden und die Vögel, welche in den Flachwassergebieten ruhen, nicht zu stören. Im Sommer kann aufgrund des höheren Wasserstands näher am Ufer gepaddelt werden, unter Beachtung eines Mindestabstandes von 25 Meter zu Schilf und Schwimmblattzonen. Dies ist auch ratsam, um Motorbooten auszuweichen, die in der warmen Jahreszeit häufig unterwegs sind.

2. Vorsichtsmaßnahmen und Sicherheit:

- Seequerungen, möglichst nicht alleine.
- Beherrschen von Wiedereinstiegstechniken, Mitführen einer Lenzpumpe.
- Kenntnisse über das Wetter.
- Sturm- bzw. Starkwindwarnung beachten. Über 60 Sturmwarnleuchten sind rings um den Bodensee verteilt.
- **40 Blitze pro Minute:** Starkwindwarnung ab 6 Beaufort (Windböen ab 39 bis 62 Stundenkilometer).
- **90 Blitze pro Minute:** Sturmwarnung ab 8 Beaufort (Windböen über 62 Stundenkilometer).

Seequerungen sollten bereits bei einer Starkwindwarnung unterlassen bzw. schnellstmöglich beendet und ein Ausstieg gesucht werden. Bei einer Sturmwarnung gilt: runter vom See!

Im Notfall per Mobiltelefon (wasserdicht verpackt) die internationale Notrufnummer 112 wählen.

- Signal im Notfall: Winken mit dem über Kopf kreuzenden Armen.
- Im Notfall immer beim Boot oder SUP-Board bleiben und sich daran festhalten. Wenn möglich versuchen, wieder ins Boot oder auf das Board zu gelangen.
- Wenn ein Boot oder SUP-Board auf dem Wasser verloren geht, umgehend die 112 informieren, um einen Fehlalarm mit nach folgender Rettungskette zu vermeiden!

2.1. Wasserski-Bereiche

Westlich von Romanshorn (Obersee) muss mit schnellen Motorbooten (Wasserskifahrer) in Ufernähe gerechnet werden. In den letzten Jahren sind auch auf dem Untersee (Zeller See) vermehrt Wasserskifahrer unterwegs.

2.2 Obersee West (Überlinger See)

Überraschende Fallwinde, hervorgerufen durch die umliegenden Höhenzüge. Der Überlinger See überrascht immer wieder durch sehr schnelle Wetterveränderung. Eine Seequerung dauert ca. 30 bis 60 Minuten; der Wind benötigt vom Auffrischen bis hin zu mehreren Windstärken nur rund 10 Minuten.

Bei Aufleuchten der Sturmwarnfeuer unbedingt in Ufernähe bleiben und keine Seequerung versuchen! Tückisch ist die „Ruhe vor dem Sturm". Färbt sich der See grün, droht heftiges Wetter. Dann gilt es schnellstmöglich an Land gehen!

2.3 Obersee Mitte und Ost

(Konstanz, Meersburg, Friedrichshafen, Romanshorn, Bregenz, Lindau)

Auf dem Obersee Mitte sind bei gutem Wetter sehr viele Motorboote und Segler unterwegs. Die Kursschiffdichte auf dem Bodensee Mitte und Ost ist hier am größten. Aufgrund der Breite des Sees sorgen Winde vor allem aus (süd) westlicher Richtung mitunter für ungewohnt hohe Wellen. Deshalb ist auf dem Abschnitt des Bodensees bis nach Bregenz eine gute Paddelerfahrung von Vorteil!

2.4 Untersee (Radolfzell, Allensbach, Reichenau, Höri, Ermatingen, Steckborn)

Der Untersee gliedert sich in drei Bereiche (Rheinsee, Zeller See und Gnadensee mit Markelfinger Winkel). Am stärksten frequentiert ist der Abschnitt Reichenau Richtung Stein am Rhein.

Ruhiger ist der Zeller See zwischen der Reichenau und Radolfzell bzw. Iznang auf der gegenüberliegenden Seite.

Der Markelfinger Winkel und der Gnadensee bei Allensbach sind die sichersten Gebiete am gesamten Bodensee. Hier ist man recht schnell an einem der Ufer und der Schiffsverkehr hält sich stark in Grenzen. Winde spielen hier, wenn nicht gerade Starkwind- oder Sturmwarnung gilt, eine untergeordnete Rolle.

2.5 Seerhein

(in Konstanz zwischen Ober- und Untersee)

Die Besonderheit auf dem Seerhein ist, dass neben den Kursschiffen auch in Flussrichtung fahrende Motorboote Vorfahrt vor muskelbetriebenen Booten haben. Paddler halten sich deshalb außerhalb bzw. am Rand der Fahrrinne. Für SUP-Fahrer auf dem Seerhein und dem

Hochrhein empfehlen wir ausdrücklich die Nutzung einer Hüft-Leash mit Notfallauslösung, um bei Kontakt mit einer Wiffe oder anderen Hindernissen in der Strömung notfalls Paddler und Board schnell voneinander trennen zu können!

Seezeichen

- Raute Grün-Weiß: Die grüne Seite markiert die Schifffahrtslinie. Kanuten, Ruderer und SUP´ler halten sich bei ausreichend hohem Wasserstand stets auf der weißen Seite.
- Raute Rot-Weiß: Durchfahrt auf der weißen Seite erlaubt, auf der roten Seite generell verboten.
- Rot-Weiß-Rotes Rechteck oder entsprechend gefärbte Bojen: Naturschutzgebiet oder Badezone, Durchfahrt generell verboten! Badezonen werden zusätzlich, oder auch alternativ, oft mit gelben Bojen oder Schildern markiert.
- Rotes Dreieck auf der Spitze stehend: Vorsicht Untiefe (z.B. Holzpfähle, Kiesbank).

Wichtigste Schallzeichen der Kursschiffe

3 x kurz: Kurs geht rückwärts (ausparken)
1 x lang: Hafenausfahrt/Brückendurchfahrt
3 x lang: Hafeneinfahrtssignal der Vorrangschiffe
Folge langer Töne: Notsignal

Das Einfahren in Häfen der Kursschiffe ist grundsätzlich verboten.

Ausrüstung

Rettungsweste / Schwimmhilfe

Für alle muskelbetriebenen Boote / Boards besteht eine Mitführpflicht einer Rettungsweste/Schwimmhilfe (gem. DIN EN ISO 12402-5:2006) ab einer Entfernung zum Ufer ab 300 Meter. Diese muss griffbereit verstaut sein. Res(Tubes) zählen nur dazu, wenn sie gemäß o.g. DIN zertifiziert sind.

Kompass:

In den Jahreszeiten mit Nebel ist das Mitführen eines Kompasses sehr empfehlenswert. Dies gilt insbesondere bei See-Querungen. Ein weißes Rundumlicht und ein Nebelhorn gehören dann ebenso zur Ausrüstung.

Leash

Fürs SUPs ist auf dem Bodensee grundsätzlich eine Leash zu empfehlen. Im Bereich des Seerheins und auf dem Hochrhein empfehlen wir, aufgrund der teilweise starken Strömungen und Wiffen, ausdrücklich die Verwendung eines Modells mit Notfallauslösung.

Spritzdecke

Eine Spritzdecke gehört zur Grundausrüstung auf dem Bodensee.
Bei Beginn der Tour mit gutem Wetter kann die Rückfahrt unter völlig anderen Wetterbedingungen (Wellen/Wind) stehen.
Besonders bei Schlechtwetter und/oder Seequerungen ist diese wichtig, um gegen die typischen Kurzwellen gesichert zu sein.
Allerdings kann einem auch bei ruhigem See ein vorbeifahrendes Kursschiff oder Motorboot einen nassen Sitz bescheren, wenn man im Kajak ohne Spritzdecke
unterwegs ist.

Kälteschutz

Für die kalte Jahreszeit mit einer Wassertemperatur unter 12 Grad sind Neopren- oder Trockenanzüge dringend zu empfehlen. „Dress for water – not for air!“ Zudem wird dann zum Tragen (und nicht nur das Mitführen) der Schwimmweste geraten.

Lenzpumpe

Zu empfehlen, insbesondere bei See-Querungen.

Naturschutz- und Sperrgebiete

Schilfgebiete

Ein Mindestabstand von 25 Metern zu Schilf- und Schwimmblattzonen ist lt. BSO einzuhalten!
Insbesondere im Winterhalbjahr sollten Flachwassergebiete weiträumig umfahren werden. Zugvögel, die am Bodensee überwintern, sind Boote nicht gewohnt. Werden die Vögel aufgeschreckt, verbrauchen sie viel Energie, die sie für ihren Weiterzug benötigen.
In der Brutzeit ist ein respektvoller Abstand zu Schilfgebieten zu halten, um die Tiere nicht zu stören.

Insel Mainau

Zwischen der Insel Mainau und dem Festland gilt ein generelles, ganzjähriges Durchfahrtsverbot.

Sipplingen

Zwischen Sipplingen und Überlingen ist ca. 500 Meter vor dem Ufer die Wasserentnahmestelle der Bodensee-Trinkwasserversorgung.
Dieser Bereich ist Video überwacht. Bojen zeigen die Sperrzone an. Bei ausreichendem Wasserstand kann das Sperrgebiet sehr nahe am Ufer durchfahren werden; ansonsten seeseitig.

Abschließende Hinweise

Bitte stets die Hinweise, Schilder und Regeln vor Ort beachten. Dies gilt insbesondere beim Ein- und Auswassern sowie beim Anlanden. Die in diesem Kanu-Führer beschriebenen Start- und Endpunkte der Touren wurden sorgfältig recherchiert. Dennoch ersetzt er nicht die Einholung von aktuellen Informationen. Insbesondere bei Touren mit Seequerungen ist es zudem erforderlich, die Wetter- und Windvorhersage vor der Tour zu konsultieren und die Wetterentwicklung während der Tour zu beobachten.

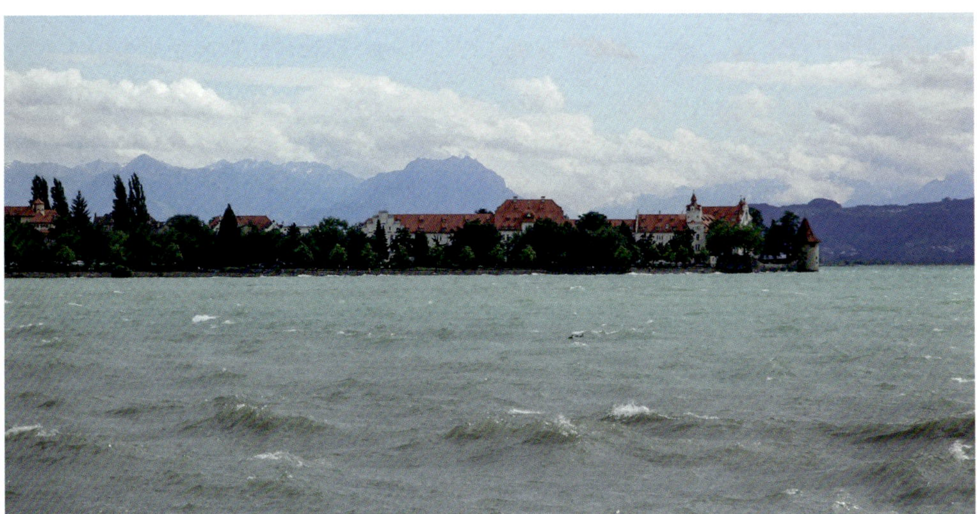

Sturm nahe der Insel Lindau, Foto: Wolfgang Schönwald

SUP-Touren

Dieser Bodensee-Führer ist explizit auch für SUP-Touren geeignet. Alle beschriebenen Touren können mit dem SUP gepaddelt werden.

Allerdings weisen wir darauf hin, dass Seequerungen sowohl mit dem SUP, als auch für Kanu-Fahrer gewisse Schwierigkeiten mit sich bringen. Im Besonderen raten wir ausdrücklich davon ab, die Tour Romanshorn-Friedrichshafen (ca. 12 km) mit dem SUP zu paddeln.

Die Touren haben eine 3-stufige Klassifizierung in leicht, mittel und schwer.

Fahrten auf dem Obersee sind generell schwieriger, da hier mehr Schiffsverkehr (Kursschiffe, Motorboote, Segler), Hafeneinfahrten sowie Wind und Wellen zu berücksichtigen sind.

Touren auf dem Untersee sind eher für Einsteiger geeignet. Vor allem der Bereich Gnadensee (Allensbach) sowie der Zeller See haben das geringste Aufkommen an Kursschiffen und Motorbooten. Auch sind Wind und Wellen hier seltener ein Problem.

Abschnitte, auf denen mit oben genannten Herausforderungen und Gefahren zu rechnen ist, sind höher klassifiziert.
Touren, die Seequerungen beinhalten, bekommen grundsätzlich die Stufe „schwer".
Wir haben es beschrieben, falls die Seequerung alternativ mittels Kursschiff oder Fähre möglich ist.

Wassertiefe
Ausreichend Wassertiefe ist nahezu immer gegeben. Nur im Uferbereich und auf dem Hochrhein (die Wasserhöhe bei überfluteten Kiesbänken kann je nach Jahreszeit variieren) kann eine zu lange Finne dazu führen, aufzusitzen oder an Gräsern hängenzubleiben und von Board zu fallen (Verletzungsrisiko!). Wir empfehlen den Einsatz von Flussfinnen auf dem Hochrhein.

Ausrüstung
Generell gilt für den Kanu-Sport, dass auf dem gesamten Bodensee eine gesetzliche Mitführpflicht von Rettungsweste/Schwimmhilfe ab einer Entfernung von 300 m zur Uferzone oder von einem dem Ufer vorgelagerten Schilfgürtel besteht. (Res)Tubes zählen nur dazu, wenn sie nach EN ISO 12402-5:2006 zertifiziert sind.

Auf dem Bodensee müssen nicht nur Kanus, sondern auch SUP Boards mit Namen und Kontaktdaten des Eigentümers gekennzeichnet sein. Wir empfehlen, ein laminiertes Schild mittels Karabiner am Board zu befestigen.

Die Wasserschutzpolizei kontrolliert und ahndet beide „Vergehen" mit einem Bußgeld.

Zudem empfehlen wir auf dem See grundsätzlich die Verwendung einer Leash. Sollte man bei Wind ohne Leash vom Board fallen, wird man das Board schwimmend eher nicht einholen. Auf Gewässern mit Strömung (Seerhein, Hochrhein) raten wir dazu, ein Modell mit Notauslösung einzusetzen.

Gesamtanspruch: leicht / mittel / schwer

SUP

Kategorie	SUP Touring			
Boards	iSUP 10'- 14'	Hardboard		
Finne	Touring - Finne	Seegras - Finne		
Sicherheit	Leash	Schwimmweste		

Alle Bootsgattungen

Ausrüstung	Neopren oder	Trockenanzug	(im Winter)	
Können / Technik + Sicherheit	**Basic** (Einsteiger)	**Advanced** (Fortgeschrittene)	**Expert** (Semi-Profi)	
Schwierigkeit	**Leicht** (Grund-kenntnisse Paddeln)	**Mittel** (Fortgeschritte-nen-Kenntnisse Paddeln)	**Schwer** (Semiprofessionelle Kenntnisse Paddeln)	**Ambitioniert** (Profi-Kennt-nisse)
Kondition	**Basic** (bis 10 km)	**Advanced** (bis 20 km)	**Expert** (ab 20 km)	
Gefahren	Kursschiffe / Motorboote	Seequerung / Wellen / Wind	Hafen-Einfahrten	

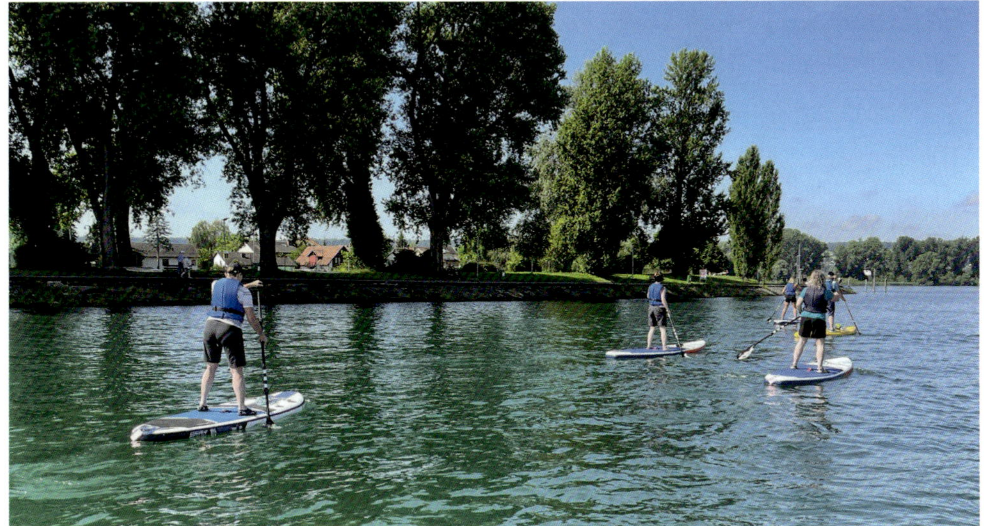

SUP-ler bei Konstanz am Paradies, Foto: Matthias Pflüger

Der Bodensee

Der Bodensee ist Deutschlands größtes Binnengewässer und besteht aus zwei Seen, die einerseits durch die Halbinsel Bodanrück getrennt, und andererseits durch den Flussabschnitt in Konstanz, den Seerhein, miteinander verbunden sind.

Die Abschnitte:

- I. Obersee (mit dem Überlinger See)
- II. Untersee (mit Rheinsee, Zeller See, Gnadensee inklusive des Markelfinger Winkels)
- III. Seerhein (bei Konstanz)

Nach dem Plattensee (ca. 600 km²), dem Genfersee (580 km²) ist der Bodensee Mitteleuropas drittgrößter See mit einer Wasserfläche von 536 km².

Die längste Seedistanz ist von Bregenz nach Bodman mit über 63 km. Die breiteste Stelle zwischen Romanshorn und Friedrichshafen (Tour 2 – Seequerung) beträgt 14 km. Zwischen Fischbach (westlich von Friedrichshafen) und Uttwil (westlich von Romanshorn) liegt mit ca. 250 m die tiefste Stelle des Sees.

Für die Starkwind- und Sturmwarnungen ist der See in drei Teile gegliedert: Bodensee West (Untersee und Überlinger See), Mitte und Ost.

Obersee West – Überlinger See

Der Überlinger See ist der nordwestliche Teil des Obersees mit einer Seefläche von 61 km2 und zählt exklusiv zum deutschen Hoheitsgebiet. Er erstreckt sich von der Linie Konstanz Hörnle-Meersburg bis nach Bodman-Ludwigshafen im Nordwesten. In diesem Seeteil bei Sipplingen liegt zudem die Entnahmestelle des Zweckverbandes Bodensee-Trinkwasserversorgung, die weite Teile Baden-Württembergs mit Trinkwasser versorgt. Teile des Sees sowie die zugehörigen Uferteile stehen deshalb unter besonderem Schutz und werden videoüberwacht.

Am Westufer dieses Seeteils liegt der Teufelstisch, mit einem Steilabfall der Uferkante bzw. des Flachwasserbereichs.

Obersee Mitte

Der Bereich Mitte liegt zwischen den Städten Friedrichshafen und Romanshorn sowie bis zur Linie Meersburg-Konstanz. Hier „grenzen" Deutschland und die Schweiz auf dem See aneinander.

Obersee Ost

Der östliche Bodensee wird auch das „Dreiländer-Eck" genannt. Es grenzt die Schweiz an Österreich mit der Landeshauptstadt Bregenz, der einzigen österreichischen Stadt am Bodensee, und Deutschland bei Lindau.

Untersee

Der Untersee besteht aus drei Teilen: dem Gnadensee nördlich der Reichenau bei Allensbach inklusive des Markelfinger Winkels, dem Zellersee bei Radolfzell und dem Untersee südlich der Reichenau vom Wollmatinger Ried bis Stein am Rhein. Ab der Welterbe-, Obst- und Gemüse-Insel Reichenau bis zum Bodensee-Abfluss bei Stein am Rhein schließt der Rheinsee mit der Seegrenze zwischen Deutschland und der Schweiz an.

Paddeltechnisch ist der Untersee der weniger schwierige bzw. weniger anspruchsvolle Teil des Bodensees.

Zuflüsse

Die fünf größten Zuflüsse sind der Alpenrhein (Hauptzufluss), der Alte Rhein, die Bregenzer Ach sowie die Argen und die Schussen. Die Argen und Schussen beschreiben wir im DKV Kanu- und SUP-Führer Baden-Württemberg. Der Alpenrhein allein bringt rund 60 Prozent des Gesamtzuflusses an Wasser mit sich.

Wasserstände

Die höchsten Wasserstände entstehen in der Regel im Frühsommer aufgrund der Schneeschmelze in den Schweizer und Österreichischen Alpen. Im späten Winter hat der See meist am wenigsten Wasser. Dies ist teilweise auf den Bildern unserer Touren zu erkennen.

Besonders markant fallen die Unterschiede auf der Strecke von Konstanz Richtung Untersee in Gottlieben auf.

Ornithologie

Der Bodensee ist ein wichtiges Überwinterungsgebiet für rund 250.000 Vögel und ihm kommt auch als Rastgebiet während des Vogelzuges im Spätherbst eine große Bedeutung zu. Im Frühjahr ist der Bodensee ein bedeutendes Brutgebiet.

Mit seinen Naturschutzgebieten ist der Bodensee Heimat für viele Vogelarten. Diese Gebiete sind in unseren Touren beschrieben und zu respektieren.

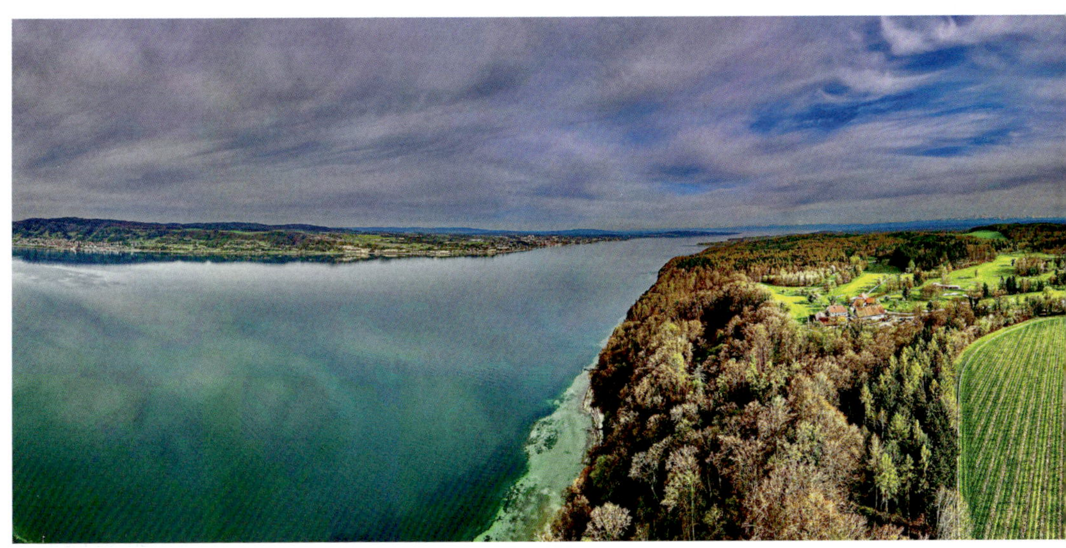

Luftbild Bodensee, Foto: Matthias Pflüger

Tour 1: Bodensee Mitte

Konstanz – Kreuzlingen – Bottighofen – Münsterlingen – Seedorf – Altnau – Güttingen – Kesswil – Uttwil – Romanshorn (19 km)

Dreh- und Angelpunkt unserer Touren-Planungen ist die frühere Freie Reichsstadt Konstanz, deren Geschichte bis in die römische Zeit zurückgeht. Konstanz ist zudem die größte Stadt am Bodensee mit fast 85.000 Einwohnern, geteilt durch den Seerhein, und grenzt direkt an die Schweizer Gemeinde Kreuzlingen an.

Bekannt ist Konstanz auch durch das „Konzil von Konstanz", das zu Beginn des 15. Jahrhunderts stattfand. Hier fand nördlich der Alpen einmalig und einzig die Papstwahl statt.
Ebenfalls im 15. Jahrhundert hätte sich Konstanz gerne der Schweizer Eidgenossenschaft angeschlossen.

In und um Konstanz gibt es sehr viele Sehenswürdigkeiten, die einige lange Urlaube füllen können. Neben der Insel Reichenau (UNESCO-Weltkulturerbe), der Blumeninsel Mainau und den umliegenden historischen Städten sind viele, weitere Ausflugsziele für gutes und schlechtes Wetter vorhanden.

Organisierte Mitglieder (in einem Kanu-Verband) können am Steg des Kanu-Club Konstanz starten (für Zugang bitte anmelden). Alternativ an der Slipanlage 50 m flussabwärts.

Wir starten und bleiben auf der rechten Seite des Seerheins und paddeln flussaufwärts Richtung alte Rheinbrücke. Im Sommer bei hohem Wasserstand und viel Bootsverkehr ist das Wasser im Bereich der alten Rheinbrücke etwas kabbelig (Spritzdecke empfohlen). Für die Durchfahrt unter der Brücke sollte man unbedingt das – in Fahrtrichtung gesehen – rechte Tor nehmen (siehe auch allg. Infos).

Anschließend halten wir uns rechts von der Fahrrinne. Bei hohem Wasserstand im Sommer kann man kleine Kehrwassereffekte nahe beim Ufer des Inselhotels nutzen, welches wir rechts liegen lassen. Im Winter sollte man sich eher Richtung Fahrrinne orientieren, um Untiefen zu

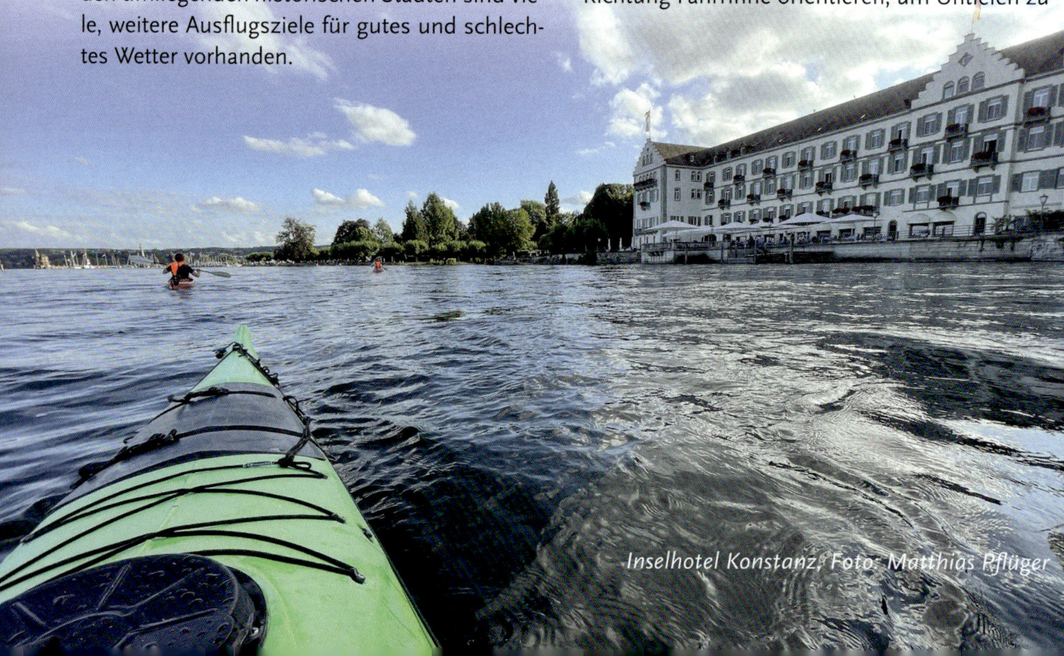

Inselhotel Konstanz, Foto: Matthias Pflüger

Tourensteckbrief

Länge der Tour gesamt: 19 km
Strecke 1: Konstanz – Altnau: 9 km
Strecke 2: Altnau – Romanshorn: 10 km

Start:
Für Mitglieder in einem Kanu-Verband:
Kanu-Club Konstanz e.V.
Wintererstieg 15-17, 78462 Konstanz
47°40'09"N 9°09'51"E
47.669351, 9.164241

Allgemeiner Einstieg:
Slipanlage
Wintererstieg 19, 78462 Konstanz
47°40'09"N 9°09'48"E
47.669351, 9.163509

Etappen-Ziel Altnau:
Camping Ruderbaum
Ruderbaum 3, CH-8595 Altnau
47°37'24"N 9°15'51"E
47.623455, 9.264270
oder
Slipanlage Mole Altnau
Hafenstraße, CH-8595 Altnau
47°37'23"N 9°16'08"E
47.623197, 9.269083

Ziel Romanshorn:
Für Mitglieder in einem Kanu-Verband:
Kanu-Club Romanshorn
Seeweg 1, CH-8590 Romanshorn
47°34'28"N 9°22'23"E
47.574565, 9.373183

Slipanlage Yacht-Hafen / Gemeindehafen
Hafenstrasse 70, CH-8590 Romanshorn
47°34'06"N 9°23'03"E
47.568558, 9.384362

Gesamtanspruch: leicht / mittel / schwer

SUP

Kategorie	SUP Touring	
Boards	iSUP 10'- 14'	Hardboard
Finne	Touring - Finne	Seegras - Finne
Sicherheit	Leash	Schwimmweste

Alle Bootsgattungen

Ausrüstung	Neopren oder	Trockenanzug	im Winter	
Können: Technik + Sicherheit	Basic Einsteiger	Advanced Fortgeschrittene	Expert Semi-Profi	
Schwierigkeit	Leicht Grund-kenntnisse Paddeln	Mittel Fortgeschrittenen-kenntnisse Paddeln	Schwer Semiprofes-sionelle Kenntnisse Paddeln	Ambitioniert Profi-Kenntnisse
Kondition	Basic bis 10 km	Advanced bis 20 km	Expert ab 20 km	
Gefahren	Kursschiffe / Motorboote	Seequerung / Wellen / Wind	Hafen-Einfahrten	

Hinweis: Eine Aufteilung der Tour auf 2 Etappen ist möglich

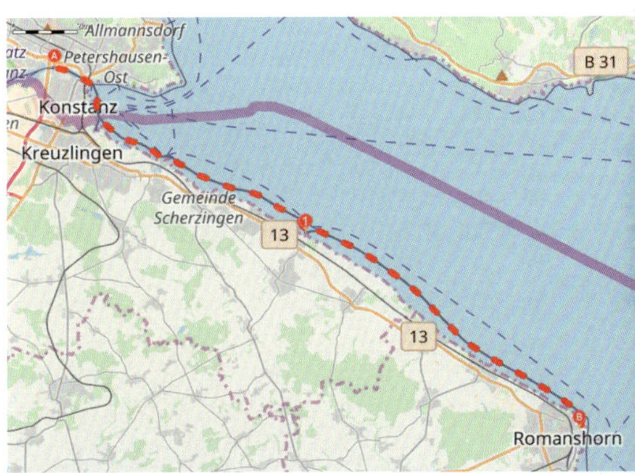

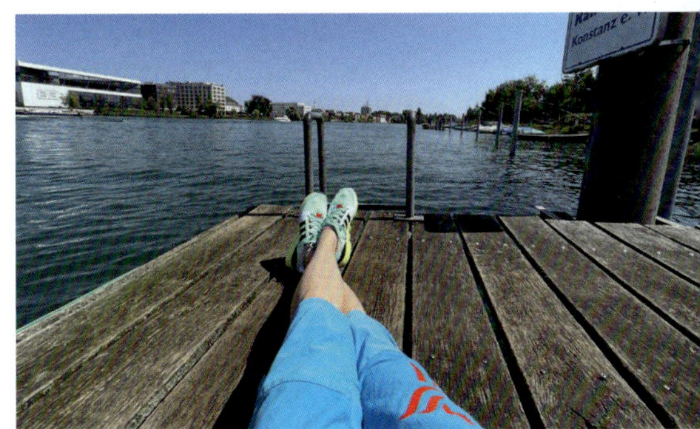

KC Konstanz, Foto: Matthias Pflüger

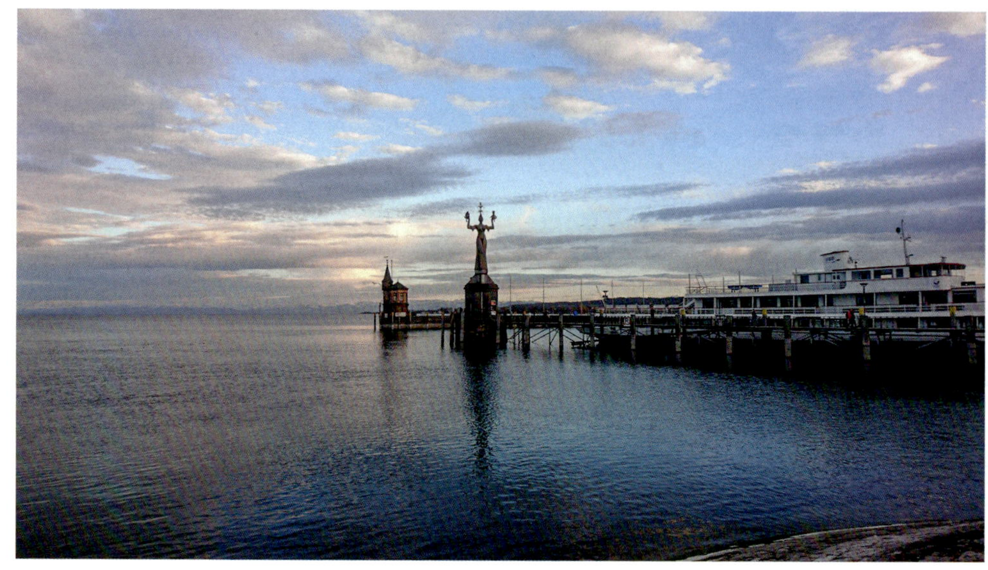

Hafen Konstanz Imperia, Foto: Verena Blattmann

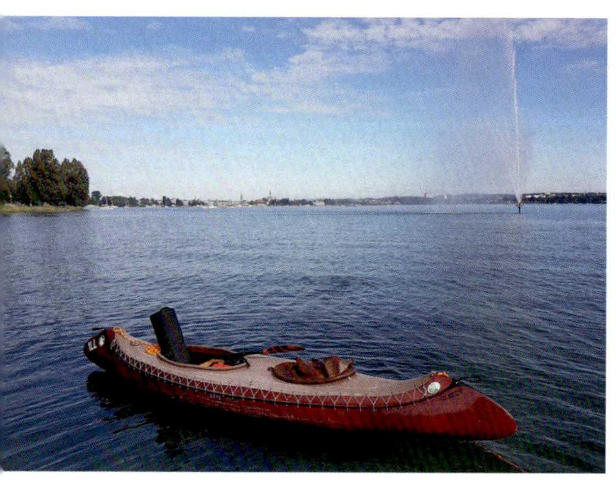

Fontaine Kreuzlingen, Foto: Kanu-Club Laiz

meiden. Am Inselhotel und Stadtgarten vorbei paddeln wir bis zur Imperia, dem Wahrzeichen von Konstanz. Hier ist eine gute Gelegenheit, ggfls. auf Gruppenmitglieder zu warten, bevor man die Hafenausfahrt quert (allg. Infos beachten). Weiter geht es an der Hafenmauer entlang (bei Wellengang empfiehlt sich etwas Abstand zur Mauer) Richtung Schweizer Grenze. Von einem Künstler gestaltete Symbole markieren die Grenzlinie.

Wenige Meter hinter der Grenze befindet sich der Hafen Kreuzlingen. Auch hier ist während der Saison auf ein- und ausfahrende Linienschiffe zu achten. Die Parkanlage hinter dem Hafen wird in der warmen Jahreszeit gerne von Badegästen genutzt. Direkt hinter dem an den Park grenzenden Yachthafen Kreuzlingen befinden sich die Wasserfontäne und der Paddel-Club Kreuzlingen. Ab hier sollte man ein wenig weiter draußen auf dem See fahren, um Badezonen und Flachwassergebiete zu umfahren.

Den nächsten Ort Bottighofen erkennt man an den beiden markanten Hochhäusern nahe dem Hafen. Der Anleger von Bottighofen wird währen der Saison regelmäßig von Linien- und Rundfahrtschiffen angesteuert (Vorsicht bei der Vorbeifahrt). Ab Bottighofen sollten in der kalten Jahreszeit die Buchten nicht mehr ausge-

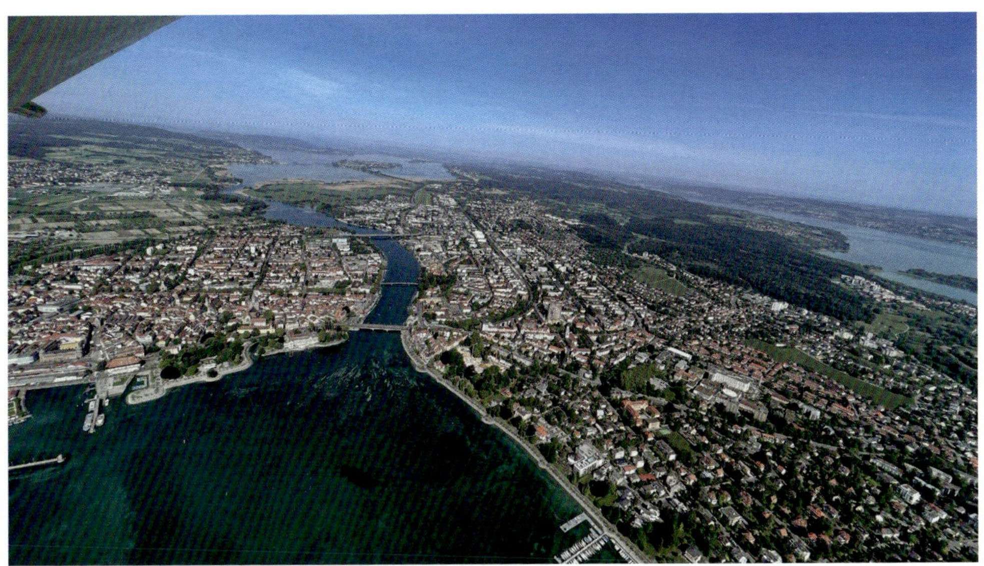

Luftbild Konstanz, Foto: Matthias Pflüger

fahren werden, da hier große Zugvogelschwärme überwintern, die schon aus großer Distanz durch Paddler aufgescheucht werden können. In der wärmeren Jahreszeit kann in der Bucht nach Bottighofen bei Scherzingen gut angelandet werden. Hier gibt es einige Meter vom Ufer entfernt einen Sportplatz (Münsterlingen) mit einem Kiosk (Käthy's Hafenschenke).

Im Bereich der Landspitze von Münsterlingen muss man wieder weiter auf den See hinaus paddeln. Holzpfähle von einem früheren Steg sind durch eine Weiß-Rote Raute gekennzeichnet. Vorbeifahrt auf der weißen Seite (siehe allg. Infos). Im Winter bei Niedrigwasser schauen die Spitzen aus dem Wasser heraus und oft sitzen dann Kormorane darauf; bei Frost können auch Eispilze entstehen.

Hinter Münsterlingen erstreckt sich ein Gebiet mit flacherem Wasser. Insbesondere im Winter sollte man etwa auf das Seezeichen 32 zuhalten, welches recht weit draußen vor Seedorf steht, und eine Wassertiefe von zwei Meter bei einem Pegel von 2,5 m in Konstanz markiert. Der markante, lange Steg von Altnau ist schon von weitem erkennbar. Die Kursschiffe müssen aufgrund der geringen Wassertiefe weit vom Ufer entfernt fahren. Unmittelbar vor dem Hafen und dem Steg von Altnau befindet sich das Gasthaus Schiff, wo man für eine Rast anlanden kann. Selbstversorger haben hinter dem Steg und dem Strandbad die Gelegenheit an Land zu gehen. Im linken Drittel des Stegs kann gut darunter durchgepaddelt werden. So meidet man das Queren der Fahrlinie der Kursschiffe und gerät auch nicht in die weiter rechts, direkt hinterm Steg befindliche Badezone.

In Altnau kann die Tour, vor allem von SUP'lern auch unterbrochen, beendet oder zweigeteilt werden (siehe Etappenziel). Ausstieg am Camping Platz oder an der Slipanlage an der Mole.

Der nächste Punkt, den wir anpeilen, ist die Pfahlgruppe vor dem Hafen von Güttingen.

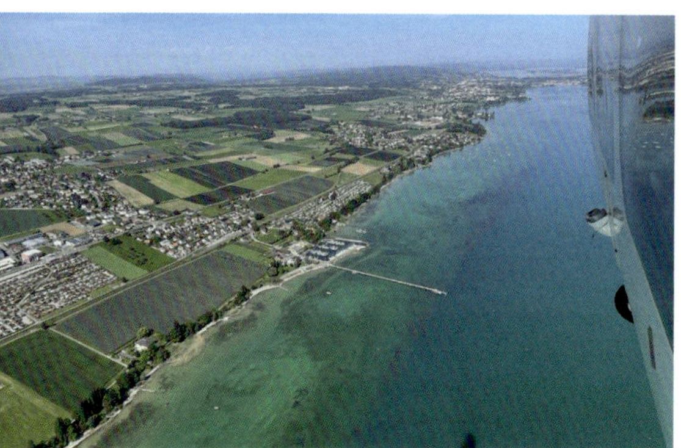

Luftbild Altnau, Foto: Matthias Pflüger

Die verwitterten Pfähle sind hier länger als in Münsterlingen und schauen ganzjährig aus dem Wasser heraus. Kurz vor dem Hafen liegt das Strandbad. Vorsicht, nicht in die Badezone einfahren. Im Bereich des Hafens befindet sich auch ein Kieswerk, wie man es sonst vorwiegend am Rhein findet; am Bodensee eher eine Seltenheit. Aufgrund von Unterwasserhindernissen und Untiefen im Bereich des Hafens Güttingen und im anschließenden Gebiet sollte man sich auch hier eher seewärts orientieren. Vorbei an einzelnen privaten Häusern am Ufer und Schilfabschnitten paddeln wir weiter Richtung Kesswil. Der See wird langsam offener und breiter. Vor den Hafenanlagen von Kesswil stehen (je nach Wasserstand mehr oder weniger sichtbare) Pfahlreihen, die die Wellen abhalten sollen. Im Anschluss an den eigentlichen Ort Kesswil stehen einige Badehäuschen auf Pfählen nahe ans Wasser gebaut.
Am Ufer entlang geht es weiter Richtung Uttwil. Der Ort ist vom Wasser aus an ein paar hübschen Fachwerkhäusern zu erkennen.

Im letzten Abschnitt zwischen Uttwil und Romanshorn sind nochmals private Häuschen und Anwesen zu sehen. Der Bereich ab Stadt Romanshorn bis zum Gemeindehafen ist als Wasserskigebiet durch Tonnen ausgewiesen; hier bitte etwas aufpassen. Bereits vor dem Ortskern von Romanshorn, unmittelbar vor einem großen Strandbad liegt der Kanu-Club Romanshorn. Mittlerweile verfügt dieser über einen modernen, höhenverstellbaren Steg. Das Ablegen und Anlanden an der großen Betontreppe, was früher die einzige Möglichkeit war, ist bei dem häufig vorherrschenden Wellengang eine Herausforderung. Auf jeden Fall lohnenswert ist das Paddeln um die Landspitze von Romanshorn, wo wir uns die Hafenanlagen und den Stadtkern vom Wasser aus anschauen. Etwas Vorsicht ist durch ein- und ausfahrende Schiffe im Bereich der Häfen sowie durch Boote verursachten Wellengang geboten.
Der Hafen von Romanshorn ist (nach der Wasserfläche) der größte Hafen am gesamten Bodensee.

Text: Verena Blattmann, Matthias Pflüger

ADRESSEN UND INFOS

ÖPNV:

Alle wichtigen Orte auf der Strecke Romanshorn nach Konstanz über Kreuzlingen haben einen Bahnhof. Bei einzelnen Verbindungen muss in Kreuzlingen umgestiegen werden.
www.sbb.ch

Gastronomie

Konstanz

- Das Voglhaus
www.das-voglhaus.de
- Good Rice zum Elefanten
www.goodrice-restaurant.de
- Il Boccone
www.ilboccone.de

Altnau

Gasthaus zum Schiff
www.schiff-altnau.ch

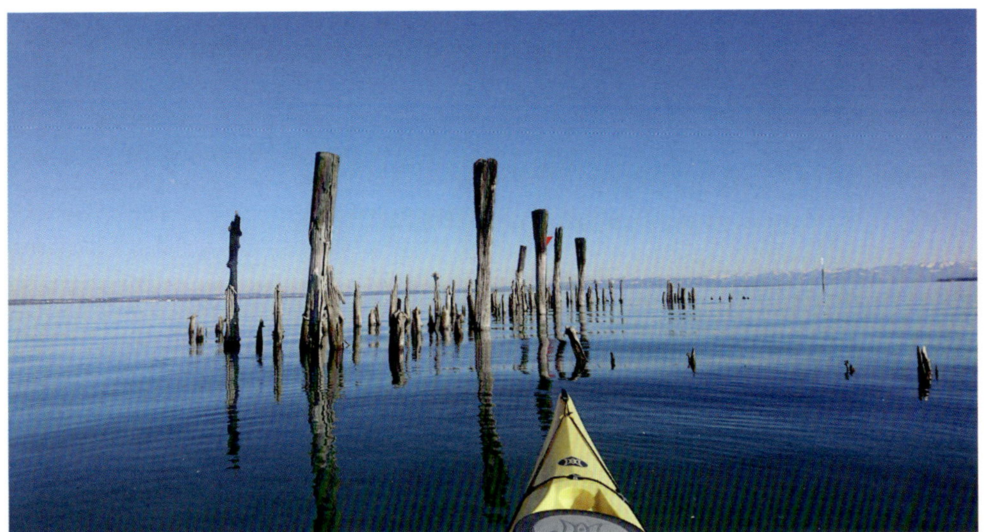

Güttingen, Foto: Verena Blattmann

Romanshorn

- Restaurant Mole
www.moleromanshorn.ch
- Das kleine Café
www.daskleinecafe.ch
- Restaurant HAFEN Romanshorn
www.restaurant-hafen.ch

Unterkunft

Konstanz

- Kanu-Club Konstanz
(Für Mitglieder in einem Kanu-Verband)
Kanu-Club Konstanz
Winterersteig 15-17, 78462 Konstanz
www.kanu-club-konstanz.de
- ibis Hotel Konstanz
Benediktinerplatz 9, 78467 Konstanz
www.ibis-konstanz.de
- HARBR. hotel Konstanz
Hans-Sauerbruch-Straße 2, 78467 Konstanz
https://harbr.de/de/
- Jugendherberge Konstanz
Zur Allmannshöhe 16, 78464 Konstanz
www.jugendherberge.de

Altnau

- Camping Ruderbaum
www.ruderbaum.ch
- Landschlacht
Rotes Haus Da Aldo
www.dasrotehaus.ch

Romanshorn

- Kanu-Club Romanshorn
(Für Mitglieder in einem Kanu-Verband)
Seeweg 1, CH-8590 Romanshorn
http://kcro.ch/
- Schloss-Hotel
Schlossbergstrasse 26, CH-8590 Romanshorn
www.schlossromanshorn.ch
- Jugendherberge
Gottfried-Keller-Strasse 6, 8590 Romanshorn
www.youthhostel.ch/de/hostels/romanshorn/

Sehenswürdigkeiten

Konstanz

- Imperia, Hafen Konstanz
Stadt Konstanz
www.konstanz-info.com

Insel Mainau

www.mainau.de

Romanshorn

- Wasserschloss Hagenwil

www.schloss-hagenwil.ch

Alternativen

Konstanz

- Bodensee-Therme Konstanz

www.therme-konstanz.de

- SEA LIFE Konstanz

www.visitsealife.de

Romanshorn

- Autobau erlebniswelt

www.autobau.ch

- Kornhaus

www.kornhaus-romanshorn.ch

- Locorama – die Eisenbahn-Erlebniswelt

www.locorama.ch

Kanu-Vermietung

- Paddelprofi Konstanz

www.paddelprofi.de

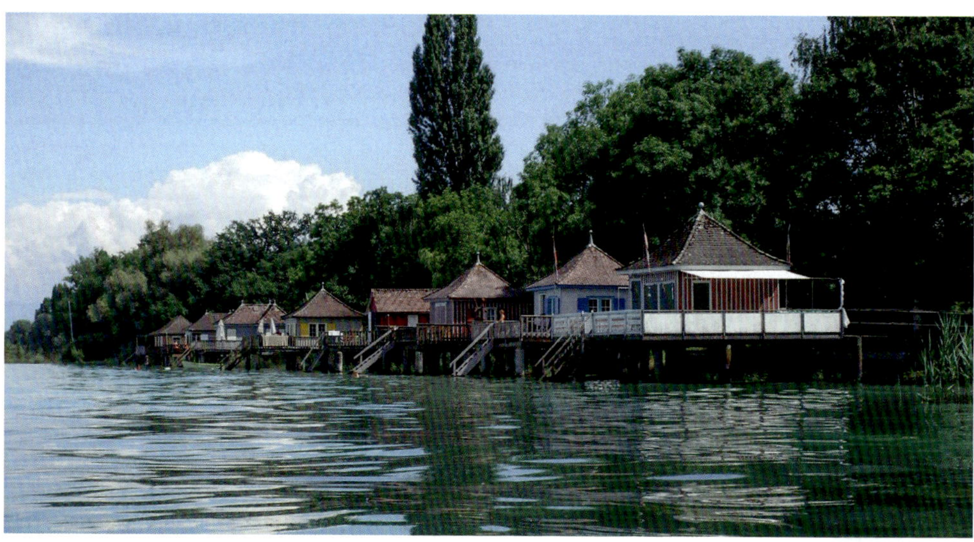

Kesswil Badhäuser, Foto: Wolfgang Schönwald

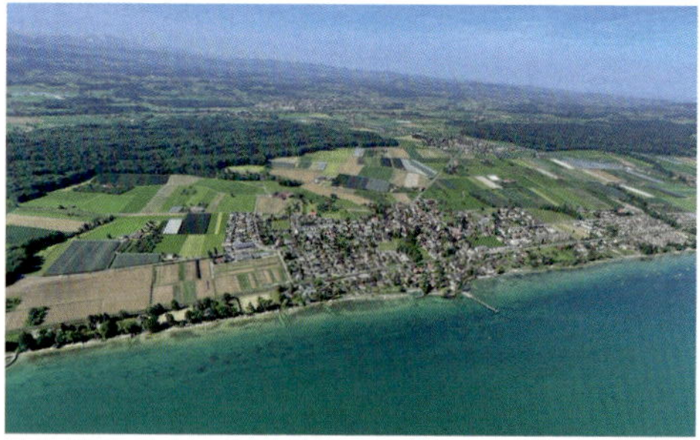

Luftbild Uttwil, Foto: Matthias Pflüger

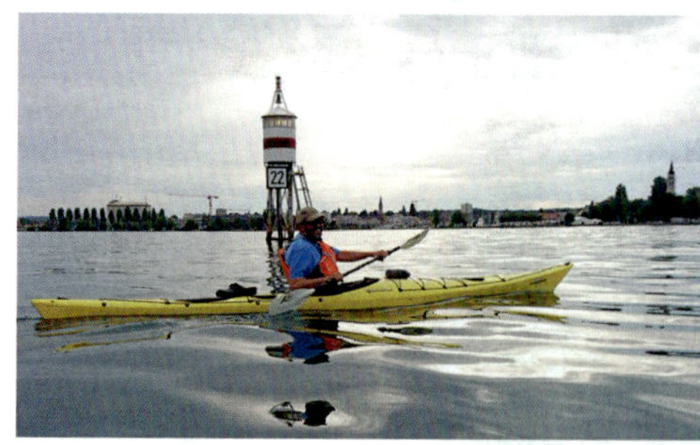

Romanshorn - Seefeuer, Foto: Verena Blattmann

Tour 2: Bodensee Ost - Romanshorn – Friedrichshafen (Seequerung) (12,3 km)

Vorwort/Wichtige Hinweise

Die Tour ist nur für geübte und großgewässererfahrene Paddler geeignet – und das auch nur bei stabiler Wetterlage. Die Seequerung dauert etwa 2,5 Stunden (Touring-Kajak), in denen man keinerlei Möglichkeit zum Aussteigen oder Anlanden hat. Das Beherrschen von Wiedereinstiegstechniken und das Mitführen einer Lenzpumpe und eines Paddelfloats ist für diese Tour Voraussetzung (siehe auch allg. Infos Bodensee).

Wer nicht den gesamten Bodensee Ost umrunden möchte, hat die Möglichkeit, hier den See zu queren. Dafür stehen zwei Optionen zur Auswahl:

- Querung per Kajak
- Querung per Fähre/Kursschiff

Für unerfahrenere Paddler oder bei instabiler Wetterlage empfehlen wir die Überfahrt per Fähre/Kursschiff. SUP'lern und Canadier-Paddlern empfehlen wir bei Wahl dieser Option generell die Fähre/das Kursschiff, da beide Bootsgattungen deutlich wind- und das SUP zusätzlich wellenanfällig sind.

Bei unklaren Wetterverhältnissen ist diese Tour nicht zu empfehlen. Ausreichend Kondition und vor allem mentale Stärke sind Voraussetzungen. Wind, Wellen und der Schiffsverkehr inkl. Berufsschifffahrt sollten nicht unterschätzt werden!

Tour-Beschreibung

In den Sommermonaten ist es empfehlenswert, am Morgen zeitig zu starten, da sowohl der Bootsverkehr auf dem See als auch die Gewitterneigung im Tagesverlauf tendenziell zunimmt. Die Tour sollte nur bei guter Sicht und stabiler Wetterlage gepaddelt werden. Kompass und/oder GPS sind empfehlenswert.

Canadier- und SUP-Profi-Paddler beachten bitte, dass sie höher über dem Wasser sind und ggfls. bei Gegen- und Seitenwind viel anfälliger sind.

Mitglieder eines Kanu-Verbandes können am Steg des Kanu-Clubs Romanshorn starten. Von Romanshorn aus hält man direkt auf Friedrichshafen zu. Vom See aus gesehen, links vom

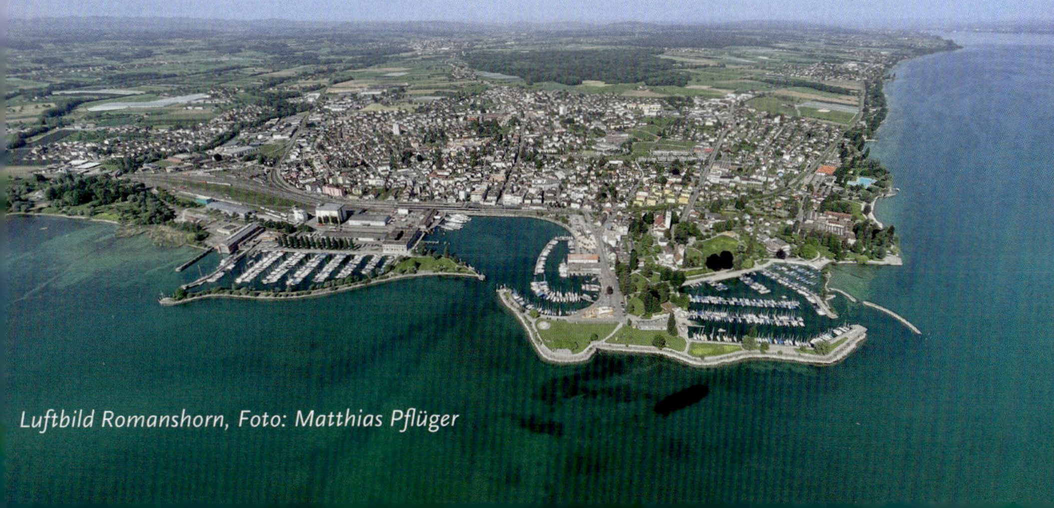

Luftbild Romanshorn, Foto: Matthias Pflüger

Tourensteckbrief

Länge der Tour gesamt: 12,3 km

Start:
Für Mitglieder in einem Kanu-Verband:
Kanu-Club Romanshorn
Seeweg 1, CH-8590 Romanshorn
47°34'28"N 9°22'23"E
47.574565, 9.373183

Slipanlage Yacht-Hafen / Gemeindehafen
Hafenstrasse 70, CH-8590 Romanshorn
47°34'06"N 9°23'03"E
47.568558, 9.384362

Ziel:
Für Mitglieder in einem Kanu-Verband:
KSF Friedrichshafen
Am Seemoser Horn 18
88045 Friedrichshafen
www.kanu-sport-friedrichshafen.de
47°39'26"N 9°26'02"E
47.657276, 9.434071

Ausstieg Friedrichshafen
(Graf-Zeppelin-Haus)
(100 m westlich vom Yachthafen)
Uferstraße, 88045 Friedrichhafen
47°39'00"N 9°28'09"E
47.650129, 9.469076

Gesamtanspruch: leicht / mittel / schwer+

SUP

Kategorie	SUP Touring	
Boards	iSUP 10'- 14'	Hardboard
Finne	Touring - Finne	Seegras - Finne
Sicherheit	Leash	Schwimmweste

Alle Bootsgattungen

Ausrüstung	Neopren oder	Trockenanzug	im Winter	
Können: Technik + Sicherheit	Basic Einsteiger	Advanced Fortgeschrittene	Expert Semi-Profi	
Schwierigkeit	Leicht Grund-kenntnisse Paddeln	Mittel Fortgeschritte-nen-Kenntnisse Paddeln	Schwer Semiprofes-sionelle Kenntnisse Paddeln	Ambitio Profi- Kenntnis
Kondition	Basic bis 10 km	Advanced bis 20 km	Expert ab 20 km	
Gefahren	Kursschiffe / Motorboote	Seequerung / Wellen / Wind	Hafen-Einfahrten	

Hinweis: Alternativ kann die Fähre/das Kursschiff genommen werden!

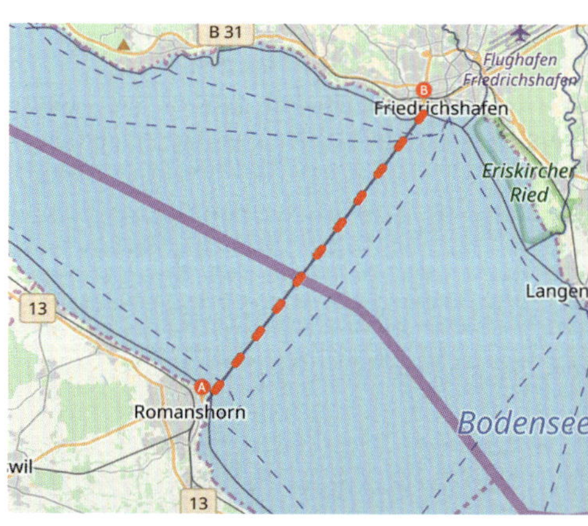

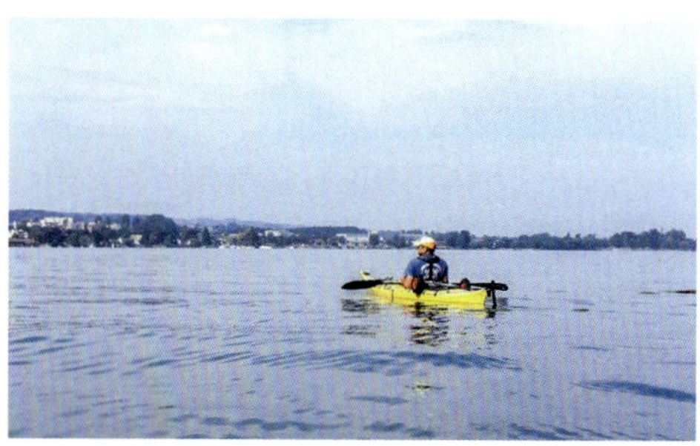

Blick auf Romanshorn, Foto: Petra Hassler-Mattes

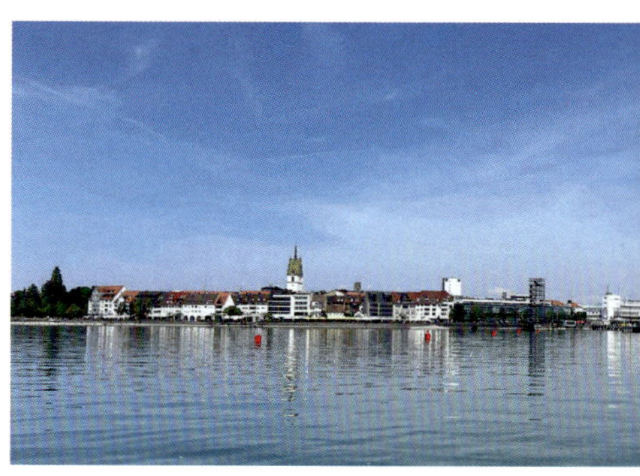

Friedrichshafen, Foto: Verena Blattmann

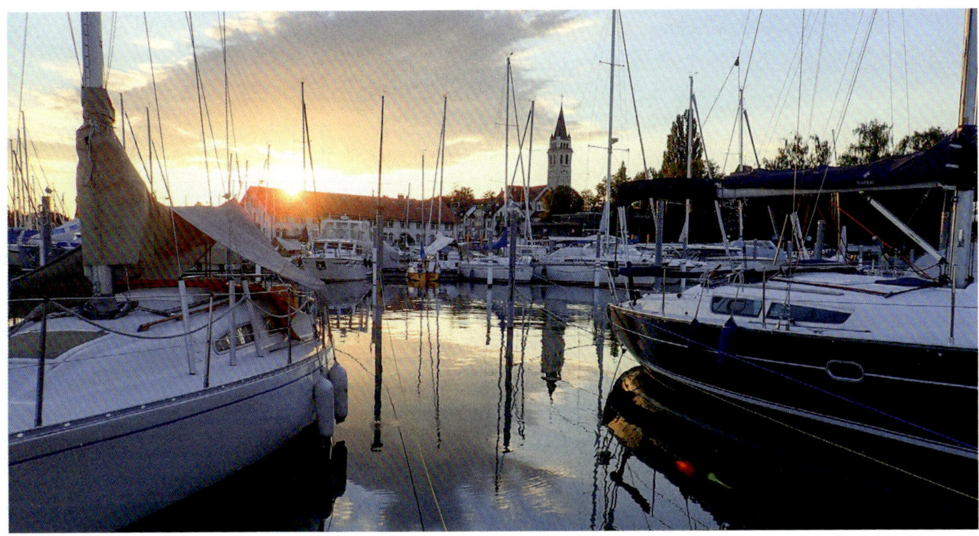

Romanshorn Hafen, Foto: Kanu-Club Laiz

Stadtkern Friedrichshafen, gibt es zwei Kanu-Clubs. DKV-Mitglieder können hier anlanden.

Wer unserer Route folgt, hat im Sommer oft die Chance, über dem Stadtpanorama einen Zeppelin zu sehen. Friedrichshafen ist die Stadt der Zeppeline. Hier startete im Jahr 1900 das erste deutsche Luftschiff.

Von Romanshorn kommend, hat man einen Blick auf die Strandpromenade von Friedrichshafen mit dem Moleturm im Vordergrund. In die andere Richtung, bei Querung in Friedrichshafen beginnend, hat man bei klarem Wetter das fulminante Alpenpanorama vor sich.

Wer den See mit der Fähre quert und Zeit übrig hat, dem empfehlen wir neben den Zeppelin-Museen besonders den Abenteuerpark in Immenstaad, einem sehr schönen, mit vielen Routen versehenen Hochseilgarten im Wald gelegen. Für Familien mit Kindern bietet sich alternativ auch ein Besuch im Ravensburger Spieleland an. *Text: Verena Blattmann*

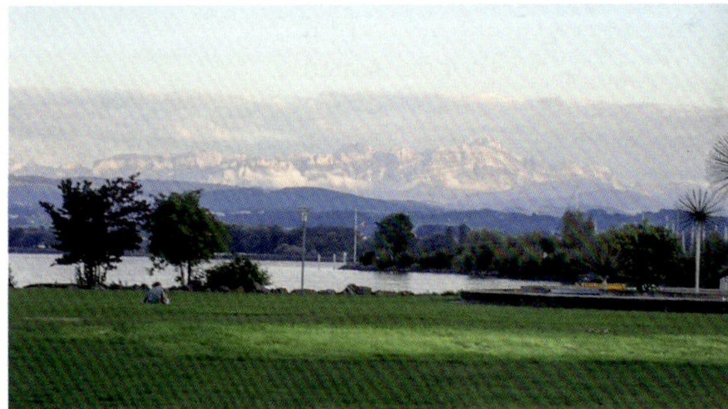

Romanshorn, Foto: Kanu-Club Laiz

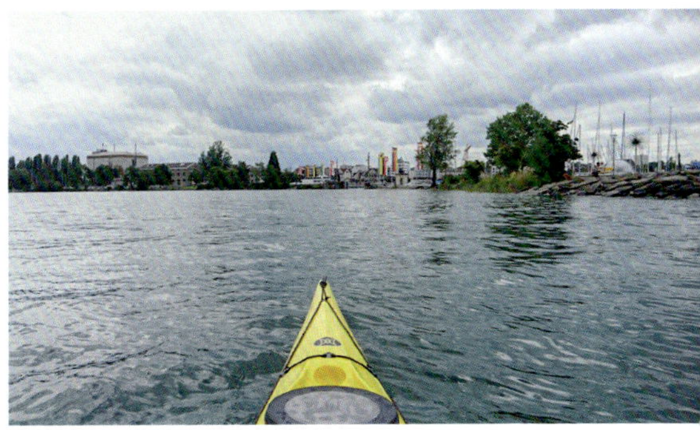

Romanshorn-Hafen, Foto: Verena Blattmann

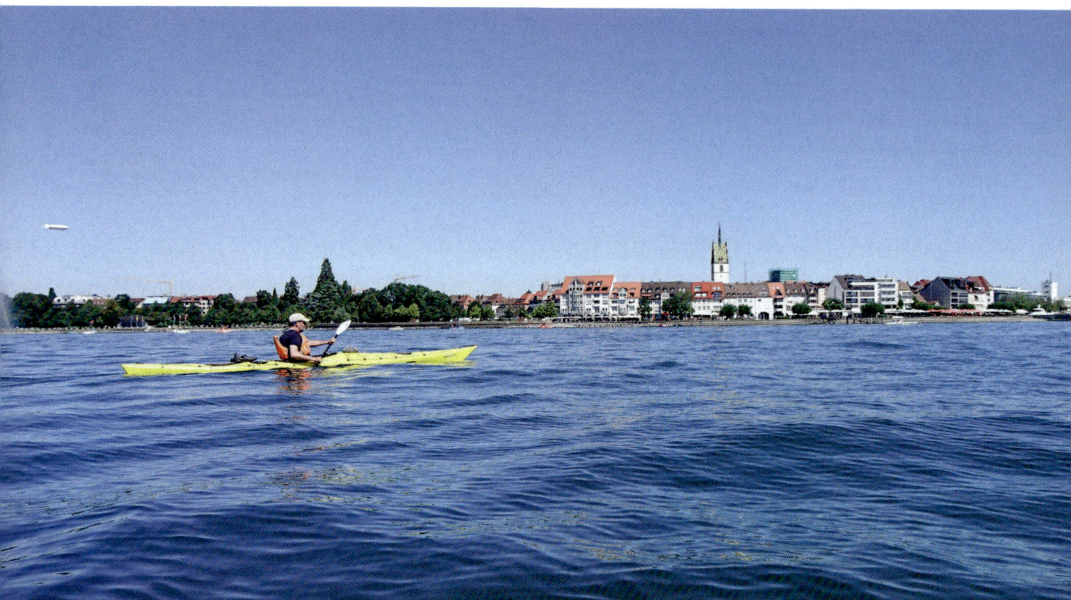

Friedrichshafen, Foto: Verena Blattmann

ADRESSEN UND INFOS

ÖPNV:

BSB Schifffahrtsbetriebe
www.bsb.de

Gastronomie

Auf der Strecke zwischen Romanshorn und Friedrichshafen ist keine Einkehr möglich.

Romanshorn

- Restaurant Mole
www.moleromanshorn.ch
- Das kleine Café
www.daskleinecafe.ch
- Restaurant HAFEN Romanshorn
www.restaurant-hafen.ch

Friedrichshafen

- Restaurant Kommodore
https://kommodore-wyc.de
- Restaurant Lammgarten
https://lammgarten.de
- Seehof Friedrichshafen
https://seehof-fn.de

Unterkunft

Romanshorn

- Kanu-Club Romanshorn
(Für Mitglieder in einem Kanu-Verband)
Seeweg 1, CH-8590 Romanshorn
http://kcro.ch/
- Schloss-Hotel
Schlossbergstraße 26, CH-8590 Romanshorn
www.schlossromanshorn.ch
- Jugendherberge
Gottfried-Keller-Straße 6, 8590 Romanshorn
www.youthhostel.ch/de/hostels/romanshorn/

Friedrichshafen

- KSF Friedrichshafen
(Für Mitglieder in einem Kanu-Verband)
Am Seemooser Horn 18, 88045 Friedrichshafen
www.kanu-sport-friedrichshafen.de
- SEEhotel Friedrichshafen
www.seehotelfn.de
- Hotel Merian
https://merian-fn.de
- Campingplatz Fischbach
www.camping-fischbach.de
- DJH Graf-Zeppelin-Jugendherberge
www.jugendherberge-friedrichshafen.de

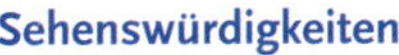

Sehenswürdigkeiten

Romanshorn

Wasserschloss Hagenwil
www.schloss-hagenwil.ch

Friedrichshafen

- Ev. Schlosskirche
www.schlosskirche-fn.de
- Dornier-Museum
www.dorniermuseum.de
- Zeppelin Museum
www.zeppelin-museum.de

Alternativen

Romanshorn

- Autobau erlebniswelt
www.autobau.ch
- Kornhaus
www.kornhaus-romanshorn.ch
- Locorama – die Eisenbahn-Erlebniswelt
www.locorama.ch

Friedrichshafen

- Abenteuerpark Immenstaad
Hochseilgarten
https://abenteuerpark.com
- Ravensburger Spieleland
www.spieleland.de

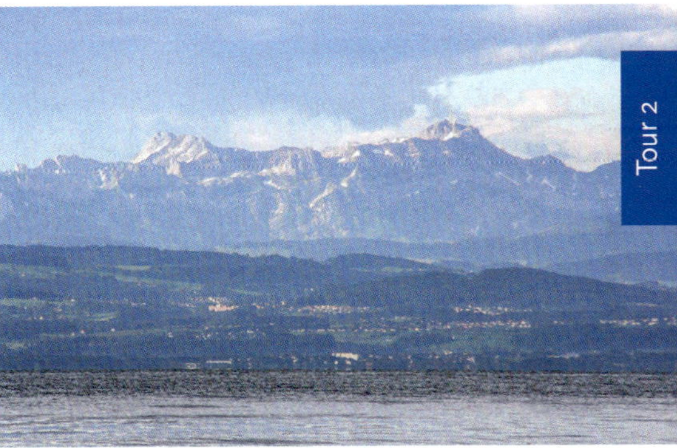

Blick Richtung Säntis, Foto: Andreas Mattes

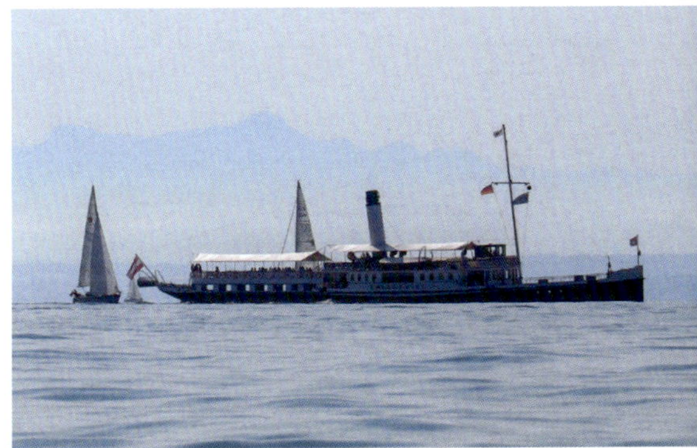

Friedrichshafen Richtung Säntis mit Dampfschiff Hohentwiel, Foto: Andreas Mattes

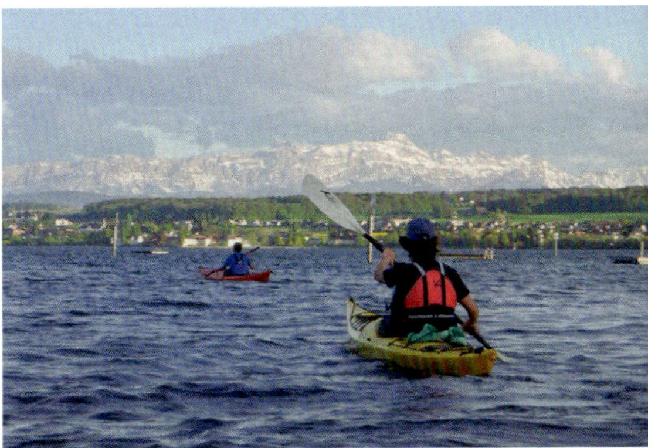

Blick Gegenrichtung Schweizer Alpen
Foto: Leonhard Sauter

Tour 3: Bodensee Ost - Romanshorn – Arbon – Rorschach – Rohrspitz (26 km)

Nach dem Start schauen wir nochmal zurück auf Romanshorn, eine schöne Gemeinde mit knapp 10.000 Einwohnern im Kanton Thurgau. Markant positioniert ist die Kirche St. Johannes. Interessant ist, dass die Alte Kirche als gemeinsames Gotteshaus der katholischen und evangelischen Kirchengemeinde genutzt wird. Ein Besuch ist lohnenswert.

Je nach Wind ist ein schöner Wellengang möglich. Der nächste Stopp ist Arbon, dessen lange Seepromenade zu einer Rast einlädt. Aus touristischem Blickwinkel lohnt ein Besuch der mittelalterlichen Altstadt mit Schloss und Schlossturm. Auch die Geschichte von Arbon beginnt, wie schon in Unteruhldingen, mit der Gründung von Pfahlbauten. Die Stadt gehört neben der Insel Reichenau als weiterer Ort am Bodensee zum UNESCO-Weltkulturerbe. Wer sich auf der Tour keine Zeit für Arbon nehmen mag oder kann, sollte dies zu einem anderen Zeitpunkt nachholen.

Sechs Kilometer weiter passieren wir Rorschach, geografisch der südlichste Punkt des Bodensees.

Unter Pilgern ist die Stadt als einer der Ausgangspunkte des Jakobswegs nach Santiago de Compostela bekannt.

Außerdem hat Rorschach eine nennenswerte Kirchendichte. Im Umkreis von ca. 500 m liegen drei Kirchen, darunter auch die Reformierte Kirche, ein Sakralbau, in dessen Glockenturm eines der ton-tiefsten und vom Gewicht schwersten Glockenensembles der Schweiz zu finden ist. Die Pädagogische Hochschule ist in Kloster Mariaberg, einem ehemaligen Benediktinerkloster aus dem 15. Jahrhundert, untergebracht. Ebenfalls beeindruckend ist die Badhütte, ein Seebad im Bodensee, welches auf Pfählen ruht. Neben dem Baden kann man sich hier während der Saison auch kulinarisch verwöhnen lassen.

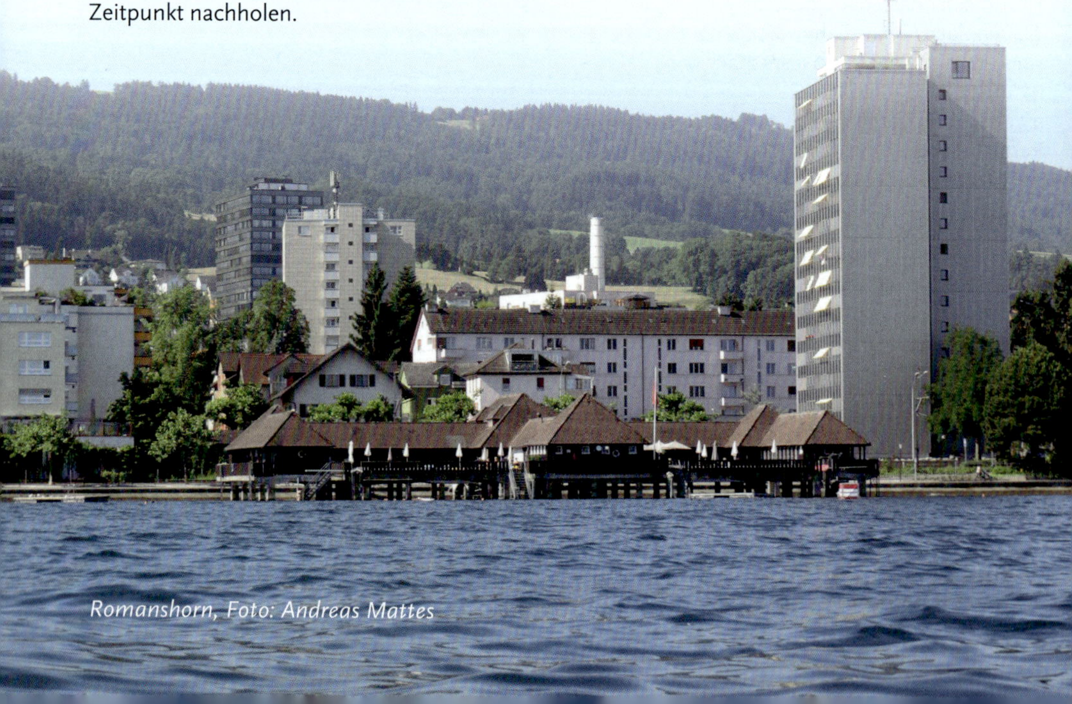

Romanshorn, Foto: Andreas Mattes

Tourensteckbrief

Länge der Tour gesamt:
Tour-Teil 1: Romanshorn – Rorschach 13 km
Tour-Teil 2: Rorschach – Rheineck 9,5 km (Kanu-Club (*)
Tour-Teil 2: Rorschach – Rohrspitz 13 km (Zeltplatz)
(*) Bei Tour-Verlängerung bis Bregenz kommen ab Rheineck 3,5 km on top.

Start:
Für Mitglieder in einem Kanu-Verband:
Kanu-Club Romanshorn
Seeweg 1, CH-8590 Romanshorn
47°34'28"N 9°22'23"E
47.574565, 9.373183
Allgemeiner Einstieg:
Slipanlage Yacht-Hafen / Gemeindehafen
Hafenstrasse 70, CH-8590 Romanshorn
47°34'06"N 9°23'03"E
47.568558, 9.384362

Etappen-Ziel Rorschach:
Unmittelbar nach dem Jachthafen Rorschach (Tauchplatz / beim Bahnhof)
Churerstrasse 22, 9400 Rorschach
47°28'42"N 9°30'07"E
47.478566, 9.502191
Parken: Parkgarage Hafen

Ziel:
Campingplatz Rohrspitz Salzmann
Rohr 1, AT-6973 Fußach
47°29'55"N 9°37'42"E
47.498731, 9.628554

Für Mitglieder in einem Kanu-Verband:
Alternativ-Möglichkeit: (Umweg!)
Paddel-Club Rheineck
Strandweg, CH-9424 Rheineck
47°28'42"N 9°35'04"E
47.478343, 9.584872

Hinweis: Der Umweg nach Rheineck von der Mündung zum Paddel-Club beträgt etwa 2 km einfach!

Gesamtanspruch: leicht / mittel / schwer

SUP

Kategorie	SUP Touring	
Boards	iSUP 10'- 14'	Hardboard
Finne	Touring - Finne	Seegras - Finne
Sicherheit	Leash	Schwimmweste

Alle Bootsgattungen

Ausrüstung	Neopren oder	Trockenanzug	im Winter	
Können: Technik + Sicherheit	Basic Einsteiger	Advanced Fortgeschrittene	Expert Semi-Profi	
Schwierigkeit	Leicht Grund-kenntnisse Paddeln	Mittel Fortgeschrittenen-kenntnisse Paddeln	Schwer Semiprofes sionelle Kenntnisse Paddeln	Ambitioniert Profi-Kenntnisse
Kondition	Basic bis 10 km	Advanced bis 20 km	Expert ab 20 km	
Gefahren	Kursschiffe / Motorboote	Seequerung / Wellen / Wind	Hafen-Einfahrten	

Hinweis: Die Tour kann auf 2 Etappen aufgeteilt werden.

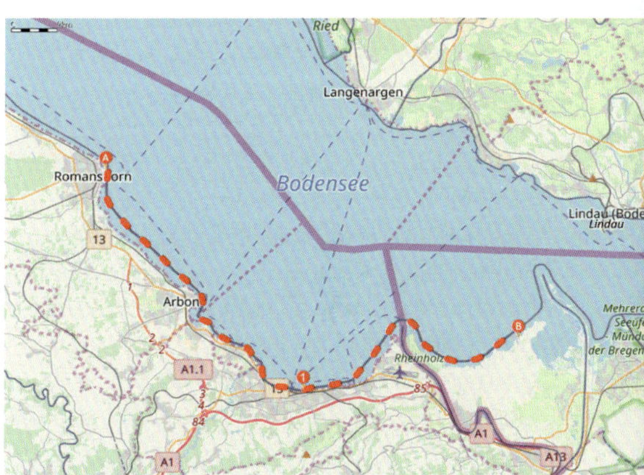

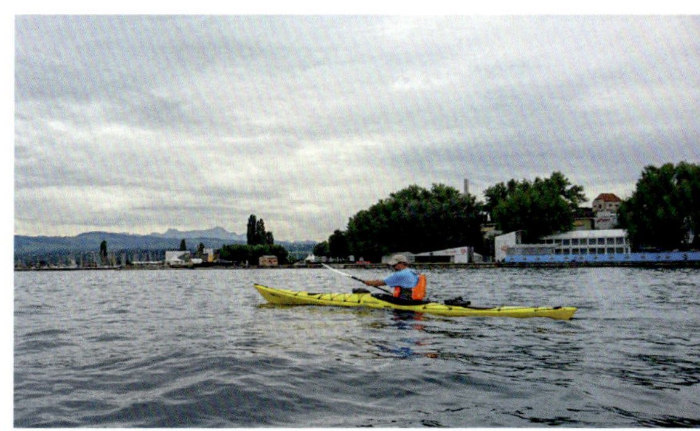

Arbon, Foto: Verena Blattmann

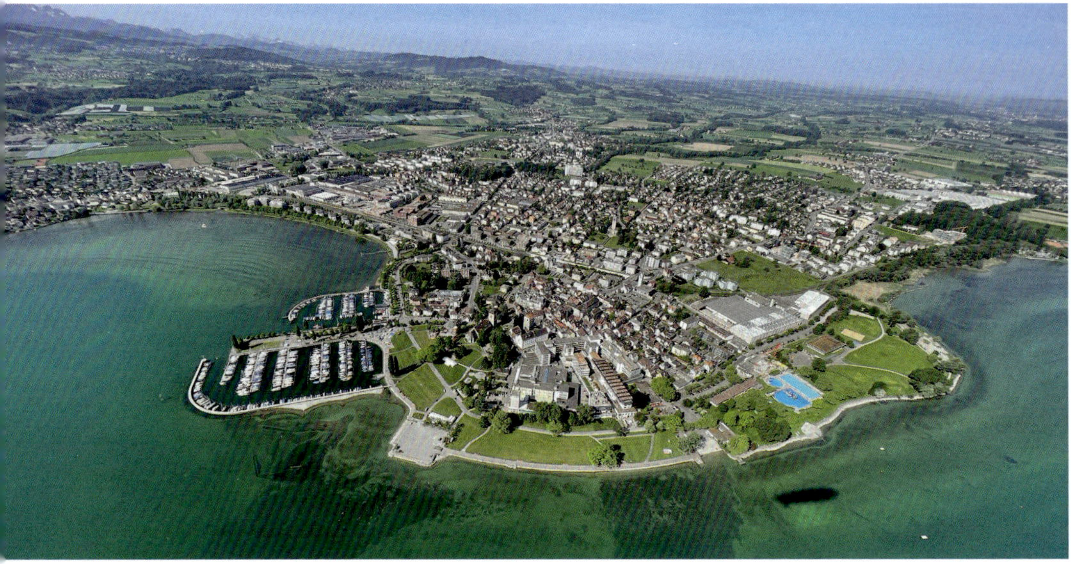

Luftbild Arbon, Foto: Matthias Pflüger

Bei Tour-Unterbrechung oder Beendigung kann unmittelbar nach dem Jachthafen ausgebootet werden.
Zwei Parkhäuser liegen in ca. 500 m Entfernung. Alternativ hat Rorschach-Hafen einen großen Bahnhof, von dem aus man Richtung Romanshorn / Kreuzlingen / Konstanz oder auch mit Umsteigen in St. Margrethen Richtung Bregenz fahren kann.

In der Bucht von Altenrhein, zwischen Rorschach und Rheinspitz befindet sich ein großes Natur- und Vogelschutzgebiet. Bitte ausreichend Abstand einhalten.

Die Etappe zieht sich etwas. Spätestens nach dem Passieren des alten Rheinarmes am Rheinspitz ist das Tagesziel in Reichweite. Der alte Rhein markiert an dieser Stelle zudem die Grenze zwischen der Schweiz und Österreich. Vereinskanuten haben hier die Möglichkeit zum PC Rheineck zu paddeln.
Dieser liegt zweieinhalb Kilometer näher, als der Campingplatz Rohrspitz. Wer jedoch am Folgetag nach Bregenz weiterfahren möchte, hat zusätzliche Kilometer zu erpaddeln.

Wem die gesamte Strecke zu lang ist, kann natürlich bereits in Arbon übernachten und dabei die Stadtbesichtigung gleich integrieren. Allerdings beträgt die Länge der Tour von Romanshorn nach Arbon nur sieben Kilometer.

Text: Matthias Pflüger

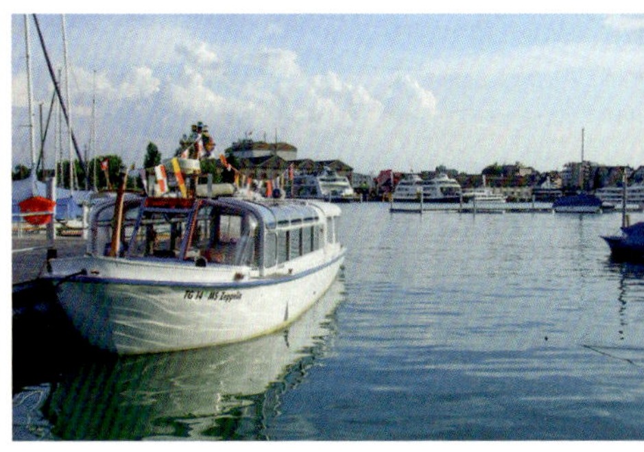

Arbon Hafen, Foto: Wolfgang Schönwald

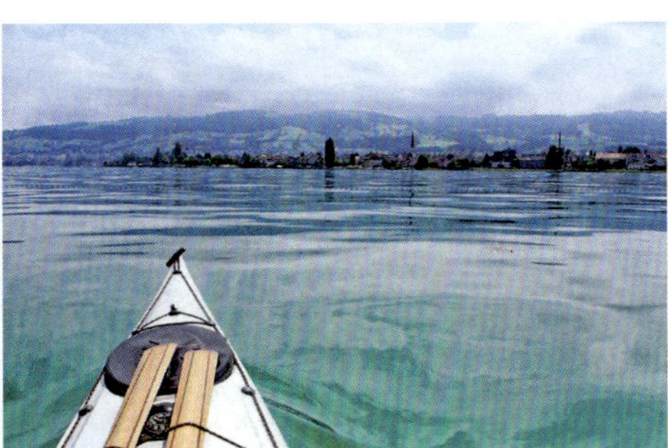

Gemeinde Horn, Foto: Kanu-Club Laiz

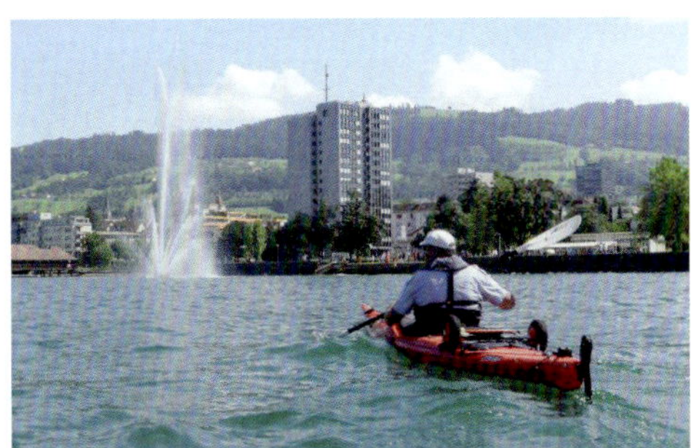

Rorschach, Foto: Wolfgang Schönwald

ADRESSEN UND INFOS

ÖPNV:
SSB Linien Romanshorn – Rorschach + Rorschach – Rheineck - St. Margrethen SG
Umstieg in Rorschach

Gastronomie

Romanshorn

- Restaurant Mole
www.moleromanshorn.ch
- Das kleine Café
www.daskleinecafe.ch
- Restaurant HAFEN
www.restaurant-hafen.ch

Arbon

- Planet One
www.planet-one.ch
- Lio
www.lio-arbon.com
- Presswerk Gastronomie
www.presswerk-arbon.ch

Rorschach

- Seecafé Arion
www.seecafe.ch

Rohrspitz

- Seerestaurant Glashaus
www.seerestaurant-glashaus.at

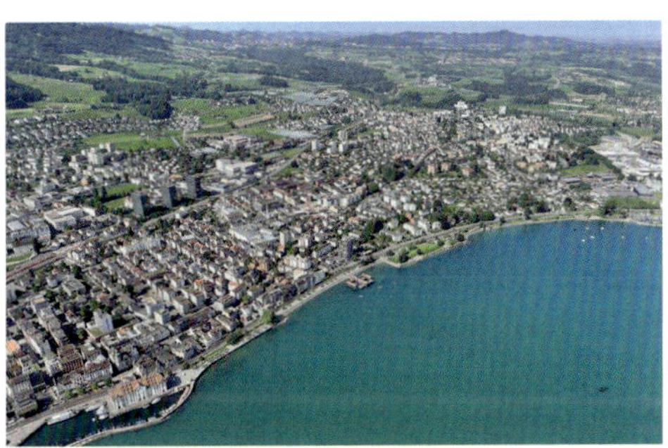

Luftbild Rorschach, Foto: Matthias Pflüger

Unterkunft

Romanshorn

- Kanu-Club Romanshorn
(Für Mitglieder in einem Kanu-Verband)
Seeweg 1, CH-8590 Romanshorn
http://kcro.ch/
- Schloss-Hotel
Schlossbergstrasse 26, CH-8590 Romanshorn
www.schlossromanshorn.ch
- Jugendherberge
Gottfried-Keller-Strasse 6, 8590 Romanshorn
www.youthhostel.ch/de/hostels/romanshorn/

Arbon

- Hotel Restaurant Frohsinn
www.frohsinn-arbon.ch

Rorschach

- Mind the Gap am Bodensee
https://airbnb-bodensee.business.site

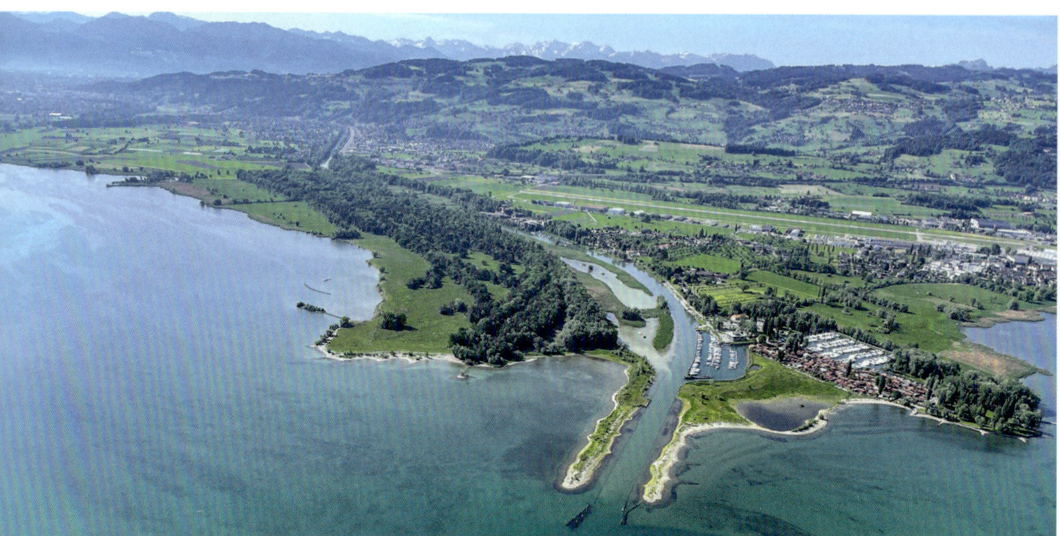

Luftbild Alter Rhein, Foto: Matthias Pflüger

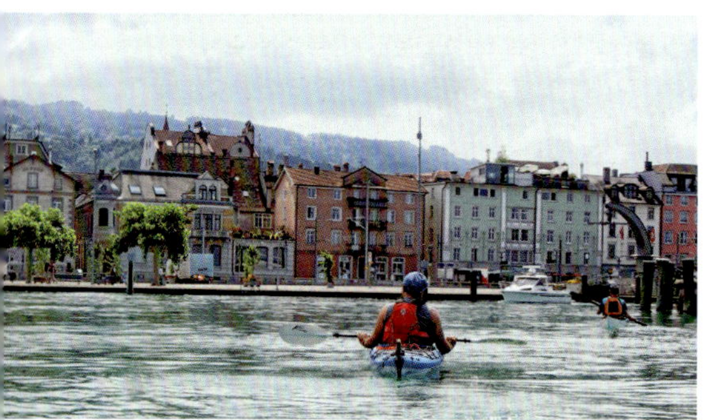

Rorschach, Schweiz, Foto: Kanu-Club Laiz

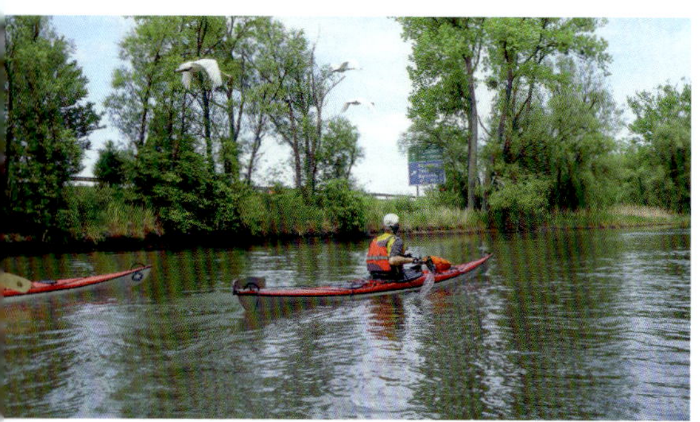

AlterRhein vor Mündung, Foto: Wolfgang Schönwald

Rohrspitz

- Campingplatz Rohrspitz

www.salzmann.at

Sehenswürdigkeiten

Romanshorn

Siehe Tour Konstanz – Romanshorn.

Arbon

Schloss und Altstadt Arbon

www.arbon.ch

Alternativen

- Saurer Museum
  Historische Wagen und Maschinen
  www.saurermuseum.ch
- Säntis
  www.saentisbahn.ch
- SUP-Vermietung:
  www.stand-up-paddle-bodensee.ch

Tour 4: Bodensee Ost - Rohrspitz – Bregenz – Lindau (14 km)

Der Start ist auf der vorspringenden Halbinsel Rohrspitz. Bereits nach zwei Kilometer kreuzt man die Mündung des Alpenrheins in den Bodensee und klar zu erkennen an der unterschiedlichen Wasserfarbe, die der Alpenrhein durch die Sedimentablagerungen mit sich führt. Das Anlanden am Damm ist verboten.

In den 1970er Jahren wurde die Mündung des Alpenrheins um einen fünf Kilometer langen Damm in den See hinein verlängert. Grund hierfür ist, dass die Sedimentmassen, die aus dem Vorder- und Hinterrhein durch den Wasserabfluss abgetragen werden, in tiefere Gebiete des Bodensees geleitet werden können.

Das Rheindelta beinhaltet auch die Mündungen der Bregenzer- und Dornbirner Ach und ist ein europaweit bedeutendes Rast- und Brutgebiet für bis zu 330 Vogelarten. Zudem ist es das größte Feuchtbiotop-Schutzgebiet am gesamten Bodensee; größer als die Schutzgebiete Wollmatinger Ried, Mettnau-Halbinsel oder Mindelsee bei Radolfzell.

Bei gutem Wetter ist auf dieser Strecke vor allem im Sommer allerhand los. Viele Motorboote, Segler und Kursschiffe erfordern etwas Aufmerksamkeit. Bei weniger gutem Wetter kann es hier zu ordentlichem Seegang kommen.

Wenn man vom Damm wieder landeinwärts paddelt, passiert man den Binnenhafen Bregenz und die Mündung/Delta der Bregenzer Ach. Es folgen zwei Campingplätze, der Yacht- und Segelhafen und im Anschluss die Bregenzer Seebühne; einmal aus einer anderen Perspektive gesehen. Ein kultureller Besuch der Seebühne ist ein nicht ganz so günstiges Highlight.

Kunst, Kultur, Natur ... Bregenz, die Hauptstadt Vorarlbergs hat viel zu bieten. Hier lässt es sich auch gut länger verweilen. Über Bregenz thront der Hausberg Pfänder, der wahlweise per Gondel oder deutlich sportlicher zu Fuß zu erreichen ist. Das Panorama vom Pfänder aus über den Bodensee, den man bei gutem und vor allem klaren Wetter dann über die gesamte Länge sehen kann, ist sehr beeindruckend.

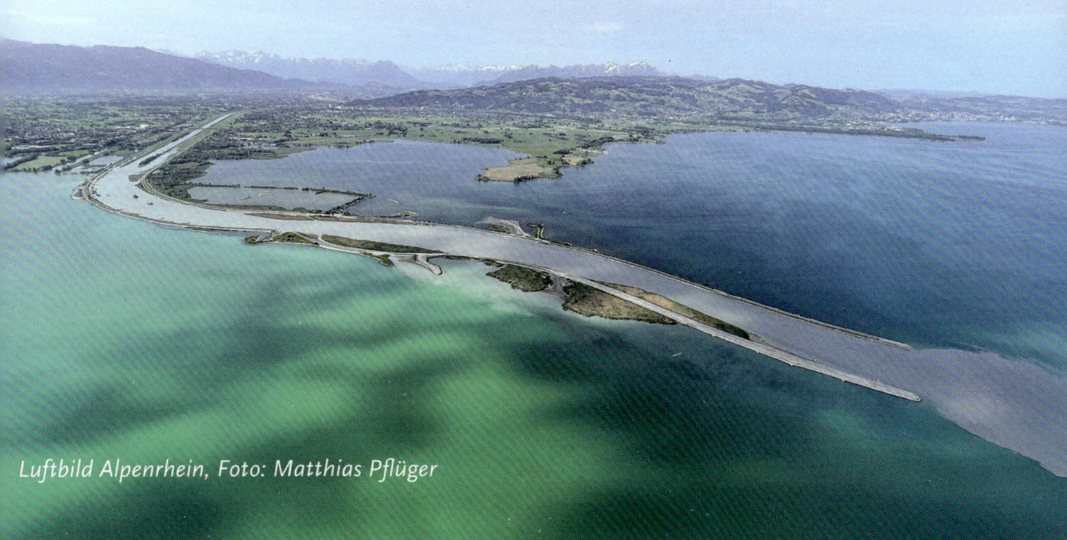

Luftbild Alpenrhein, Foto: Matthias Pflüger

Tourensteckbrief

Länge der Tour gesamt: 14 km
Tour-Teil 1: Rohrspitz – Bregenz (7 km)
Tour-Teil 2: Bregenz – Lindau (7 km)

Start:
Campingplatz Rohrspitz Salzmann
Rohr 1, AT-6973 Fußach
47°29'55"N 9°37'42"E
47.498731, 9.628554

Für Mitglieder in einem Kanu-Verband:
Alternativ-Möglichkeit: (Umweg!)
Paddel-Club Rheineck
Strandweg, CH-9424 Rheineck
47°28'42"N 9°35'04"E
47.478343, 9.584872

Hinweis: Der Umweg mit Start in Rheineck zum Alternativ-Start in Rohrspitz beträgt ca. 3,5 km.

Etappen-Ziel:
Bregenz „Promenad"
47°30'24"N 9°44'46"E
47.506744, 9.746182

Ziel:
Parkplatz Schindlerwiese
Hasenweidweg, 88131 Lindau
47°33'01"N 9°41'26"E
47.550445, 9.690859

Für Mitglieder in einem Kanu-Verband:
Lindauer Kanu-Club
Aeschacher Ufer 35, 88131 Lindau
47°33'06"N 9°41'02"E
47.551908, 9.683466
www.lindauer-kanuclub.de

Gesamtanspruch: leicht / mittel / schwer

SUP

Kategorie	SUP Touring	
Boards	iSUP 10'- 14'	Hardboard
Finne	Touring - Finne	Seegras - Finne
Sicherheit	Leash	Schwimmweste

Alle Bootsgattungen

Ausrüstung	Neopren oder	Trockenanzug	im Winter	
Können: Technik + Sicherheit	Basic Einsteiger	Advanced Fortgeschrittene	Expert Semi-Profi	
Schwierigkeit	Leicht Grund-kenntnisse Paddeln	Mittel Fortgeschritte-nen-Kenntnisse Paddeln	Schwer Semiprofes-sionelle Kenntnisse Paddeln	Ambitior Profi-Kenntnis
Kondition	Basic bis 10 km	Advanced bis 20 km	Expert ab 20 km	
Gefahren	Kursschiffe / Motorboote	Seequerung / Wellen / Wind	Hafen-Einfahrten	

Hinweis: Eine Halbierung bis Bregenz ist möglich (7 km).

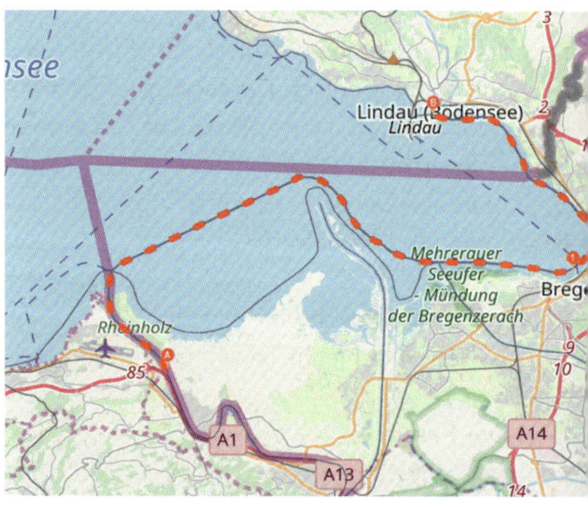

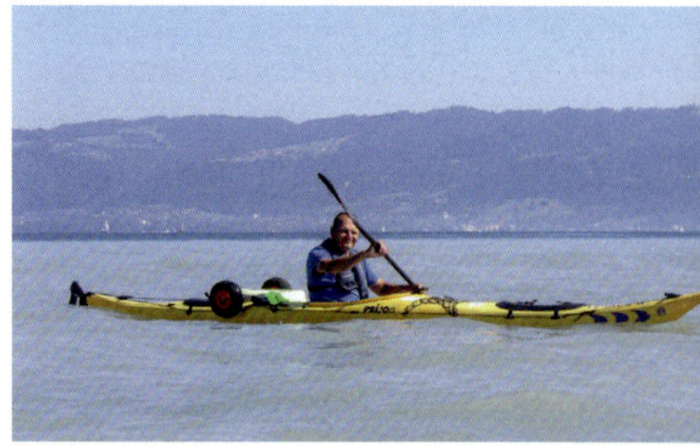

Alpenrhein-Mündung Richtung Lindau
Foto: Petra Hassler-Mattes

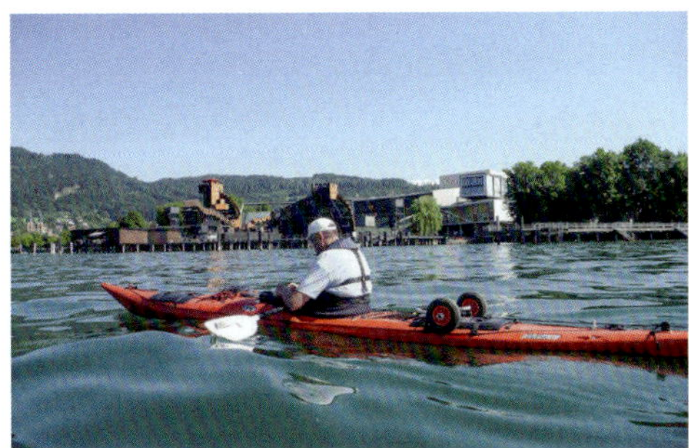

Seebühne Bregenz, Foto: Wolfgang Schönwald

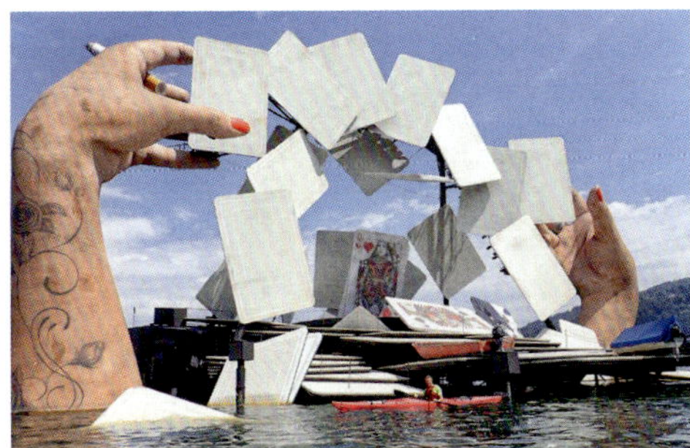

Bregenzer Festspiele, Foto: Kanu-Club Laiz

Die „Bregenz Promenad“ lädt zu einer Pause ein. Einkehrmöglichkeiten in Reichweite sind vorhanden. Zu empfehlen die Pier69 oder der Eispavillon am See.

Weiter geht es am Ufer entlang. Ziemlich bald mündet die Laiblach in den Bodensee, die auch die Österreichisch-Deutsche Grenze markiert, bevor man dann schon die Ausläufer von Lindau erreicht. Der Uferstreifen um die Therme (Reutiner Bucht) hat ein ganzjähriges Befahrungs- und Uferbetretungsverbot!

Wenn es schnell nach Lindau gehen muss oder das Wetter zu schlecht ist, kann man erst die Straßenbrücke „Chelles-Allee“ und später am Lindauer Kanu-Club die Eisenbahnbrücke direkt am Ufer unterqueren. Vereinspaddler können vor dem Bahndamm am Lindauer Kanu-Club aussteigen.
Bei schönem Wetter mit beherrschbaren Wellen ist die Umfahrung der Insel jedoch ein Muss. Zuerst passiert man die kleine Insel Hoy, danach das Spielkasino sowie den Sporthafen, bevor man die markante Hafeneinfahrt mit dem „Neuen Lindauer Leuchtturm“ auf der einen, und dem „Bayerischen Löwen“ auf der anderen Seite erreicht. Neben Segel- und Motorbooten kommen im Lindauer Hafen fünf Fährlinien zusammen. Achtung an der Hafen-Einfahrt! Wellenbildung!

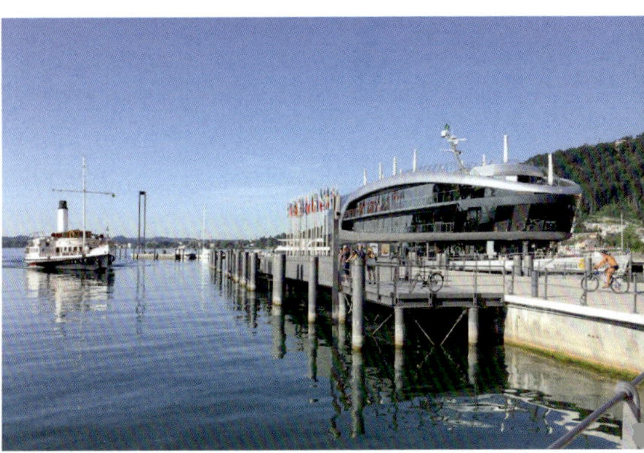

Hafen Bregenz, Foto: Matthias Pflüger

Lindau ist in der Hauptsaison einer der Touristen-Hotspots am Bodensee. Trotzdem lohnt ein entspannter Rundgang durch die Stadt. In manch einer kleinen Gasse versteckt sich das eine oder andere interessante Lädchen.

Über die Nordseite und den Bahndamm geht es zurück zum Ufer.

Hier knapp am Ufer paddelt man unter dem Bahndamm hindurch und beendet 50 m danach die Tour beim Kanu-Club, alternativ 500 m später an der Schindlerwiese.

Text: Matthias Pflüger

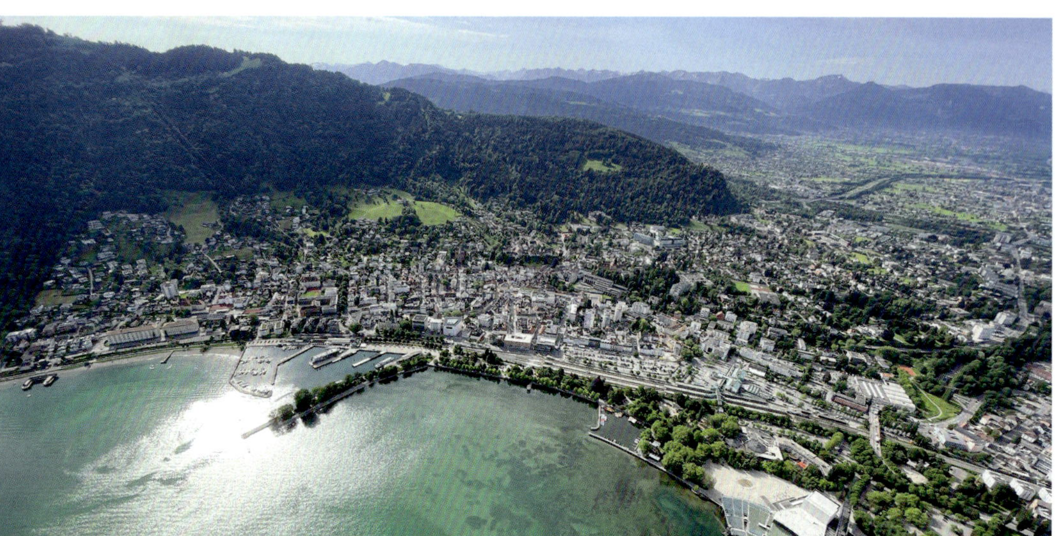

Luftbild Bregenz, Foto: Matthias Pflüger

ADRESSEN UND INFOS

ÖPNV:

Von Rorschach / Rheineck kann man nach St. Margrethen SG (Schweiz) fahren, dort in Richtung Bregenz umsteigen. In Bregenz steht ein erneuter Zugwechsel nach Deutschland (z. B. Lindau) an.

Gastronomie

Rohrspitz

- Seerestaurant Glashaus

www.seerestaurant-glashaus.at

Bregenz

- Pier69 Hafenrestaurant

www.pier69.at

- Cantina Mexicana Bar

www.cantina.at

- Restaurant Bregenzer Segel-Club

www.bsc.or.at/restaurant/

- Buehnedrei

www.buehnedrei.cc

Lindau

- 37° Kaffeebar

www.37grad.eu

- Café Bar Restaurant Großstadt

www.grossstadt-lindau.de

- KHANA KHAZANA

Indisches Spezialitäten-Restaurant

www.khanakhazana.de

- Da Amici

https://da-amici.metro.rest

- EIL.GUT.HALLE

www.eilguthalle.li

Unterkunft

Rohrspitz

- Campingplatz Rohrspitz

www.salzmann.at

Bregenz

- Hotel Messmer in Bregenz

www.hotel-messmer.at

Lindau

- Ebner – Boutique-Hotel

www.hotelebner.de

- Hotel Am Rehmberg
www.hotel-am-rehberg.de
- DJH Jugendherberge Lindau
https://www.jugendherberge.de/jugendherbergen/lindau-241/portraet/
- Park-Camping-Lindau
www.park-camping.de

Sehenswürdigkeiten

Bregenz

- Stadt Bregenz
www.visitbregenz.com
- Pfänder
www.pfaenderbahn.at
- Bregenzer Festspiele
www.bregenzerfestspiele.com
- KUB – Kunsthaus Bregenz
https://kunsthaus-bregenz.at

Lindau

- Stadt Lindau
Stadt, Mangturm, Neuer Leuchtturm
www.lindau.de/lindau-entdecken/sehenswuerdigkeiten/

Kanu- + SUP-Vermietung

- Kanuverleih Lindau
www.kanuverleih-lindau.de
- SUP-Vermietung Lindau
www.surfschulelindau.de

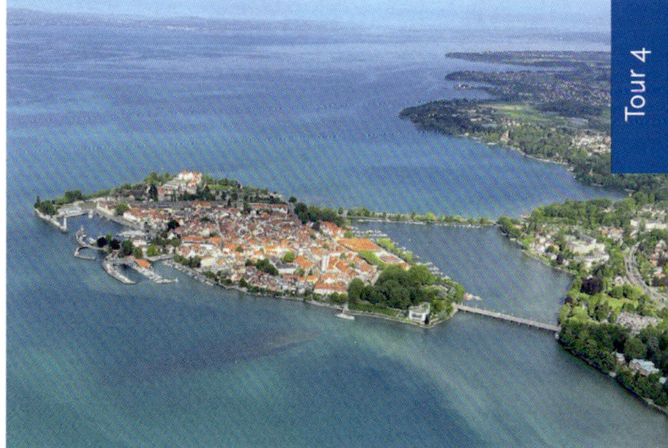

Luftbild Lindau, Foto: Matthias Pflüger

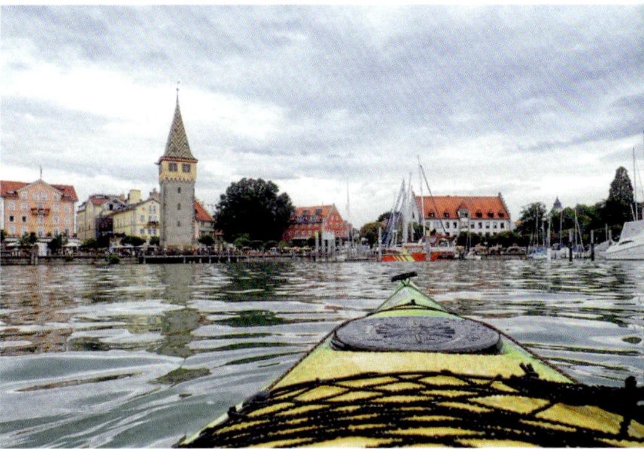

Lindau Hafen, Kanu-Club Laiz

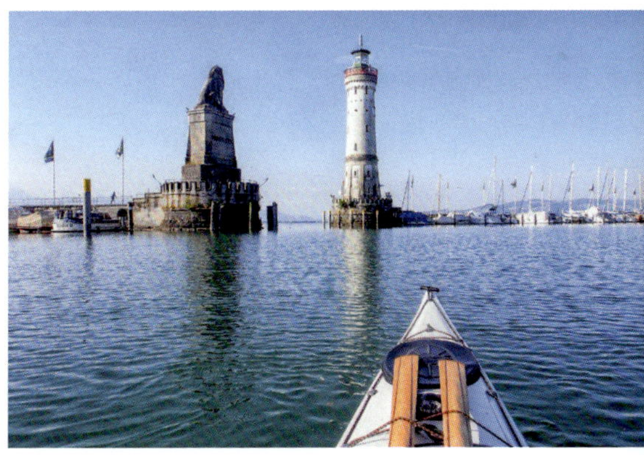

Lindau Hafen, Kanu-Club Laiz

Tour 5: Bodensee Ost

Lindau – Wasserburg – Kressbronn – Langenargen – Friedrichshafen (20 km)

Bereits in Tour 4 haben wir so einiges über Lindau mit seiner sehenswerten historischen Altstadt auf der Insel beschrieben. Deshalb verweisen wir an dieser Stelle auf diese Ausführungen.

Bei schönem Wetter mit beherrschbaren Wellen ist die Umfahrung der Insel ein Muss. Beschrieben ist dieser Part in der Tour Rohrspitz – Bregenz – Lindau (Tour 4).

Da die Strecke nach Friedrichshafen länger ist, starten wir auf direktem Weg von der jeweiligen Startposition und paddeln im „kleinen See“ hinter der Insel Lindau am Ufer entlang zum Bahndamm und unterqueren diesen.

Hinter Lindau geht es vorbei an einigen respektablen Villen mit privaten Bootsliegeplätzen.

Wenn man den Hafen von Wasserburg sieht, befindet sich rechts in der Bucht eine Sandbank. Bei warmen Sommern mit Niedrigwasser bitte beachten. Auf der Halbinsel von Wasserburg liegt die Georgskirche, die erstmals urkundlich im Jahr 784 erwähnt wurde. Der älteste Teil der heutigen Kirche ist der Sockel des Turms aus dem Mittelalter. Im 14. Jahrhundert wurden in Wasserburg bemerkenswerte Handschriften gefertigt. Wasserburg gehörte damals den Herren von Schellenberg, welche Landvögte mit herzoglicher und königlicher Vollmacht waren. Der Name Schellenberg ist der eines alten Adelsgeschlechts mit gleichnamigem Ursprung (heutiges Liechtenstein). Allerdings besteht keine Verbindung zur Burg Schellenberg am Rand des Erzgebirges.

Die Kirche war bei Tour und Entstehung dieser Beschreibung im Jahr 2022 wegen eines Deckenschadens nicht geöffnet. Eine Wiedereröffnung ist erst ab 2023 geplant.

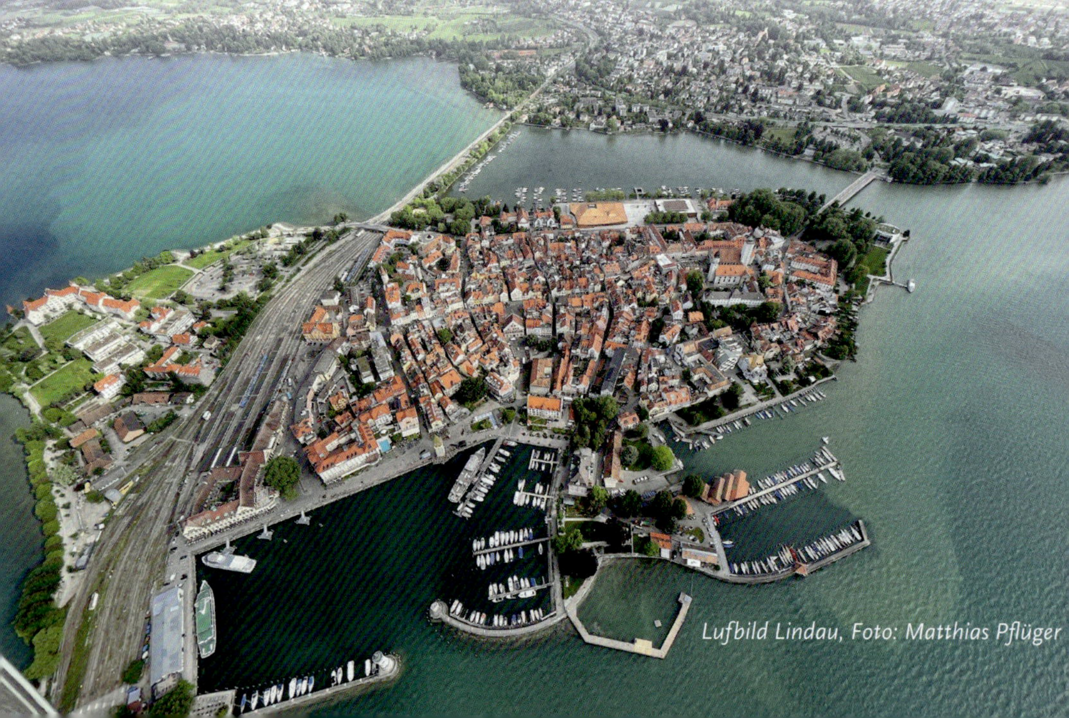

Lufbild Lindau, Foto: Matthias Pflüger

Tour 5

Tourensteckbrief

Länge der Tour gesamt: 20 km
Tour-Teil 1: Lindau – Langenargen (13 km)
Tour-Teil 2: Langenargen – Friedrichshafen (7 km)

Start:
Für Mitglieder in einem Kanu-Verband:
Lindauer Kanu-Club
Aeschacher Ufer 35, 88131 Lindau
47°33'06"N 9°41'02"E
47.551908, 9.683466
www.lindauer-kanuclub.de

Parkplatz Schindlerwiese
Hasenweidweg, 88131 Lindau
47°33'01"N 9°41'26"E
47.550445, 9.690859

Etappen-Ziel:
Langenargen
Campingpark Gohren
www.campingplatz-gohren.de
47°35'06"N 9°33'55"E
47.585190, 9.565408
oder
Uferpromenade Langenargen
47°35'40"N 9°32'36"E
47.594589, 9.543135

Ziel:
Für Mitglieder in einem Kanu-Verband:
KSF Friedrichshafen,
Am Seemoser Horn 18
88045 Friedrichshafen
www.kanu-sport-friedrichshafen.de
47°39'26"N 9°26'02"E
47.657276, 9.434071

Friedrichshafen (Graf-Zeppelin-Haus)
(100 m westlich vom Yachthafen)
Uferstraße, 88045 Friedrichhafen
47°39'00"N 9°28'09"E
47.650129, 9.469076

Gesamtanspruch: leicht / mittel / schwer

SUP

Kategorie	SUP Touring	
Boards	iSUP 10'- 14'	Hardboard
Finne	Touring - Finne	Seegras - Finne
Sicherheit	Leash	Schwimmweste

Alle Bootsgattungen

Ausrüstung	Neopren oder	Trockenanzug	im Winter	
Können: Technik + Sicherheit	Basic Einsteiger	Advanced Fortgeschrittene	Expert Semi-Profi	
Schwierigkeit	Leicht Grund-kenntnisse Paddeln	Mittel Fortgeschrittenen-kenntnisse Paddeln	Schwer Semiprofes-sionelle Kenntnisse Paddeln	Ambitioniert Profi-Kenntnisse
Kondition	Basic bis 10 km	Advanced bis 20 km	Expert ab 20 km	
Gefahren	Kursschiffe / Motorboote	Seequerung / Wellen / Wind	Hafen-Einfahrten	

Hinweis: Die Tour kann in Langenargen „halbiert" werden.

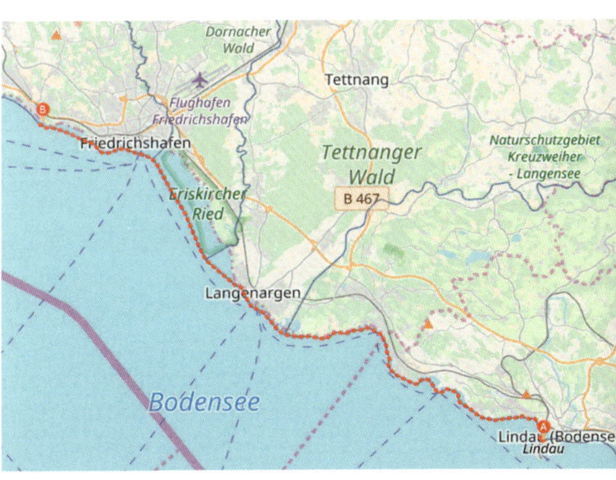

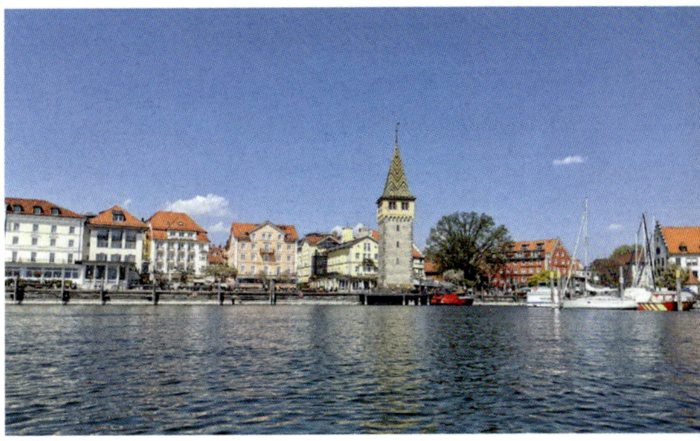

Lindau, Foto: Kanu-Club Laiz

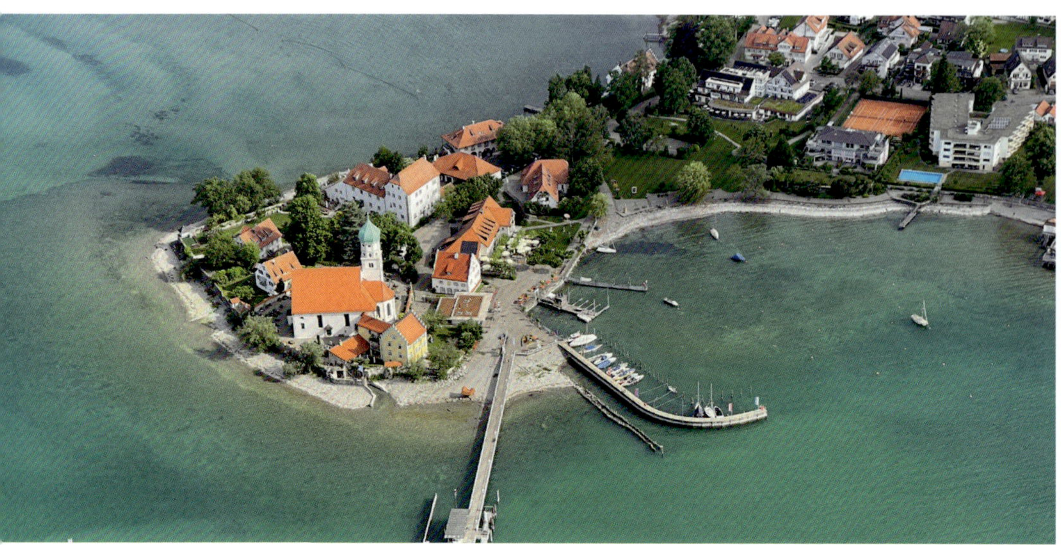

Luftbild Wasserburg, Foto: Matthias Pflüger

Wasserburg ist nicht ansatzweise so überlaufen wie Lindau. Eine Besichtigung der idyllischen Halbinsel ist sehr empfehlenswert. Zwar ist eine Rast an dieser Stelle der Tour recht früh, aber sehr lohnenswert.

Kurze Zeit später passieren wir Nonnenhorn und Kressbronn. Nahezu selbstverständlich ist, dass fast alle in diesem Buch beschriebenen (deutschen) Bodensee-Orte von der BSB Bodensee-Schifffahrt angefahren werden. Zwei Kilometer vor Langenargen mündet die Argen in den Bodensee, dessen Mündung von zwei sehr großen Yachthäfen und einem Campingplatz gesäumt wird. Hierzu gibt es eine separate Touren-Beschreibung im DKV Kanu- und SUP-Führer Baden-Württemberg.

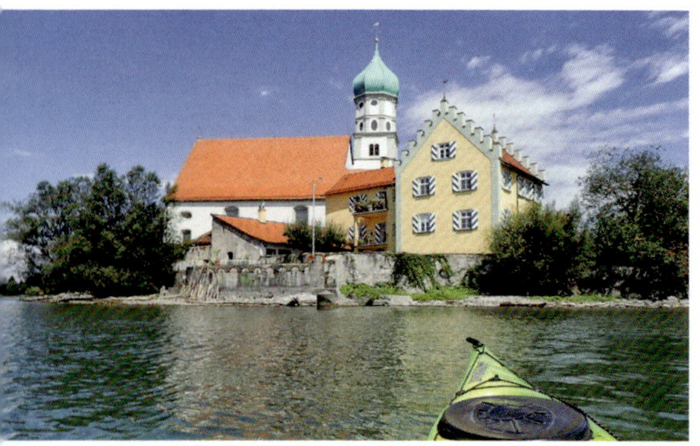

Wasserburg, Kanu-Club Laiz

Langenargen, mit einer der längsten Uferpromenaden am Bodensee und dem Schloss Montfort, beeindruckt mit seinem Panorama. Das Schloss, eines der schönsten am See, sollte König Wilhelm I. als Lustschloss dienen und gilt als das Wahrzeichen von Langenargen.

Ein Stopp oder separater Besuch ist empfehlenswert! Im Schloss befindet sich ein Café-Restaurant und vom Turm des Schlosses kann der See von März bis Oktober in alle Richtungen betrachtet werden. Zudem finden ganzjährig Kulturveranstaltungen und Konzerte im Schloss statt.

Wer die Tour an dieser Stelle „halbieren" oder beenden mag, hat noch Zeit für einen Schlossbesuch.

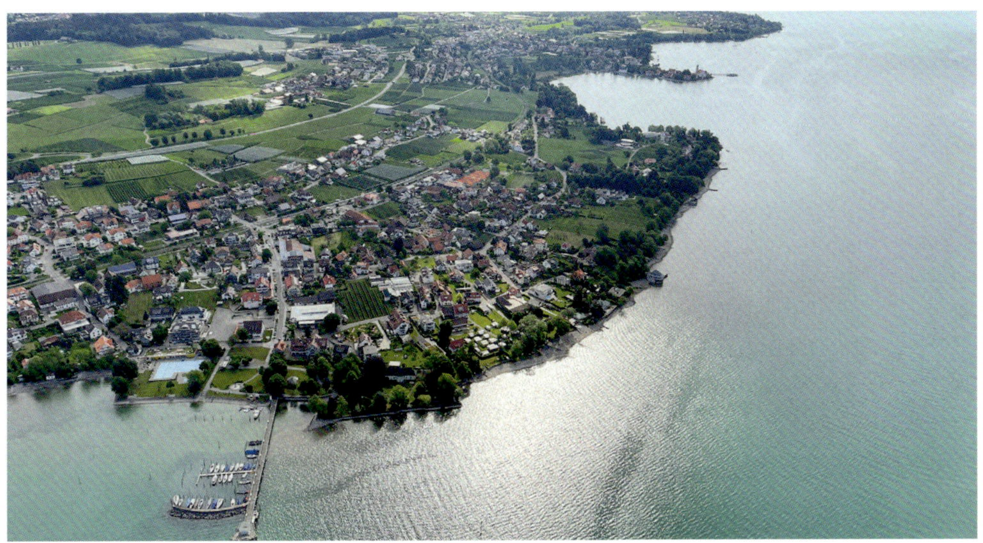

Luftbild Nonnenhorn Richtung Bregenz, Foto: Matthias Pflüger

Der Ausstieg am Campingpark Gohren befindet sich 200 m vor der Argenmündung. Auch Schloss Montfort kommt erst nach der Mündung.

Zwei Kilometer weiter mündet die Schussen in den See; die Schussen wird ebenfalls separat beschrieben. Von der Mündung der Schussen schließt sich das Eriskircher Ried an, das vom Ufer ab eine 750 m breite Schutzzone hat, welche ganzjährig nicht befahren werden darf (Befahrungsverbot!). Das Naturschutzgebiet ist eines der größten am See. Im Naturschutzzentrum im alten Bahnhofsgebäude gibt es ausführliche Informationen zum Eriskircher Ried, zudem werden ganzjährig naturkundliche Führungen angeboten. Das Ende des Rieds wird durch die Mündung der Rotach abgegrenzt.
Bis zum Ende der Tour sind es nur noch wenige Meter. Wir passieren den Hafen von Friedrichshafen, von dem bei gutem Wetter der Blick bis zu den Schweizer Alpen möglich ist. Friedrichshafen mit seinem markanten Moleturm ist die Stadt des Zeppelins. Im Hintergrund des Kursschiffhafens ist das Zeppelin-Museum zu sehen. Im Hafen herrscht starker Fährverkehr! Neben entsprechendem Wellengang ist besonders der Hafeneinfahrt erhöhte Aufmerksamkeit zu schenken! Ebenfalls Wahrzeichen der Stadt ist die barocke Schlosskirche mit ihren beiden 55 m hohen Kuppeltürmen.

Friedrichshafen ist ein weiterer Touristen-Hotspot am Bodensee. An den Fährhafen schließt die Uferpromenade, der Yachthafen und der Stadtgarten mit Zeppelinfontäne an. Am Ende des Stadtgartens am Konzertstrand beenden wir die Tour. Als Ausstieg für nicht-vereinsorganisierte Paddler vielleicht nicht perfekt, aber immerhin zentrumsnah.

Vereinspaddler können die Tour um 3,5 bzw. 4 km verlängern und wahlweise beim KC Welfen oder KSF Friedrichshafen ausbooten.

Hinweis:
Wie schon am Ostufer zwischen Bregenz und Lindau, ist auch diese Strecke sehr anfällig für Winde und höhere Wellen bzw. Kabbelwasser.

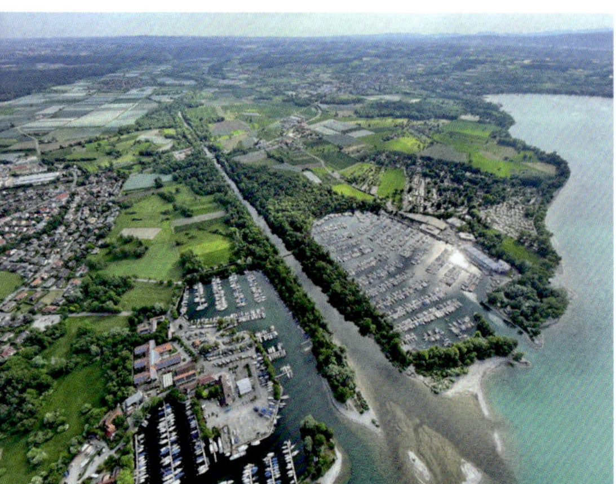

Luftbild Argen-Mündung, Foto: Matthias Pflüger

Der Vorteil ist, dass der Wind hier meist auflandig ist. Trotzdem muss die Wettersituation mit einbezogen werden und es ist besondere Vorsicht geboten. Bei Starkwind- oder Sturmwarnung gilt: Runter vom See!

Für SUP'ler:
DIE Nummer für defekte SUPs in Deutschland sitzt in Wasserburg: Dr. SUP
www.six-feet.de

Text: Matthias Pflüger

ADRESSEN UND INFOS

ÖPNV:

Von Lindau bis Friedrichshafen führt die Bahnlinie durch alle Anliegergemeinden und Städte. Bei schlechtem Wetter kann somit in jedem Ort gestoppt und ggfls. das Fahrzeug zurückgeholt werden.

Gastronomie

Lindau

- 37° Kaffeebar
www.37grad.eu
- Café Bar Restaurant Großstadt
www.grossstadt-lindau.de
- KHANA KHAZANA
Indisches Spezialitäten-Restaurant
www.khanakhazana.de
- EIL.GUT.HALLE
www.eilguthalle.li

Wasserburg

- Da Salvatore
https://dasalvatore-wasserburg.de/
- Hegestrand 3
www.hegestrand3.de

Langenargen

- Restaurant Bach
www.restaurant-bach.de
- Kavalierhaus
www.kavalier-haus.de

Friedrichshafen

- Kommodore
https://kommodore-wyc.de
- Restaurant Lammgarten
https://lammgarten.de
- Seehof Friedrichshafen
https://seehof-fn.de

Unterkunft

Lindau

- Ebner – Boutique-Hotel
www.hotelebner.de
- Hotel Am Rehberg
www.hotel-am-rehberg.de
- DJH Jugendherberge Lindau
https://www.jugendherberge.de/jugendherbergen/lindau-241/portraet/
- Park-Camping-Lindau
www.park-camping.de

Langenargen

- Campingpark Gohren
www.campingplatz-gohren.de

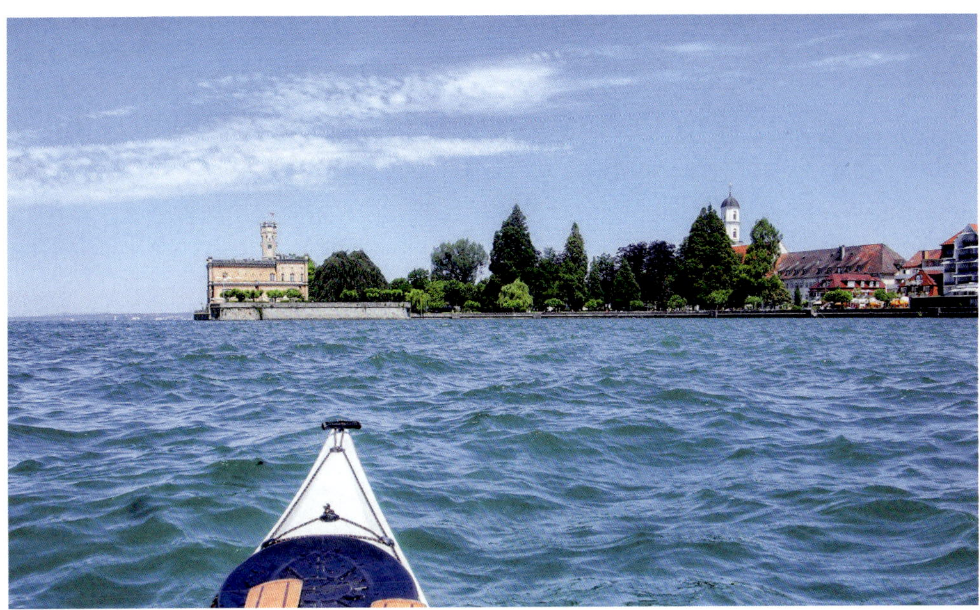

Langenargen, Kanu-Club Laiz

- Hotel Engel Wittmann

www.engel-bodensee.de

- Seehotel Litz

www.hotel-litz.de

- Hotel Meschenmoser

www.hotel-meschenmoser.de

Friedrichshafen

- KSF Friedrichshafen

(Für Mitglieder in einem Kanu-Verband)
Am Seemooser Horn 18, 88045 Friedrichshafen
www.kanu-sport-friedrichshafen.de

- SEEhotel Friedrichshafen

www.seehotelfn.de

- Hotel Merian

https://merian-fn.de

- Campingplatz Fischbach

www.camping-fischbach.de

- DJH Graf-Zeppelin-Jugendherberge

www.jugendherberge-friedrichshafen.de

Sehenswürdigkeiten

Wasserburg

- Kirche am See Wasserburg

www.kirche-am-see.de

Langenargen

- Schloss Montfort

www.langenargen.de

- Naturschutzzentrum Eriskircher Ried

www.naz-eriskirch.de

Friedrichshafen

- Ev. Schlosskirche

www.schlosskirche-fn.de

- Dornier-Museum

www.dorniermuseum.de

- Zeppelin Museum

www.zeppelin-museum.de

- Moleturm

www.friedrichshafen.de

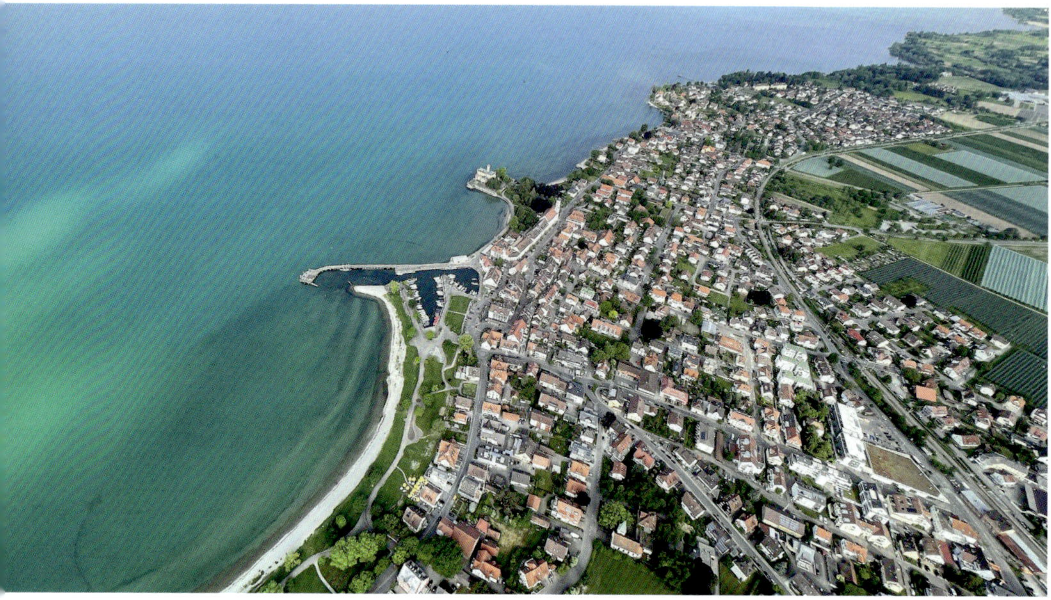

Luftbild Langenargen Schloss Montfort, Foto: Matthias Pflüger

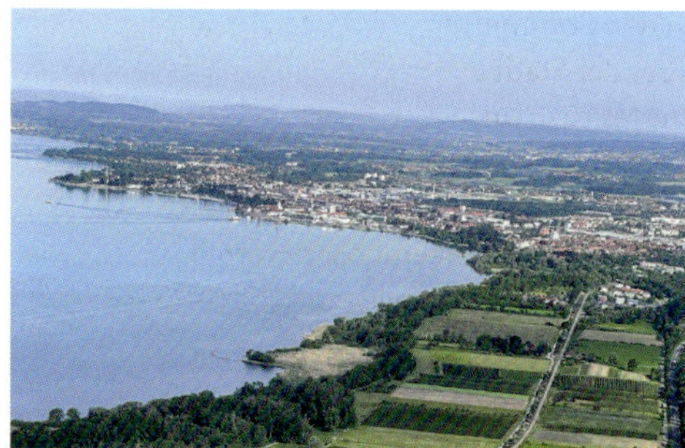

Luftbild Friedrichshafen, Foto: Matthias Pflüger

Alternativen:

- Abenteuerpark Immenstaad Hochseilgarten
https://abenteuerpark.com
- Ravensburger Spieleland
www.spieleland.de
- BSB Schifffahrtsbetriebe
www.bsb.de

Kanu- + SUP-Vermietung:

- Kanuverleih Lindau
www.kanuverleih-lindau.de
- SUP-Vermietung Lindau
www.surfschulelindau.de

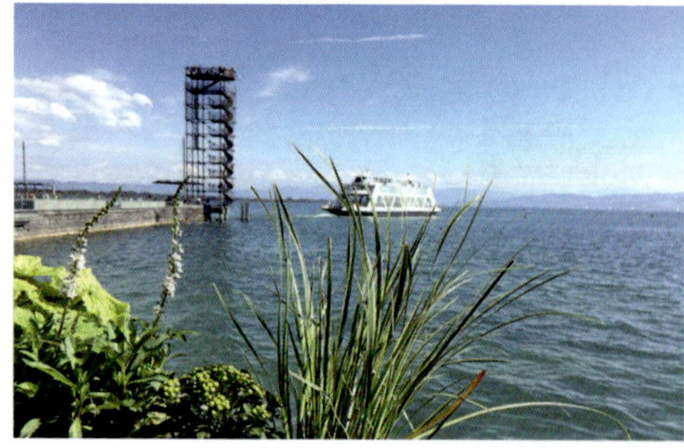

Lindau, Foto: Kanu-Club Laiz

Tour 6: Bodensee Mitte

Friedrichshafen – Fischbach – Immenstaad – Hagnau Meersburg (18 km)

Wir starten unsere Tour in der Zeppelin-Stadt Friedrichshafen am Ende des Stadtgartens am Konzertstrand. Als Einstieg für nicht-vereinsorganisierte Paddler vielleicht nicht perfekt, aber trotzdem zentrumsnah.

Vereinspaddler können die Tour etwa vier Kilometer verkürzen und wahlweise beim KC Welfen oder KSF Friedrichshafen einbooten.

Linker Hand liegt der Stadtkern von Friedrichshafen. Der Blick vom Wasser aus auf die Stadt und den Hafen ist auf jeden Fall eine Extrarunde wert, wenn man sich die Zeit dafür nehmen kann. Wir hatten diesen Blick ja bereits während unserer Tour von Lindau nach Friedrichshafen.

In den Sommermonaten ist häufig der Zeppelin über der Stadt zu sehen, wenn er zu Rundflügen startet. Zu unserem eigentlichen Ziel Meersburg starten wir von Friedrichshafen aus nach rechts.
Kurz nach dem Seemooser Horn passieren wir MTU, die mittlerweile zu Rolls-Royce Power Systems gehört und ein weltweit führendes Unternehmen für Großdieselmotoren ist.

Vorbei an Freizeitanlagen und Schilfgebieten bei Fischbach passieren wir das Naturschutzgebiet „Lipbachmündung", bei dem ein ganzjähriges Befahrungsverbot in einer 150 m breiten Zone um die Mündung herum gilt. Danach nähern wir uns dem Bojenfeld der Segelsportgruppe Dornier und der Vogelinsel bei Immenstaad. Es wird empfohlen, das Bojenfeld und die Insel seewärts zu umfahren. Ortskundige können bei ausreichend hohem Wasserstand auch die Durchfahrt landwärts nehmen.

Weiter geht es entlang der Stadt und vorbei am Anleger der Kursschiffe. Richtung Hagnau sieht man mehr und mehr Weinanbaugebiete. Hier liegt auch der Kirchberger Schlossberg in ausgezeichneter Einzellage. 1925 wurde hier erstmals die damals am Bodensee unbekannte Rebsorte Müller-Thurgau angepflanzt, die danach die hauptsächliche Rebsorte am Bodensee wurde. Heute ergänzen hier Weiß- und Spätburgunder die Traubensorten.

Wenig später erreichen wir die Gemeinde Hagnau. Vom Wasser aus haben wir einen Blick auf den für so eine kleine Gemeinde doch stolzen

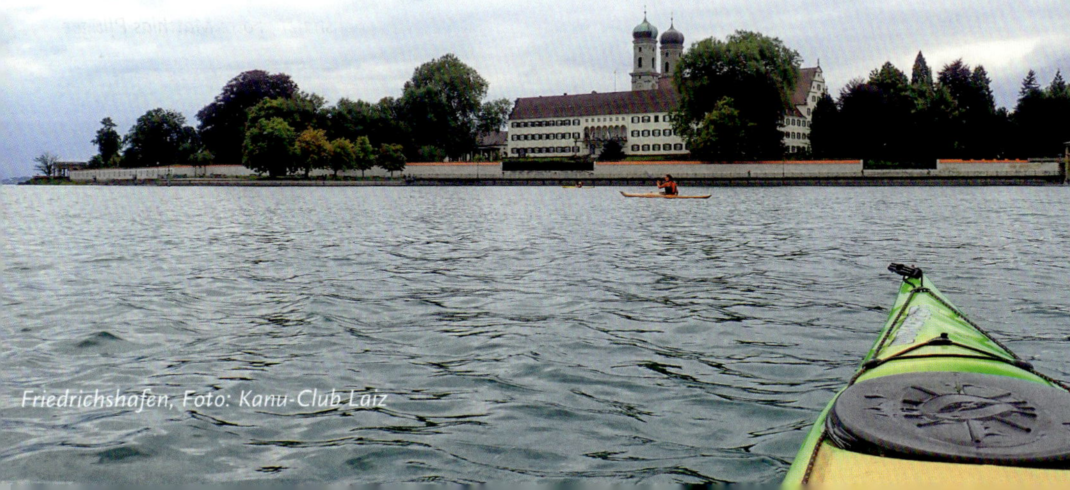

Friedrichshafen, Foto: Kanu-Club Laiz

Tourensteckbrief

Länge der Tour gesamt: 18 km
Tour-Teil 1:
Friedrichshafen – Immenstaad (8 km)
Tour-Teil 2:
Immenstaad – Meersburg (10 km)

Start:
Für Mitglieder in einem Kanu-Verband:
KSF Friedrichshafen
Am Seemoser Horn 18,
88045 Friedrichshafen
www.kanu-sport-friedrichshafen.de
47°39'26"N 9°26'02"E
47.657276, 9.434071

Friedrichshafen (Graf-Zeppelin-Haus)
(100 m westlich vom Yachthafen)
Uferstraße, 88045 Friedrichhafen
47°39'00"N 9°28'09"E
47.650129, 9.469076

Etappen-Ziel:
Freier Badestrand
Seestraße-West, 88090 Immenstaad
47°39'42"N 9°21'33"E
47.661685, 9.358888

oder

Schloss Helmsdorf
www.schlosshelmsdorf.de
47°39'55"N 9°22'32"E
47.665415, 9.381227

Ziel:
Strand Meersburg
Unteruhldinger Straße
47°41'49"N 9°15'41"E
47.697166, 9.261320

Gesamtanspruch: leicht / mittel / schwer

SUP

Kategorie	SUP Touring	
Boards	iSUP 10'- 14'	Hardboard
Finne	Touring - Finne	Seegras - Finne
Sicherheit	Leash	Schwimmweste

Alle Bootsgattungen

Ausrüstung	Neopren oder	Trockenanzug	im Winter	
Können: Technik + Sicherheit	Basic Einsteiger	Advanced Fortgeschrittene	Expert Semi-Profi	
Schwierigkeit	Leicht Grund-kenntnisse Paddeln	Mittel Fortgeschritte-nen-Kenntnisse Paddeln	Schwer Semiprofes-sionelle Kenntnisse Paddeln	Ambition Profi-Kenntniss
Kondition	Basic bis 10 km	Advanced bis 20 km	Expert ab 20 km	
Gefahren	Kursschiffe / Motorboote	Seequerung / Wellen / Wind	Hafen-Einfahrten	

Hinweis: Die Tour kann in Immenstaad halbiert werden.

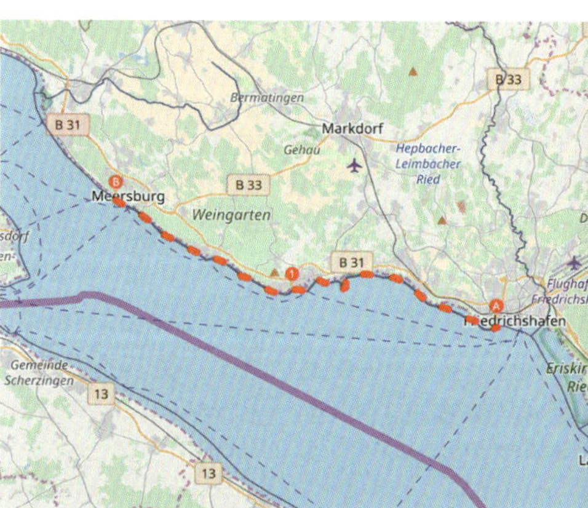

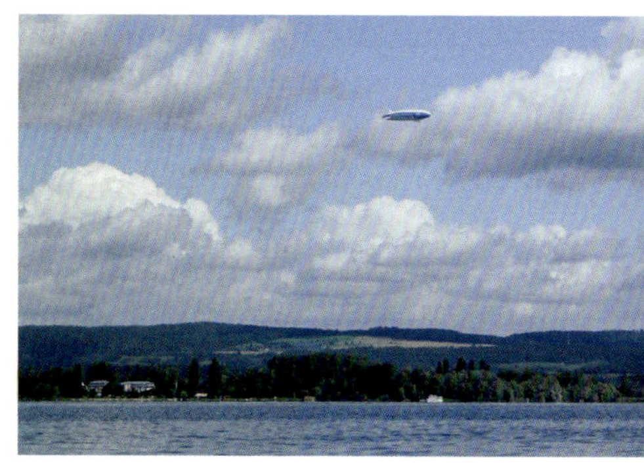

Zeppelinflug, Foto: Wolfgang Schönwald

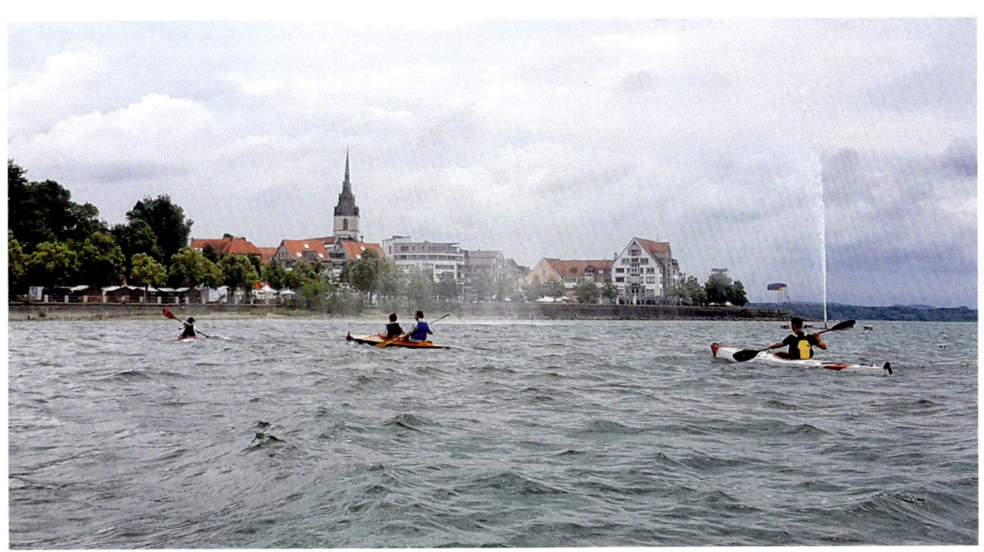

Friedrichshafen, Foto: Kanu-Club Laiz

ehemaligen Klosterhof des Benediktinerklosters Weingarten von 1714, welches heute Rathaus, Bürgerhaus und das Hagnauer Museum beheimatet.

Nach dem Ortskern von Hagnau mit Bojenfeld und dem Anleger der Weißen Flotte gibt es im Bereich der Mündung des Dysenbachs einen Strand, der sich gut zum Anlanden eignet. Bei Wellengang kann das Anlanden schwieriger sein, da der meist vorherrschende Westwind die Wellen ans Ufer treibt. Wer nicht nass werden möchte, sollte auch auf die Kursschiffe achten, da diese zusätzlich Wellen verursachen, die zeitverzögert aufs Ufer treffen.

Für eine Einkehr bietet in den Sommermonaten das Rebgut Haltnau, welches sich unmittelbar hinter dem Yachthafen kurz vor Meersburg befindet, eine gute Gelegenheit. Bei hohem Wasserstand ist der Strand vor der Mauer des Rebguts relativ schmal. Aufgrund des temporären, starken Wellenschlags v.a. verursacht durch Kursschiffe, empfiehlt es sich, die Boote weit genug vom Wasser entfernt Richtung Mauer zu lagern.

Von Haltnau aus fahren wir weiter zu unserem nahe gelegenen Ziel Meersburg.
In Meersburg liegt die gleichnamige, älteste bewohnte Burg Deutschlands von 628. Sie gilt als markantes Wahrzeichen, das mit einem mittelalterlichen Burgmuseum aufwartet. Direkt neben der Burg liegt das Neue Schloss von 1710 mit barocker Schlosskapelle. Das Schloss gehört dem Land Baden-Württemberg. Es kann ebenfalls besichtigt werden. Burg, Schloss und die Altstadt von Meersburg sind ebenfalls stark frequentierte Sehenswürdigkeiten am Obersee.

Auf der Hafenmole der Stadt Meersburg steht die Magische Säule des Künstlers Peter Lenk. Sie bildet – auf satirische Weise – Portraits bekannter Meersburger Persönlichkeiten ab.

Die Querung der Hafeneinfahrt von Meersburg Richtung Überlingen ist eine der anspruchsvollsten Hafenquerungen am Bodensee. Die

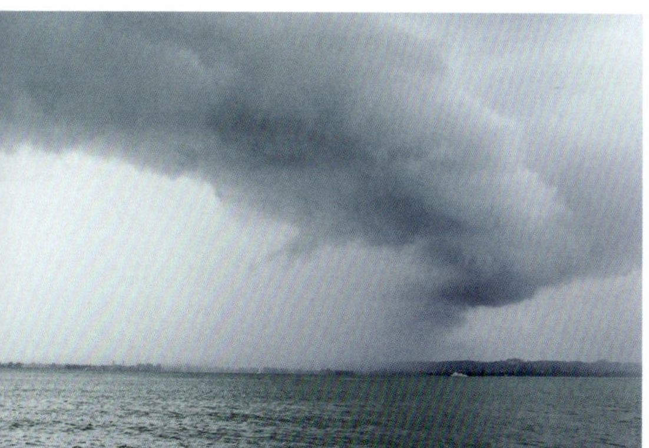

Unwetter bei Immenstaad, Foto: Wolfgang Schönwald

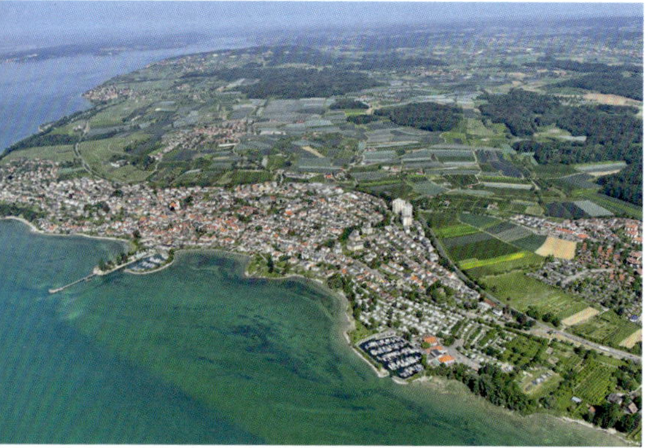

Luftbild Immenstaad, Foto: Matthias Pflüger

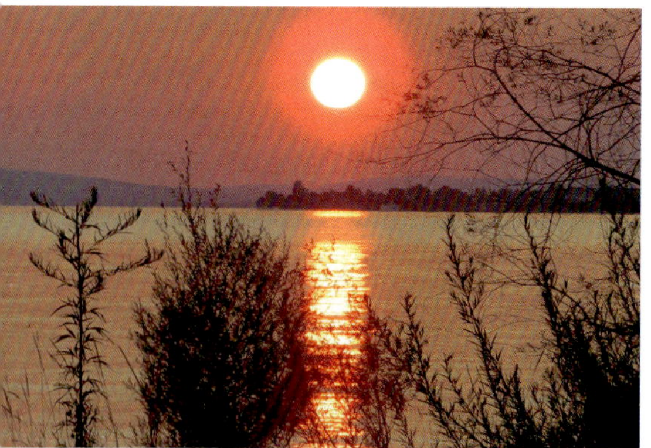

Sonnenuntergang Friedrichshafen, Foto: Andreas Mattes

Frequenz der Fährschiffe ist in der Saison hoch, der Hafen schlecht einsehbar und die Schiffe fahren in einem weiten Bogen aus dem Hafen. Es empfiehlt sich, etwas Abstand zur Hafenmauer zu halten, um die Schiffe und die auffahrenden Autos etwas im Auge behalten zu können (siehe auch allg. Hinweise).
Auch beim Anlanden ist besondere Vorsicht geboten! Die Fähren verursachen einen ordentlichen Wellenschlag!
Der Ausstieg in Meersburg ist am Strand Meersburg. Dieser befindet sich ca. 350 m nach der Fähre Konstanz-Meersburg.

Text: Verena Blattmann

ADRESSEN UND INFOS

ÖPNV:

Von Friedrichshafen bis Radolfzell führt die Bahnlinie erst ab Uhldingen wieder durch alle Anliegergemeinden und Städte. Immenstaad, Hagnau und Meersburg sind nicht per Bahn erreichbar.
Wer in Meersburg die Tour beendet, kann während der Sommersaison das Kursschiff nehmen, um zum Ausgangspunkt und damit zu seinem Fahrzeug zurück zu kehren.

Gastronomie

Friedrichshafen

- Kommodore
https://kommodore-wyc.de
- Restaurant Lammgarten
https://lammgarten.de
- Seehof Friedrichshafen
https://seehof-fn.de

Immenstaad

- Pizzeria Sud
www.pizza-sud.de
- Seehof Immenstaad
www.seehof-hotel.de

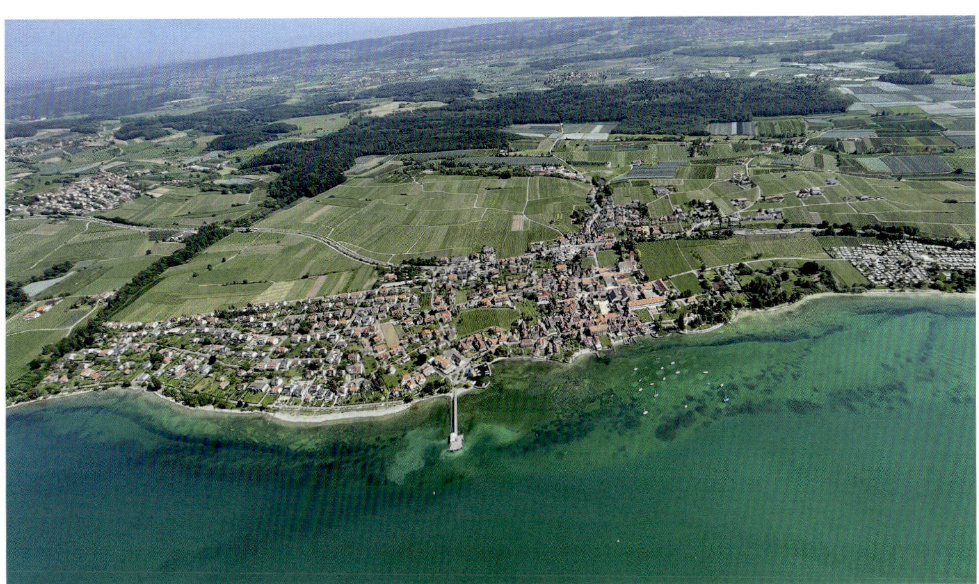

Luftbild Hagnau, Foto: Matthias Pflüger

Meersburg

► Rebgut Haltnau
Weingut, Flammkuchen etc.
www.rebgut-haltnau.de

► Meersburger Winzerstuben
www.winzerstuben-meersburg.de

► Gutsschänke Meersburg
www.gutsschaenke-meersburg.de

► Casala
www.hotel-residenz-meersburg.de

Unterkunft

Friedrichshafen

► KSF Friedrichshafen
(Für Mitglieder in einem Kanu-Verband)
Am Seemooser Horn 18, 88045 Friedrichshafen
www.kanu-sport-friedrichshafen.de

► SEEhotel Friedrichshafen
www.seehotelfn.de

► Hotel Merian
https://merian-fn.de

► Campingplatz Fischbach
www.camping-fischbach.de

► DJH Graf-Zeppelin-Jugendherberge
www.jugendherberge-friedrichshafen.de

Immenstaad

► Schloss Helmsdorf
www.schlosshelmsdorf.de
47°39'55"N 9°22'32"E

Meersburg

► Hotel Strand Café
www.hotel-strandcafe.de

► Boutique-Hotel 3 Stuben
www.3stuben.de

► JUFA Hotel Meersburg
www.jufahotels.com/hotel/meersburg

Sehenswürdigkeiten

Friedrichshafen

► Ev. Schlosskirche
www.schlosskirche-fn.de

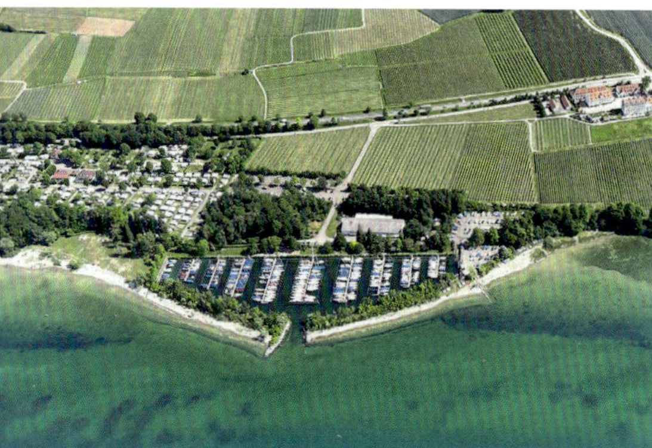

Luftbild Yachthafen Hagnau, Foto: Matthias Pflüger

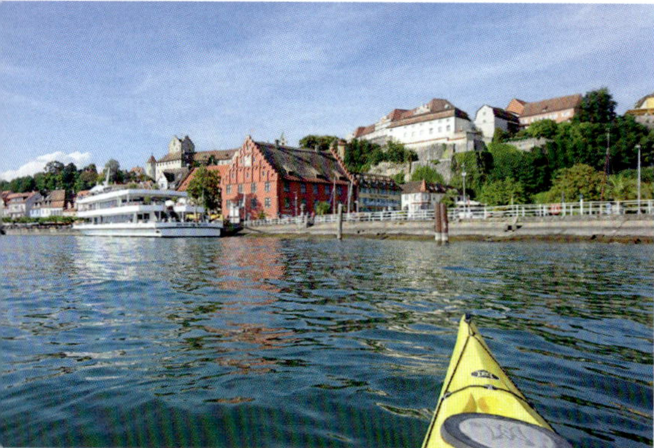

Meersburg Hafen, Foto: Verena Blattmann

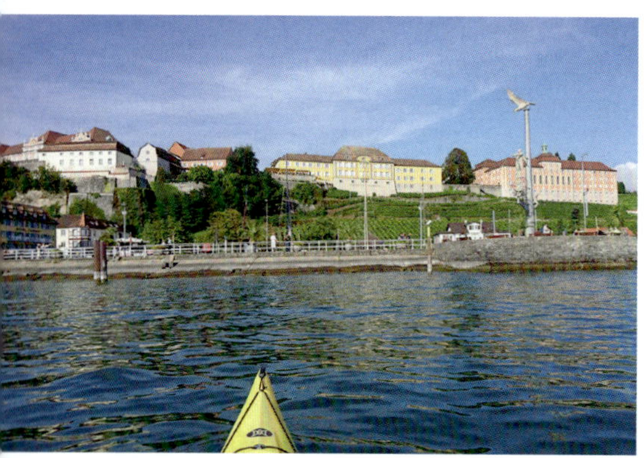

Meersburg Hafen, Foto: Verena Blattmann

- Dornier-Museum
www.dorniermuseum.de
- Zeppelin Museum
www.zeppelin-museum.de
- Moleturm
www.friedrichshafen.de

Meersburg

- Altstadt Meersburg
www.meersburg.de
- Burg Meersburg
www.burg-meersburg.de
- Neues Schloss Meersburg
www.neues-schloss-meersburg.de
- Prähistorische Pfahlbauten Unteruhldingen
www.unesco-pfahlbauten.org

Alternativen

- Abenteuerpark Immenstaad Hochseilgarten
https://abenteuerpark.com
- Ravensburger Spieleland
www.spieleland.de
- Affenberg Salem
www.affenberg-salem.de

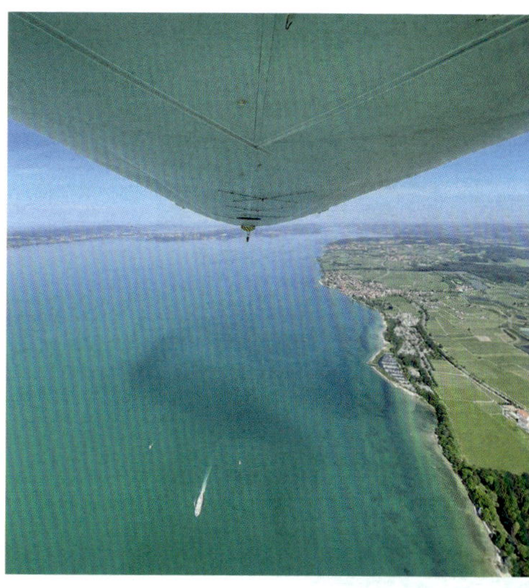

Luftbild Bodensee Mitte, Foto: Matthias Pflüger

Tour 7: Bodensee Mitte - Meersburg – Schilfhütte – Mainau – Konstanz (15 km)

Unsere Tour startet am Strand von Meersburg. Beim Einwassern achten wir auf die temporär auftretenden, starken Wellen, welche durch die Fähren verursacht werden. Wir paddeln am Strand entlang nach rechts Richtung Unteruhldingen. Nach dem öffentlichen Uferbereich kommen wir an einigen privaten Häusern und Anwesen vorbei. Am Ortsrand von Unteruhldingen bietet sich beim Restaurant Schilfhütte eine Einkehrmöglichkeit vor der Seequerung.

Von dort aus halten wir direkt auf die Insel Mainau zu. Wir steuern das Seezeichen 17 links vom alten Hafen an. So können wir die Anzahl der Querungen von Schifffahrtslinien minimieren. Bitte Vorsicht, an der Mainau landen Kursschiffe aus drei Richtungen an (Unteruhldingen, Meersburg, Konstanz).

Vom alten Hafen der Mainau aus können wir direkt auf den Fährhafen Staad zuhalten. Bei unsicherem Wetter empfiehlt es sich, die Bucht etwas auszufahren, um windgeschützter zu sein. Kurz vor dem Hafen ist auf der rechten Seite ein Bootssteg und die Brauerei Ruppaner zu sehen, wo sich die Gelegenheit für eine Pause bietet.

Hinter dem Bojenfeld ist der Fährhafen nicht zu übersehen. Wir queren die Fährlinie Hafen nah und achten auf ein- und auslaufende Schiffe. Direkt hinter dem Hafen der Autofähre befinden sich zwei Ausfahrten von Sportboothäfen (ein- und ausfahrende Boote haben auch unter Motor Vorfahrt, siehe auch allg. Hinweise). Im Bereich der Hafenmauer ist die Wellenhöhe deutlich größer als sonst. Hier ist etwas Abstand zur Mauer, an der die Wellen reflektiert werden, hilfreich.

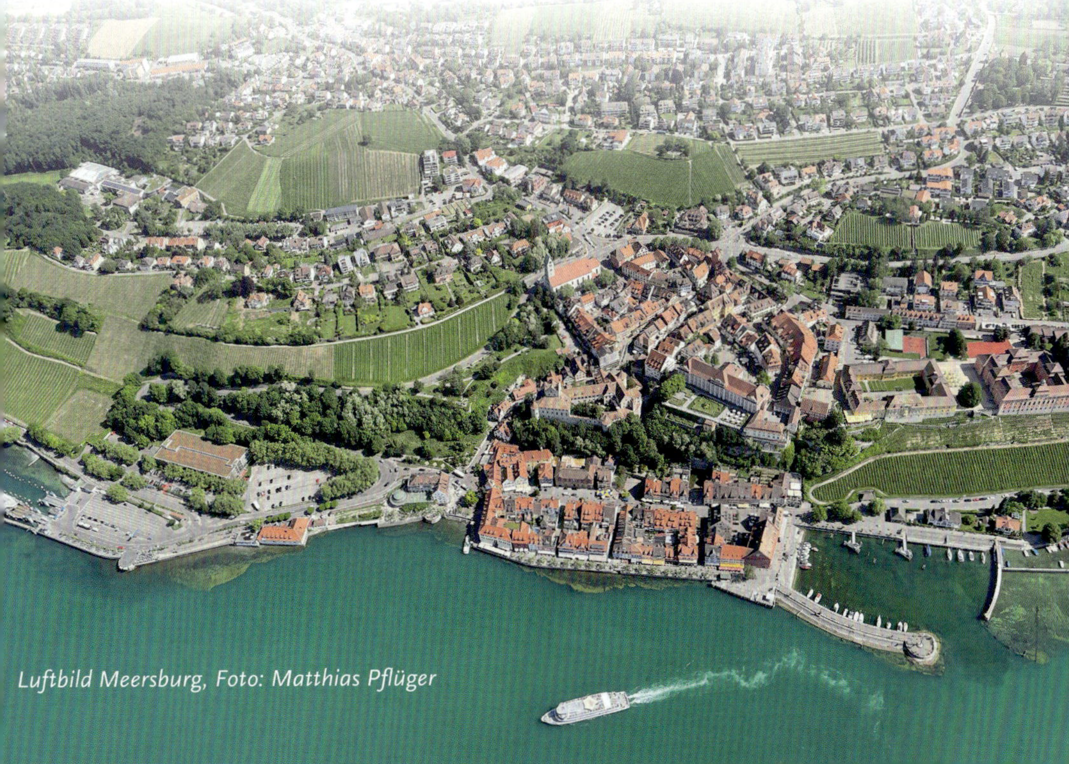

Luftbild Meersburg, Foto: Matthias Pflüger

Tourensteckbrief

Länge der Tour gesamt: 15 km
Tour-Teil 1:
Meersburg – Mainau – Staad 8 km
Tour-Teil 2:
Staad – Konstanz: 7 km (falls relevant)

Start:
Strand Meersburg
Unteruhldinger Straße 10, 88709 Meersburg
47°41'49"N 9°15'41"E
47.697166, 9.261320

Etappen-Ziel:
Nähe Fähre Staad /
Segelhafen Slipanlage
Fischerstraße, 78464 Konstanz
47°40'51"N 9°12'40"E
47.681208, 9.211765

Ziel:
Für Mitglieder in einem Kanu-Verband:
Kanu-Club Konstanz
Winterersteig 15-17, 78462 Konstanz
47°40'09"N 9°09'51"E
47.669351, 9.164241

Allgemeiner Einstieg:
Slipanlage
Winterersteig 19, 78462 Konstanz
47°40'09"N 9°09'48"E
47.669351, 9.163509

Gesamtanspruch: leicht / mittel / schwer

SUP

Kategorie	SUP Touring	
Boards	iSUP 10'- 14'	Hardboard
Finne	Touring - Finne	Seegras - Finne
Sicherheit	Leash	Schwimmweste

Alle Bootsgattungen

Ausrüstung	Neopren oder	Trockenanzug	im Winter	
Können: Technik + Sicherheit	Basic Einsteiger	Advanced Fortgeschrittene	Expert Semi-Profi	
Schwierigkeit	Leicht Grund-kenntnisse Paddeln	Mittel Fortgeschritte-nen-Kenntnisse Paddeln	Schwer Semiprofes-sionelle Kenntnisse Paddeln	Ambitio Profi- Kenntnis
Kondition	Basic bis 10 km	Advanced bis 20 km	Expert ab 20 km	
Gefahren	Kursschiffe / Motorboote	Seequerung / Wellen / Wind	Hafen-Einfahrten	

Hinweis: Diese Strecke kann verkürzt werden, in dem man die Fähre Meersburg - nimmt und dann die letzten 7 km bis Konstanz Ausstieg paddelt. Dadurch verringert sich die Schwierigkeit auf „mittel".

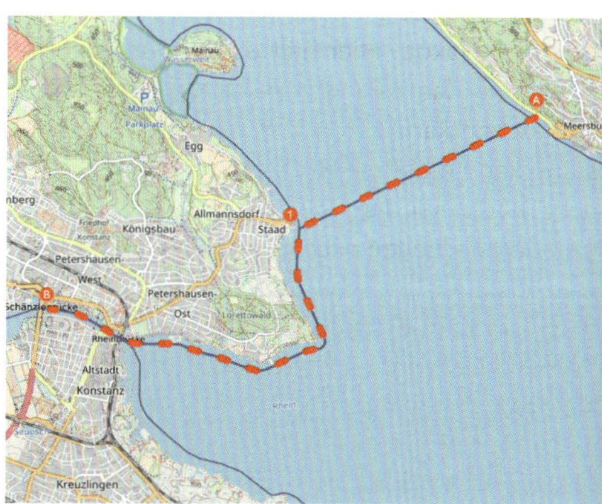

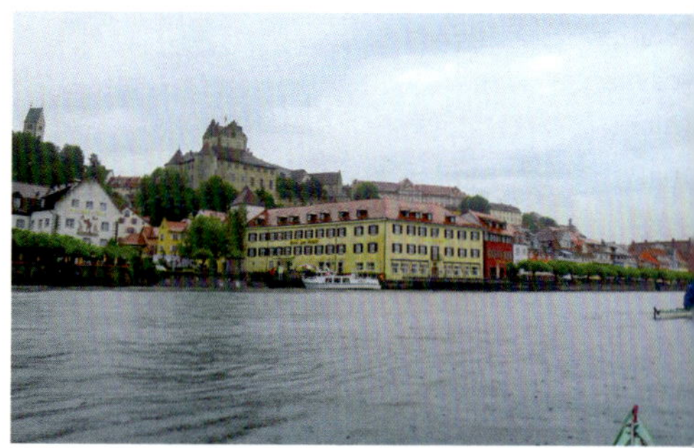

Meersburg, Foto: Andreas Mattes

Nachdem wir den Hafen hinter uns gelassen haben, orientieren wir uns an den Pfählen bzw. Seezeichen. Die Bucht kann zum Anlanden genutzt werden. Ansonsten sind wir gut beraten, nicht zu dicht am Ufer zu fahren, im Sommer wegen der Badegäste, im Winter wegen der Wassertiefe.
Schließlich halten wir auf die Begrenzung der Badezone bzw. das Leuchtfeuer am Hörnle zu.

In diesem Bereich sind Wind und Wellen am stärksten. In der warmen Jahreszeit ist es sinnvoll, sich knapp außerhalb der Badezonengrenze zu halten, da einige Kursschifflinien nahe am Hörnle vorbeiführen. Ein Einfahren in die Badezone ist ganzjährig verboten. Dies gilt auch für die Badezone bei der Therme.

Vom Hörnle-Leuchtfeuer aus paddeln wir Richtung Steg Jakob. Hier hält das Rundfahrt-Fahrgastschiff, das mitunter rasch und unerwartet auftauchen kann. Bei nicht zu hohem Wasserstand kann diese Gefahr umgangen werden, indem man unter dem Steg durchpaddelt. Bei der kleinen Landspitze nach dem Steg halten wir etwas Abstand zum Ufer, da das Wasser hier recht flach ist und die oft nur temporär auftretenden Wellen (z.B. verursacht durch den Katamaran) sich gerne brechen.

In der kalten Jahreszeit paddeln wir anschließend entlang der Seezeichenreihe bis etwa zum Frauenpfahl mit der markanten weißen Kugel darauf, um die Vögel in der Flachwasserzone nicht zu stören. Im Sommer können wir auch näher am Ufer fahren, wobei hier auf Schwimmer zu achten ist.
Kurz vor dem Yachthafen befindet sich nochmals ein Anleger des Rundfahrtschiffs, welches zügig unterwegs ist und Vorfahrt hat.

Im Bereich des Inselhotels queren wir bei viel Bootsverkehr am sichersten die Fahrrinne, die

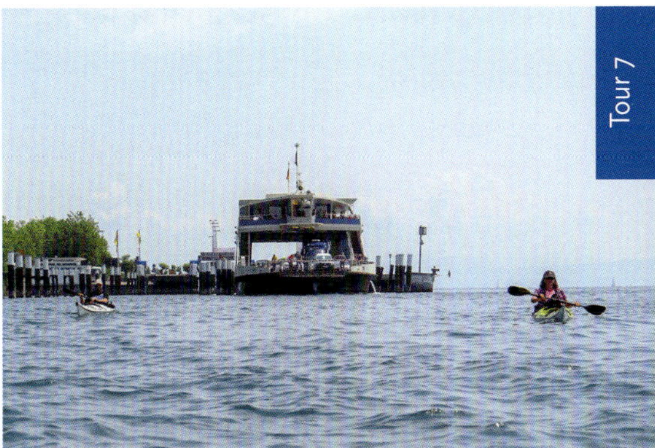

Meersburg Fähranleger, Foto: Andreas Mattes

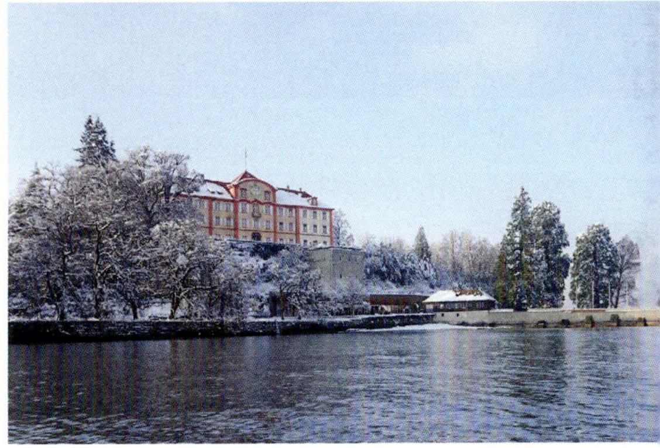

Mainau, Foto: Verena Blattmann

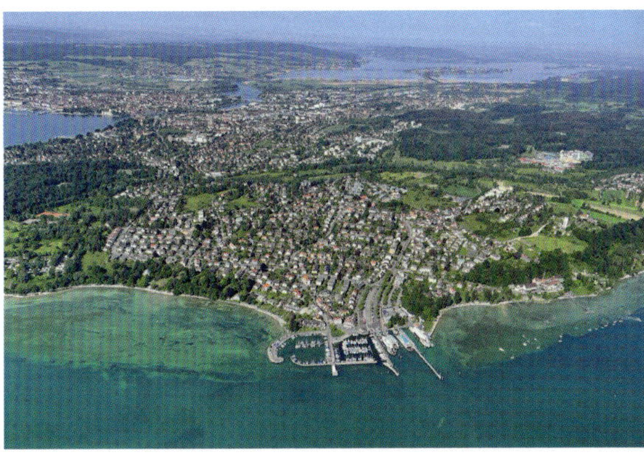

Luftbild Staad, Foto: Matthias Pflüger

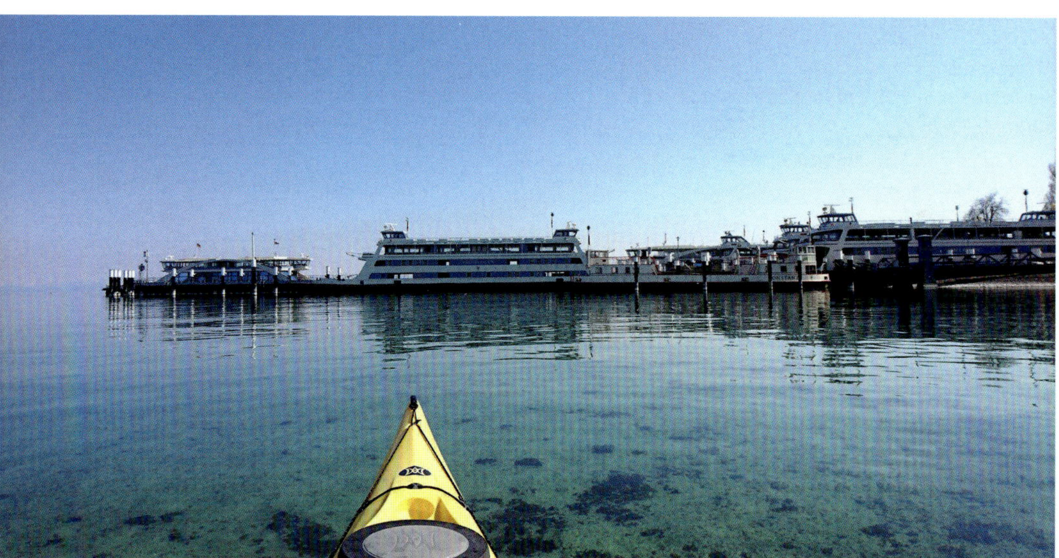

Staad Fährhafen, Foto: Verena Blattmann

zwischen Hafen und Alter Rheinbrücke verläuft. Wir paddeln durch das linke Tor der alten Rheinbrücke. Im rechten und mittleren Tor sind Strömung und Wellenbildung deutlich stärker. Diese beiden Durchfahrten werden vor allem von Motorbooten und Kursfahrtschiffen genutzt.

Die Tour endet kurz vor der Schänzlebrücke am Kanu-Club Konstanz oder bei der Slipanlage.

Text: Verena Blattmann

ADRESSEN UND INFOS

ÖPNV:

Fähre Konstanz – Meersburg
www.stadtwerke-konstanz.de/schifffahrt/faehre-konstanz-meersburg/fahrplan/?no_cache=1

Gastronomie

Meersburg

- Meersburger Winzerstuben
www.winzerstuben-meersburg.de
- Gutsschänke Meersburg
www.gutsschaenke-meersburg.de
- Casala
www.hotel-residenz-meersburg.de

Konstanz

- Das Voglhaus
www.das-voglhaus.de
- Good Rice zum Elefanten
www.goodrice-restaurant.de
- Il Boccone
www.ilboccone.de

Unterkunft:

Meersburg

- Hotel Strand Café
www.hotel-strandcafe.de
- Boutique-Hotel 3 Stuben
www.3stuben.de
- JUFA Hotel Meersburg
www.jufahotels.com/hotel/meersburg

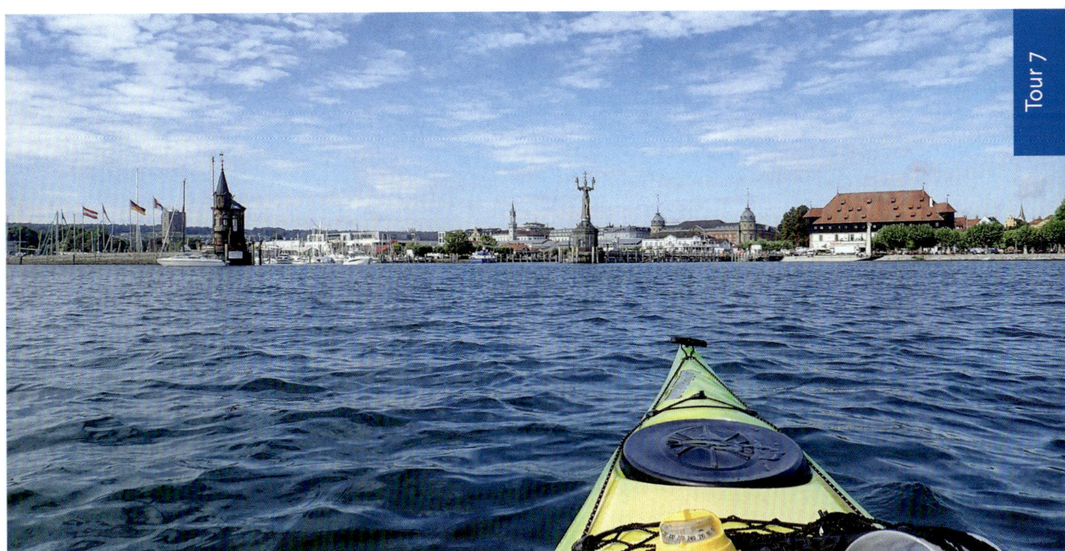

Konstanz, Foto: Lucia Tyborski

Konstanz

- Kanu-Club Konstanz
(Für Mitglieder in einem Kanu-Verband)
Winterersteig 15-17, 78462 Konstanz
www.kanu-club-konstanz.de
- ibis Hotel Konstanz
Benediktinerplatz 9, 78467 Konstanz
www.ibis-konstanz.de
- HARBR. hotel Konstanz
Hans-Sauerbruch-Straße 2, 78467 Konstanz
https://harbr.de/de/
- Jugendherberge Konstanz
Zur Allmannshöhe 16, 78464 Konstanz
www.jugendherberge.de/

Sehenswürdigkeiten:

Konstanz

- Imperia, Hafen Konstanz
Stadt Konstanz
www.konstanz-info.com
- Insel Mainau
www.mainau.de

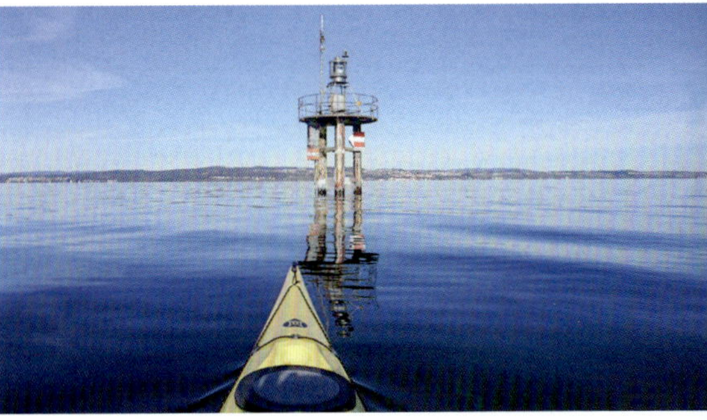

Hörnle Leuchtfeuer Eiszapfen, Foto: Verena Blattmann

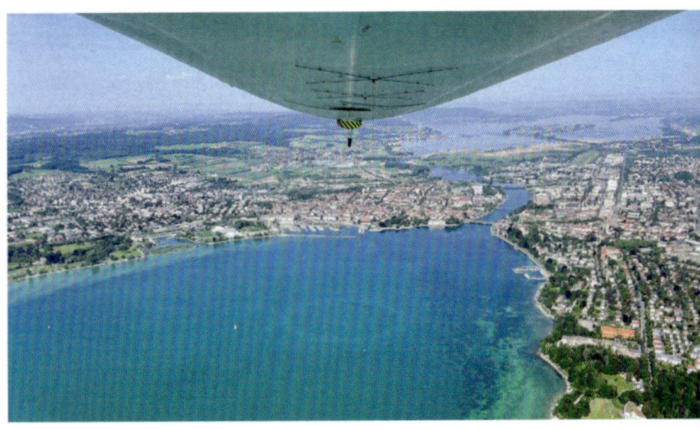

Luftbild Konstanz, Foto: Matthias Pflüger

Tour 8: Bodensee West / Überlinger See

Meersburg – Unteruhldingen – Überlingen – Sipplingen – Ludwigshafen – Bodman (25 km)

Unsere Tour startet am Strand von Meersburg. Vom Wasser aus hat man einen wunderschönen Blick auf den malerischen Stadtkern und die Burg Meersburg, die älteste bewohnte Burg Deutschlands, direkt neben dem Neuen Schloss. Am Hafen Meersburg steht die „Magische Säule“ bzw. „Magisches Varieté“ des Bildhauers Peter Lenk aus Bodman. In der Hauptsaison sind diese Attraktionen leider stark überlaufen.

Den schönen Ortskern kann man leider nicht sehen, da wir hinter der Fähre starten, um eine zweifache und nicht ungefährliche Querung der Fährlinien zu vermeiden.

Beim Einwassern achten wir auf die temporär auftretenden starken Wellen, welche durch die Fähren verursacht werden. Wir paddeln am Strand entlang nach rechts Richtung Unteruhldingen. Nach dem öffentlichen Uferbereich kommen wir an einigen privaten Häusern und Anwesen vorbei. Unmittelbar hinter den Anlegern am Haupthafen von Unteruhldingen (Kursschiffe beachten!) befindet sich die Einfahrt des kleinen Hafens. Hier bietet sich die Möglichkeit, neben den Fischerbooten anzulanden (Slipanlage beim Ablegen der Boote freihalten). Durch den angrenzenden Park sind es nur wenige Meter zu verschiedenen Einkehrmöglichkeiten. Zudem sind das Strandbad sowie das Pfahlbaumuseum direkt in der Nähe. Die prähistorischen Pfahlbauten sind UNESCO-Weltkulturerbe und trotz der vielen Besucher ein Muss für eine Besichtigung! Wenn nicht während der Tour, dann davor oder danach.

Nach der Ausfahrt aus dem kleinen Hafen können wir die Pfahlbauten nochmal einmal vom Wasser aus sehen, bevor wir uns etwas weiter vom Ufer entfernen, um das Naturschutzgebiet zu umfahren.

In den Weinbergen auf der rechten Seite ist die Klosterkirche Birnau zu sehen. Die Bucht unterhalb kann man vorbei an Campingplätzen,

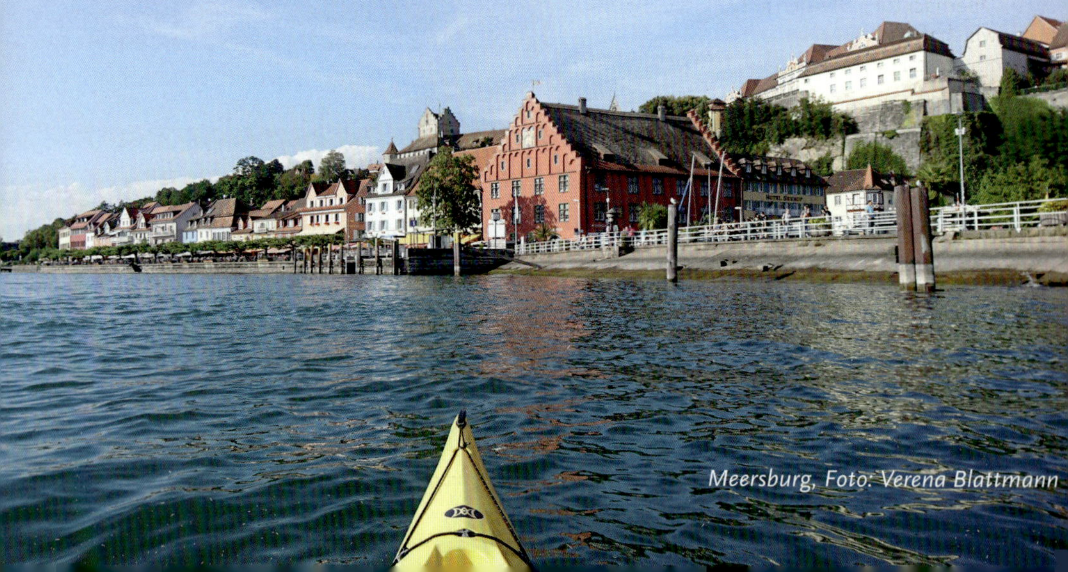

Meersburg, Foto: Verena Blattmann

Tourensteckbrief

Länge der Tour gesamt: 25 km
Tour-Teil 1: Meersburg – Überlingen: 12 km
Tour-Teil 2: Überlingen – Bodman: 13 km

Start:
Strand Meersburg
Unteruhldinger Straße
47°41'49"N 9°15'41"E
47.697166, 9.261320

Etappen-Ziel:
Für Mitglieder in einem Kanu-Verband:
Paddel-Club Überlingen
(Voranmeldung erforderlich!)
Strandweg 20, 88662 Überlingen
47°45'37"N 9°10'19"E
47.759880, 9.173483

Allgemeiner Ausstieg:
Uferpromenade Überlingen
(Achtung, neben Kursschiff-Anleger)
Landungsplatz, 88662 Überlingen
47°45'57"N 9°09'35"E
47.765836, 9.159387

Ziel:
Für Übernachtungen mit Zelt:
Ludwigshafen
Campingplatz Schachenhorn
www.camping-schachenhorn.de
47°49'03"N 9°02'18"E
47.817561, 9.039226

sonst

Bodman
Yachthafen / Welterbe-Spielplatz
Seestraße, 78351 Bodman
47°48'04"N 9°02'13"E
47.800911, 9.037708

Gesamtanspruch: leicht / mittel / schwer

SUP

Kategorie	SUP Touring	
Boards	iSUP 10'- 14'	Hardboard
Finne	Touring - Finne	Seegras - Finne
Sicherheit	Leash	Schwimmweste

Alle Bootsgattungen

Ausrüstung	Neopren oder	Trockenanzug	im Winter	
Können: Technik + Sicherheit	Basic Einsteiger	Advanced Fortgeschrittene	Expert Semi-Profi	
Schwierigkeit	Leicht Grund-kenntnisse Paddeln	Mittel Fortgeschrittenen-kenntnisse Paddeln	Schwer Semiprofes-sionelle Kenntnisse Paddeln	Ambitioniert Profi-Kenntnisse
Kondition	Basic bis 10 km	Advanced bis 20 km	Expert ab 20 km	
Gefahren	Kursschiffe / Motorboote	Seequerung / Wellen / Wind	Hafen-Einfahrten	

Hinweis: Eine Streckenhalbierung in Überlingen ist möglich.

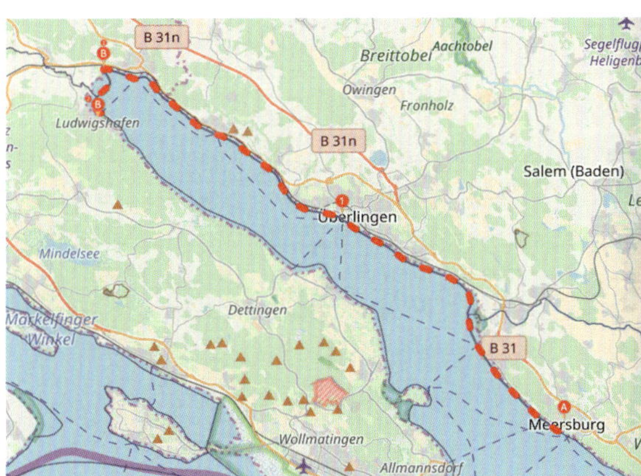

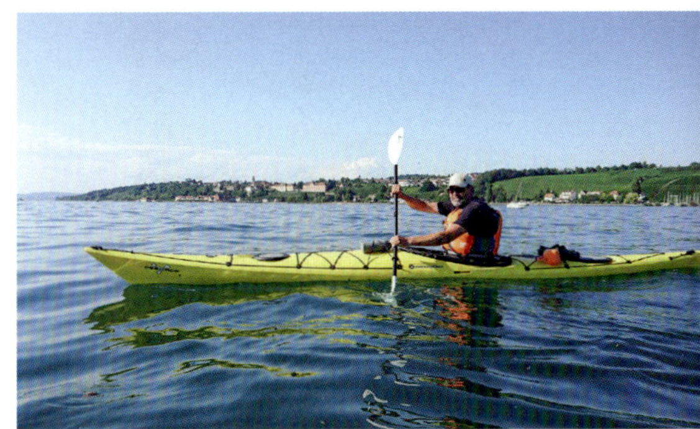

Vor Meersburg, Foto: Verena Blattmann

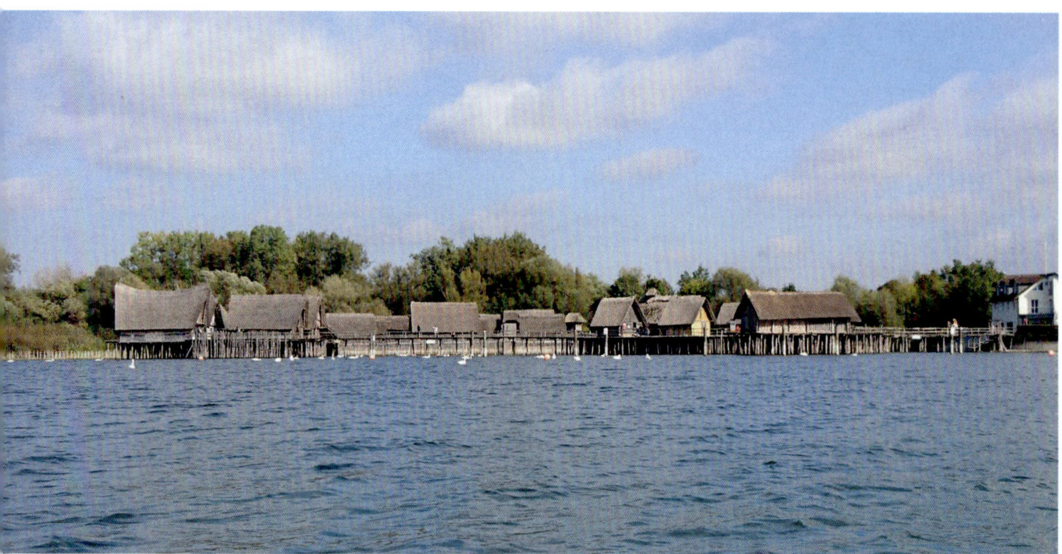

Pfahlbauten Unteruhldingen, Foto: Verena Blattmann

Häusern und Grünflächen Richtung Überlingen-Nußdorf ausfahren. Auch unterhalb der Klosterkirche finden sich Pfahlreste. Alternativ kann man direkt auf Überlingen-Goldbach, die letzte am rechten Ufer erkennbare Landspitze zuhalten. Bei dieser Variante fährt man ziemlich weit draußen auf dem See und muss besonders auf Segler aufpassen, welche vorfahrtsberechtigt sind (siehe auch allg. Hinweise).

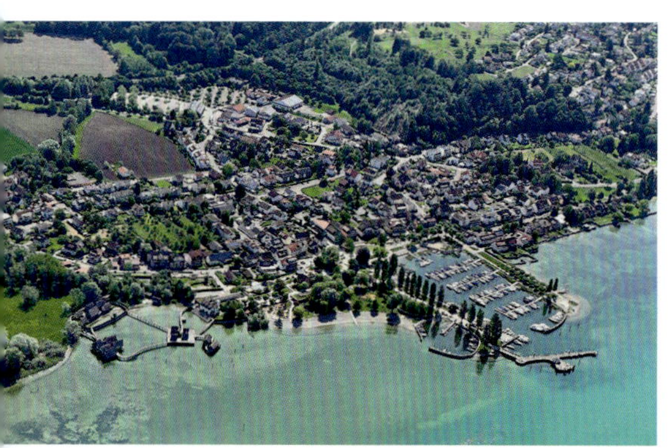

Lufbild Unteruhldingen + Pfahlbauten, Foto: Matthias Pflüger

Bei Überlingen nähern wir uns wieder dem Ufer, sodass wir die malerische Altstadt gut erkennen können. Nahe Überlingen wurden drei römische Münzen gefunden, die aus der Zeit von 364 – 378 n. Chr. datieren. Von den ursprünglich fünfzehn Wehrtürmen des Mauerrings und mehreren Stadttoren des äußeren und inneren Rings stehen heute nur noch wenige. Das Städtische Museum ist in einem der ältesten Renaissancegebäuden Deutschlands, dem Reichlin-von-Medegg-Haus, untergebracht. Benannt wurde dieses nach einem Arzt und Apotheker aus dem 15. Jahrhundert.
Überlingen gehört auf jeden Fall auf die Liste der Städte am See, welche man unbedingt besichtigen sollte. Auch die Therme mit Blick auf den Bodensee ist ein Besuch wert.

Anlandemöglichkeiten sind wahlweise für Vereinspaddler am Paddelclub Überlingen oder nahe des Kursschiffanlegers. Hier bitte auf die Schiffe mehrerer Kursschifflinien und auf Wellenbildung achten!

In Überlingen kann die Tour halbiert werden.

Nach dem Anleger kommen wir an der Therme und dem Landesgartenschaugelände vorbei. Hier fand im Sommer 2021 die Landesgartenschau statt, die aufgrund der Pandemie um ein Jahr verschoben wurde. In der Nähe des Ufers ist mit Tauchern zu rechnen. Erkennbar sind diese an aufsteigenden Luftblasen und einer Blau-Weißen Fahne auf einer Boje. Wenige hundert Meter nach dem Landesgartenschaugelände sind die Molassefelsen von Goldbach zu sehen, in denen sich die Heidenhöhlen befinden.

Nach dem kleinen Hafen von Goldbach beginnt das Sperrgebiet, in dem Trinkwasser aus dem Bodensee entnommen wird. Das Gebiet ist durch rot-weiße Tonnen und Pfähle markiert und wird videoüberwacht. Bei ausreichend hohem Wasserstand können wir das Sperrgebiet, welches sich bis kurz vor Sipplingen erstreckt, ufernah umfahren. Hierbei ist zu beachten, dass manche Uferabschnitte nicht betreten werden dürfen. Im Winter bei Niedrigwasser empfiehlt sich eine Umfahrung seewärts.
Nach Ende des Sperrgebiets orientieren wir uns Richtung Kirchturm von Sipplingen. Nach dem Hafen gibt es einige Gastronomiebetriebe und Anleger. Eine gute Gelegenheit zum Anlanden bietet sich am Badestrand nahe einer Pizzeria mit großer Terrasse direkt am See.

Von Sipplingen aus fahren wir weiter Richtung Ludwigshafen. Am Ufer verläuft die B31. In Ludwigshafen kommen wir zuerst am Strandbad und anschließend an mehreren Anlegern und Häfen vorbei, bevor wir am Ende der Bucht unser Übernachtungsziel, den Campingplatz Schachenhorn, erreichen.
Zwischen dem Campingplatz und Bodman liegt die Mündung der Stockacher Aach. Das gesamte Gebiet ist Naturschutzgebiet und es besteht ein ganzjähriges Befahrungsverbot. Wer nicht

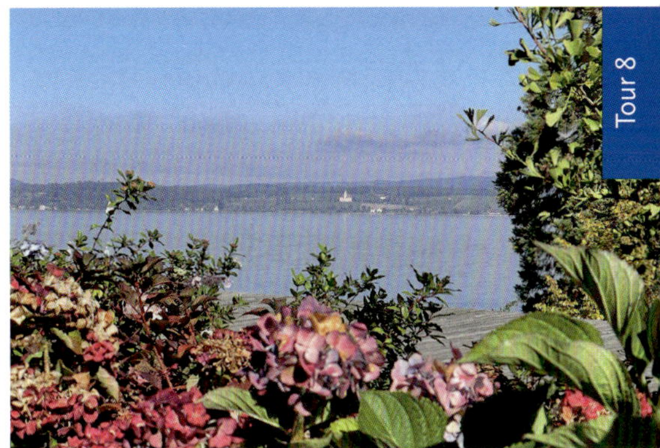

Mainau Richtung Klosterkirche Birnau, Foto: Matthias Pflüger

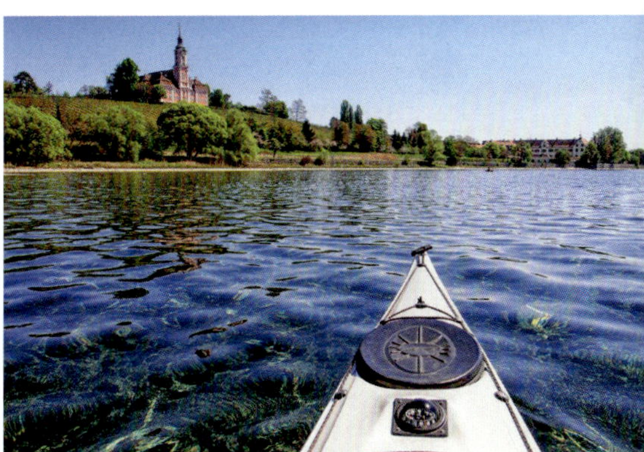

Kloster Birnau, Foto: Lucia Tyborski

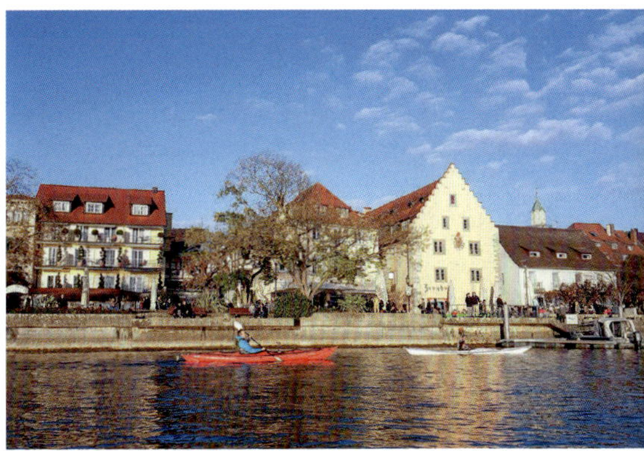

Überlingen, Foto: Kanu-Club Laiz

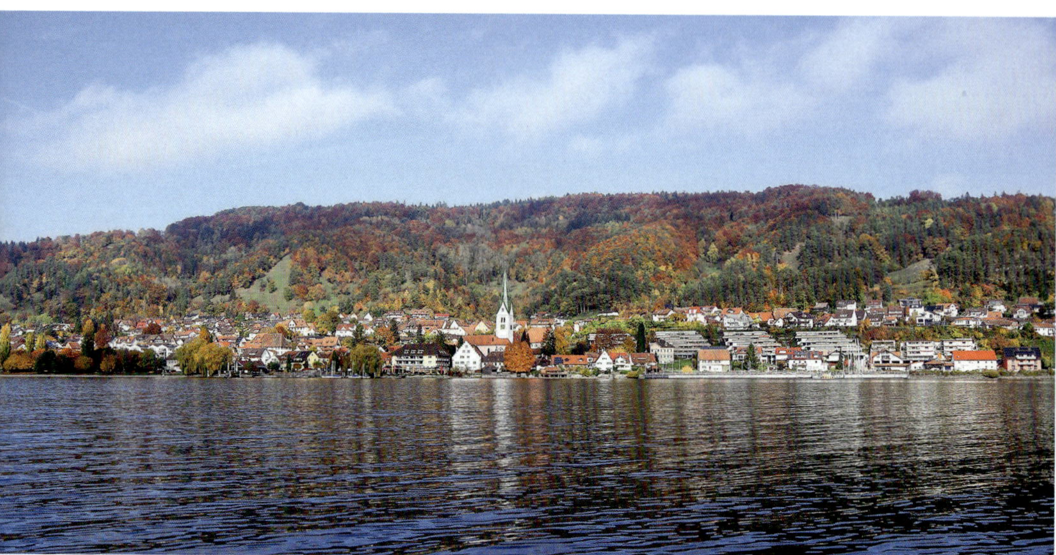

Sipplingen, Foto: Kanu-Club Laiz

campen möchte, fährt bis Bodman zum Auswassern weiter. Dort kann die Tour gleich hinter dem Jachthafen beendet werden.
Text: Verena Blattmann, Matthias Pflüger

ADRESSEN UND INFOS

ÖPNV:

Von Friedrichshafen bis Radolfzell führt die Bahnlinie erst ab Uhldingen wieder durch alle Anliegergemeinden und Städte. Uhldingen-Mühlhofen, Überlingen, Sipplingen und Ludwigshafen sind an die Bahnlinie angebunden.

Gastronomie

Meersburg

- Meersburger Winzerstuben
www.winzerstuben-meersburg.de
- Gutsschänke Meersburg
www.gutsschaenke-meersburg.de
- Casala
www.hotel-residenz-meersburg.de

Überlingen

- Keller Werft – Club 12
www.keller-werft.de
- Goa Überlingen
www.goa-ueberlingen.de
- LaVita Überlingen
www.lavita-ueberlingen.de

Sipplingen

- Café Ristorante Riva
https://ristorante-riva.de

Bodmann-Ludwigshafen

- Café Hasler
www.cafe-hasler.de
- GALLARDO Restaurante
www.restaurante-gallardo.de
- Restaurant Bodano
www.bodano.de
- Bisonstube Bodenwald
(ggf. mit kleiner Wanderung auf die Höhe)
www.bisonstube-bodenwald.de

Unterkunft:

Meersburg

- Hotel Strand Café
www.hotel-strandcafe.de
- Boutique-Hotel 3 Stuben
www.3stuben.de
- JUFA Hotel Meersburg
www.jufahotels.com/hotel/meersburg

Überlingen

- Paddel-Club Überlingen
(Für Mitglieder in einem Kanu-Verband)
(Voranmeldung erforderlich!)
https://paddelclub-überlingen.de
- Hotel Schäpfle
www.schaepfle.de
- Bad Hotel Überlingen
www.bad-hotel-ueberlingen.de

Bodmann-Ludwigshafen

- Campingplatz Schachenhorn
www.camping-schachenhorn.de
- Hotel Sommerhaus Garni am See
www.hotel-sommerhaus.de
- Hotel Fischerhaus
www.hotel-fischerhaus.de

Sehenswürdigkeiten:

- Altstadt Meersburg
www.meersburg.de
- Burg Meersburg
www.burg-meersburg.de
- Neues Schloss Meersburg
www.neues-schloss-meersburg.de
- Prähistorische Pfahlbauten Unteruhldingen
www.unesco-pfahlbauten.org

Alternativen:

- Affenberg Salem
www.affenberg-salem.de
- Haustierhof Reutemühle
www.haustierhof-reutemuehle.de
- Bodensee-Therme Überlingen
www.bodensee-therme.de

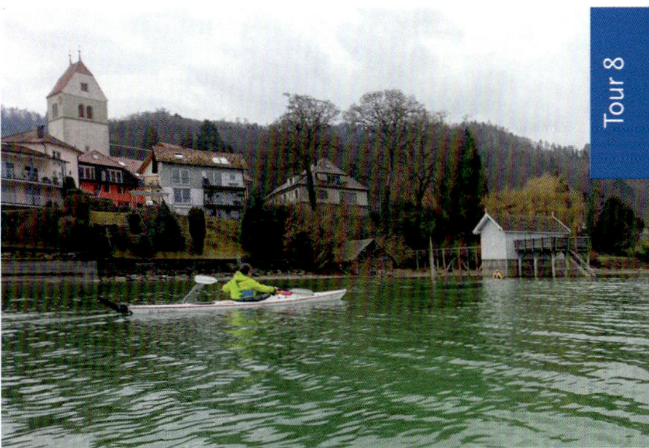

Bodman Badehaus, Foto: Verena Blattmann

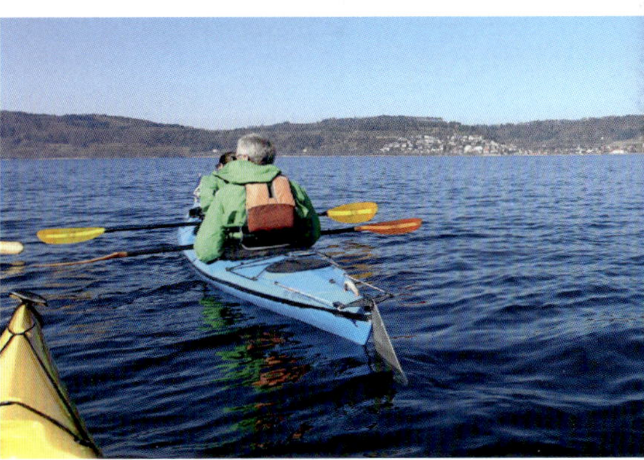

Blick von Bodman auf Ludwigshafen, Foto: Verena Blattmann

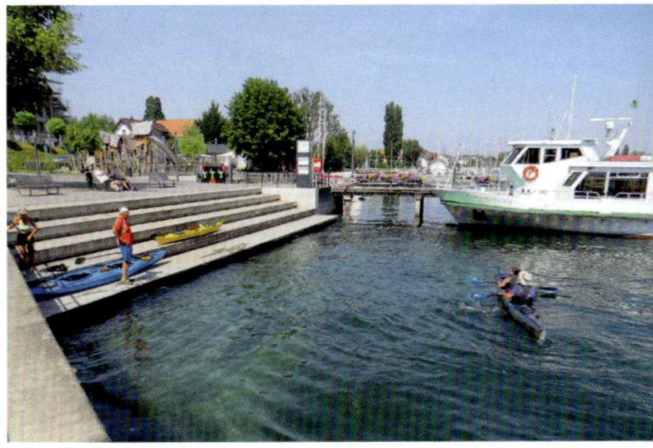

Bodman, Foto: Andreas Mattes

Tour 9: Bodensee West / Überlinger See

Ludwigshafen – Bodman – Wallhausen – Dingelsdorf – Litzelstetten – Mainau – Konstanz (25 km)

Vom Campingplatz Schachenhorn in Ludwigshafen paddeln wir an der prähistorischen Siedlung vorbei und fahren dann entlang des Naturschutzgebietes Richtung Bodman. Nach der kleinen Seequerung führt unser Weg weiter an den Anlegern und dem Badehaus von Bodman vorbei.
Alternativ steigen wir hier unmittelbar nach dem Jachthafen am Welterbe-Spielplatz ein.

Nach dem Ort sind rechts am Ufer einige Obstplantagen zu sehen, bevor das Ufer steiler und stärker bewaldet ist. Wir nähern uns der Marienschlucht, die bis zu einem dramatischen Erdrutsch im Frühjahr 2015 durchwandert werden konnte. Seit 2021 wird zumindest der neugebaute Passagiersteg von Fahrgastschiffen wieder angefahren und die Wege am unmittelbaren Ufer sind wieder passierbar. Bis eine Durchwanderung wieder möglich ist, werden vermutlich noch einige Jahre vergehen. Die Planungen und Arbeiten sind aber bereits im Gange. Eine (Teil-) Wiedereröffnung ist für das Jahr 2023 geplant.

Im Bereich der Marienschlucht ist bei ruhigem Wasser die Abbruchkante eindrucksvoll zu sehen. Nahe dem Ufer fällt unter Wasser eine Steilwand bis auf Tiefen über 100 Meter ab. Die beste Zeit, um dieses Naturwunder zu entdecken, ist im Frühjahr vormittags bis mittags. Das Wasser ist bei gutem Wetter ruhig, da keine oder kaum Boote unterwegs sind. Bis zur Mittagszeit scheint die Sonne ins Wasser, bevor sie später am Tag hinter dem Bodanrück verschwindet. Die bekannteste Stelle der Abbruchkante ist der Teufelstisch, eine Felsnadel mit dem Seezeichen 22 darauf, die dem Flachwasserbereich vorgelagert ist. Tauchen ist in diesem Bereich aufgrund der gefährlichen Vertikalwellen verboten.

Vom Teufelstisch aus folgen wir der Abbruchkante weiter bis Wallhausen. Zwischen den Ausläufern der Abbruchkante bei Wallhausen und dem ersten Hochhaus am Eck ist ein beliebtes Tauchrevier (auf aufsteigende Luftblasen achten!). Vom Anleger beim Hochhaus aus fährt

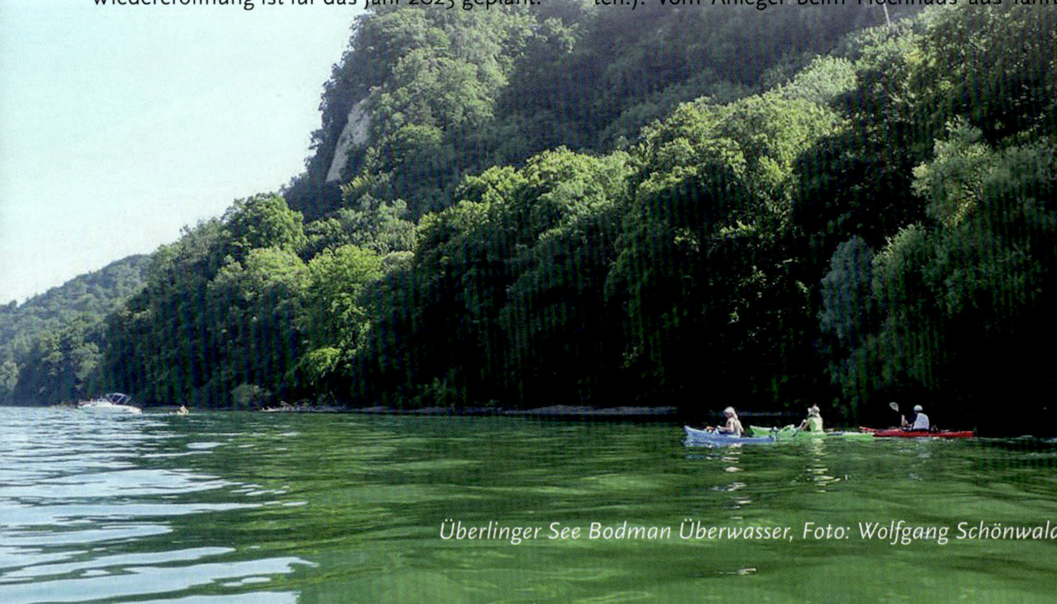

Überlinger See Bodman Überwasser, Foto: Wolfgang Schönwald

Tour 9

Tourensteckbrief

Länge der Tour gesamt: 25 km
Tour-Teil 1: Bodman – Litzelstetten 14 km
Tour-Teil 2: Litzelstetten – Konstanz 11 km

Start:
Für Übernachtungen mit Zelt:
Ludwigshafen
Campingplatz Schachenhorn
www.camping-schachenhorn.de
47°49'03"N 9°02'18"E
47.817561, 9.039226

Sonst:

Bodman
Yachthafen / Welterbe-Spielplatz
Seestraße, 78351 Bodman
47°48'04"N 9°02'13"E
47.800911, 9.037708

Etappen-Ziel:
Litzelstetten
Naturcampingplatz Litzelstetten-Mainau
Großherzog-Friedrich-Straße 43, 78465 Konstanz
47°42'41"N 9°10'45"E
47.711399, 9.180542

Ziel:
Für Mitglieder in einem Kanu-Verband:
Kanu-Club Konstanz
Wintererstieg 15-17, 78462 Konstanz
47°40'09"N 9°09'51"E
47.669351, 9.164241

Allgemeiner Einstieg:
Slipanlage
Wintererstieg 19, 78462 Konstanz
47°40'09"N 9°09'48"E
47.669351, 9.163509

Gesamtanspruch: leicht / mittel / schwer

SUP

Kategorie	SUP Touring	
Boards	iSUP 10'- 14'	Hardboard
Finne	Touring - Finne	Seegras - Finne
Sicherheit	Leash	Schwimmweste

Alle Bootsgattungen

Ausrüstung	Neopren oder	Trockenanzug	im Winter	
Können: Technik + Sicherheit	**Basic** Einsteiger	**Advanced** Fortgeschrittene	**Expert** Semi-Profi	
Schwierigkeit	**Leicht** Grund-kenntnisse Paddeln	**Mittel** Fortgeschrittenen-kenntnisse Paddeln	**Schwer** Semiprofes-sionelle Kenntnisse Paddeln	**Ambitioniert** Profi-Kenntnisse
Kondition	**Basic** bis 10 km	**Advanced** bis 20 km	**Expert** ab 20 km	
Gefahren	Kursschiffe / Motorboote	Seequerung / Wellen / Wind	Hafen-Einfahrten	

Hinweis: Die Tour kann in Litzelstetten halbiert werden. Achtung Autofähre Staad!

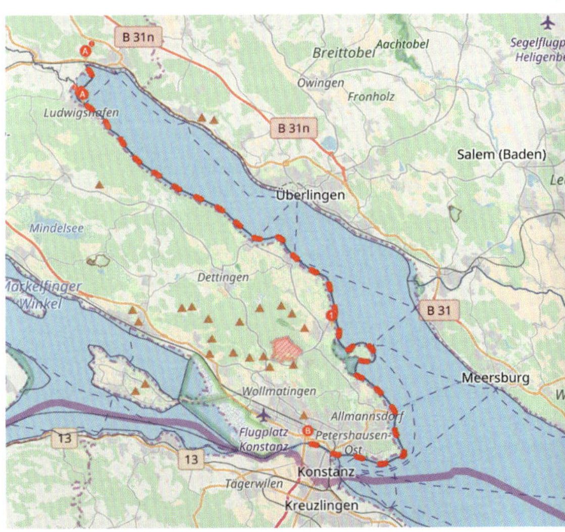

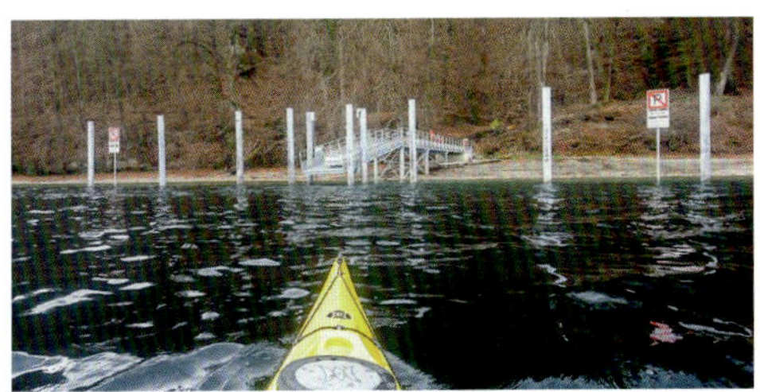

Marienschlucht, Foto: Verena Blattmann

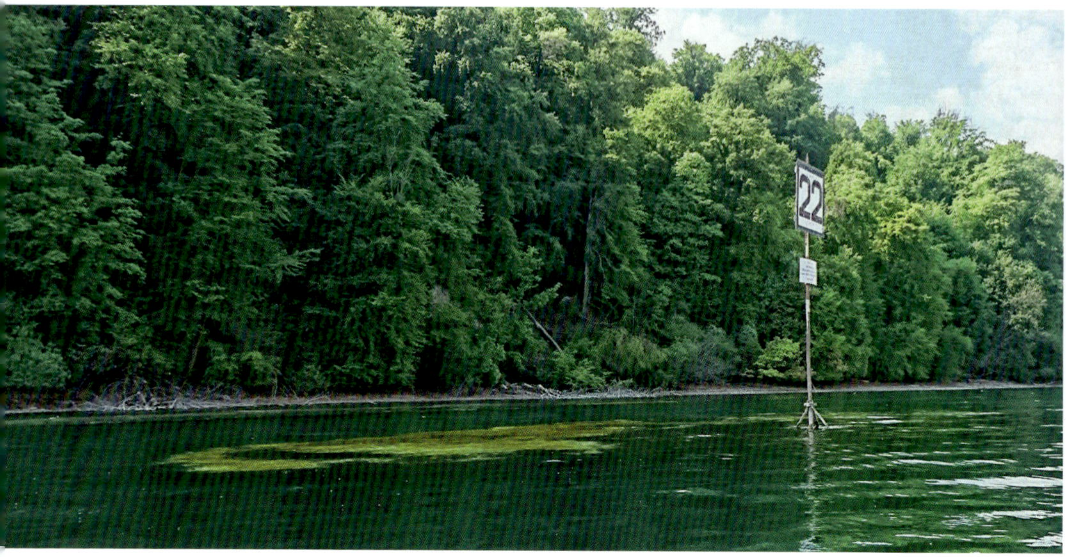

Teufelstisch, Foto: Verena Blattmann

die Personenfähre nach Überlingen. Dahinter erstreckt sich der Hafen von Wallhausen. Jenseits des Hafens kommen wir am Strandbad von Wallhausen vorbei. Am Ende der Landspitze befindet sich das Strandbad Dingelsdorf und der Campingplatz Klausenhorn. In der folgenden, weitläufigen Bucht liegt Dingelsdorf mit seinem Hafen und Anleger. Am Hang auf der rechten Seite ist der Ort schön zu sehen.

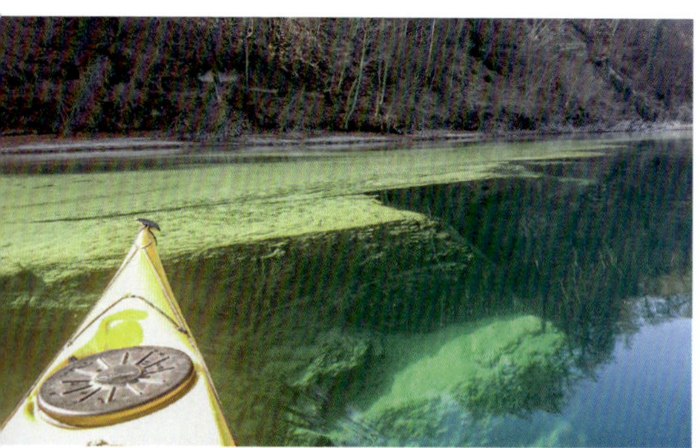

Teufelstisch, Foto: Verena Blattmann

Die nächste Landspitze ist das Fließhorn mit Campingplatz und Bootssteg. Ab hier bis etwa zum Strandbad Litzelstetten halten wir etwas mehr Abstand zum Ufer, um die Flachwasserzone zu meiden und die Tiere am naturbelassenen Ufer nicht zu stören. Im Naturschutzgebiet gelegen, zwischen Litzelstetten und Dingelsdorf, befindet sich eine Siedlungsanlage mit ausgedehntem Pfahlfeld.

Wer die Strecke abkürzen möchte, kann vom Fließhorn aus auch direkt auf die Insel Mainau zuhalten. Ansonsten fahren wir am Bojenfeld entlang bis zum Campingplatz von Litzelstetten. Dort kann die Tour entweder halbiert oder beendet werden. Der Ausstieg ist am Naturcampingplatz Litzelstetten-Mainau.

Vom Campingplatz aus paddeln wir Richtung Mainau und lassen das Naturschutzgebiet, welches sich zwischen Mainau und Festland erstreckt, rechts liegen.

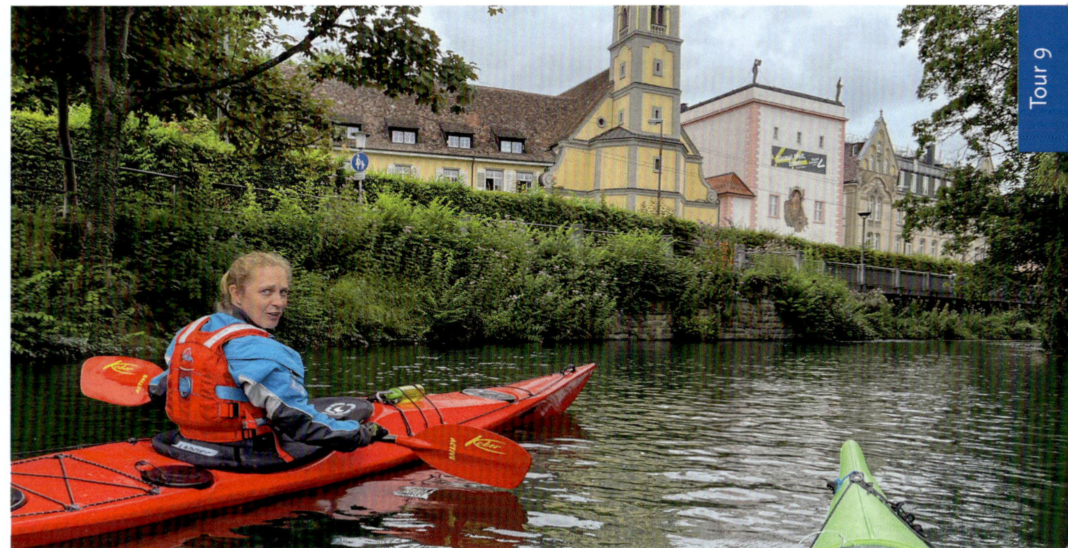

Stadtgraben am Inselhotel, Foto: Matthias Pflüger

An den Anlegern der Insel Mainau herrscht in der Saison reger Schiffsverkehr. Meist landen mehrere Kursschiffe aus verschiedenen Richtungen kurz nacheinander an. Je nach Wasserstand besteht die Möglichkeit unter den Stegen durch zu paddeln, um den Schiffen auszuweichen. Vorsicht vor den durch die Schiffe verursachten Strömungen und Wellen. Wer sich mit dem Gedanken trägt, diese Gefahrenzone zu umgehen und zwischen der Insel Mainau und dem Bodenseeufer auf der Oberen Güll, abzukürzen, dem drohen erhebliche Busgeldzahlungen. Dieser Bereich steht unter strengem Naturschutzgebiet und hier besteht ganzjähriges Befahrungsverbot.

Vom alten Hafen der Mainau aus können wir direkt auf den Fährhafen Staad zuhalten. Bei unsicherem Wetter empfiehlt es sich, die Bucht etwas auszufahren, um windgeschützter zu sein. Kurz vor dem Hafen ist auf der rechten Seite ein Bootssteg und die Brauerei Ruppaner zu sehen, wo sich die Gelegenheit für eine Pause bietet.

Hinter dem Bojenfeld ist der Fährhafen nicht zu übersehen. Wir queren die Fährlinie hafennah und achten auf ein- und auslaufende Schiffe. Direkt hinter dem Hafen der Autofähre befinden sich zwei Ausfahrten von Sportboothäfen (ein- und ausfahrende Boote haben auch unter Motor Vorfahrt, siehe auch allgemeine Hinweise). Im Bereich der Hafenmauer ist die Wellenhöhe deutlich größer als sonst. Hier ist etwas Abstand zur Mauer, an der die Wellen reflektiert werden, zu empfehlen.

Nachdem wir den Hafen hinter uns gelassen haben, orientieren wir uns an den Pfählen bzw. Seezeichen. Die Bucht kann zum Anlanden genutzt werden. Ansonsten sind wir gut beraten, nicht zu dicht am Ufer zu fahren, im Sommer wegen der Badegäste, im Winter wegen der Wassertiefe.

Schließlich halten wir auf die Begrenzung der Badezone bzw. das Leuchtfeuer am Hörnle zu.

In diesem Bereich sind Wind und Wellen am stärksten. In der warmen Jahreszeit ist es sinn-

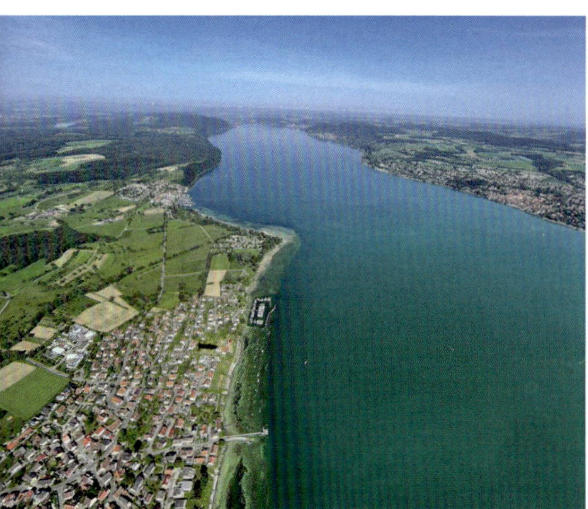

Luftbild Dingelsdorf und Überlinger See, Foto: Matthias Pflüger

voll, sich knapp außerhalb der Badezonengrenze zu halten, da einige Kursschifflinien nahe am Hörnle vorbeiführen. Ein Einfahren in die Badezone ist ganzjährig verboten und wird mitunter auch geahndet. Dies gilt auch für die Badezone bei der Therme.

Vom Hörnle Leuchtfeuer aus paddeln wir Richtung Steg Jakob. Dort hält das Rundfahrt-Fahrgastschiff, das mitunter rasch und unerwartet auftauchen kann. Bei nicht zu hohem Wasserstand kann man die Gefahr umgehen, indem man unter dem Steg hindurchpaddelt. Bei der kleinen Landspitze nach dem Steg halten wir etwas Abstand zum Ufer, da das Wasser hier recht flach ist und sich dort die oft nur temporär auftretenden Wellen (z. B. verursacht durch den Katamaran) gerne brechen.

In der kalten Jahreszeit paddeln wir weiter entlang der Seezeichenreihe bis etwa zum Frauenpfahl mit der markanten weißen Kugel darauf, um die Vögel in der Flachwasserzone nicht zu stören. Im Sommer können wir auch näher am Ufer fahren, wobei hier auf Schwimmer zu achten ist. Kurz vor dem Yachthafen befindet sich nochmals ein Anleger des Rundfahrtschiffs, welches zügig unterwegs ist und Vorfahrt hat.

Im Bereich des Inselhotels queren wir bei viel Bootsverkehr am sichersten die Fahrrinne, die zwischen Hafen und Alter Rheinbrücke verläuft. Wir paddeln durch das linke Tor der alten Rheinbrücke. Im rechten und mittleren Tor sind die Strömung und die Wellenbildung deutlich stärker. Diese beiden Durchfahrten werden vor allem von Motorbooten und Kursfahrtschiffen genutzt.

Die Tour endet kurz vor der Schänzlebrücke am Kanu-Club Konstanz oder bei der Slipanlage.

Text: Verena Blattmann

ADRESSEN UND INFOS

ÖPNV:

Die Strecke ist eher schwer mit dem ÖPNV umsetzbar. Mit der Bahn ab Ludwigshafen bis Radolfzell, dort umsteigen und weiter nach Konstanz fahren.
Ab Litzelstetten fährt ein Bus nach Konstanz.

Gastronomie

Bodmann-Ludwigshafen

► Café Hasler
www.cafe-hasler.de

► GALLARDO Restaurante
www.restaurante-gallardo.de

► Restaurant Bodano
www.bodano.de

► Bisonstube Bodenwald
(kleine Wanderung auf die Höhe)
www.bisonstube-bodenwald.de

Litzelstetten

► Ko'Ono Hotel und Restaurant
www.koono.de

- Restaurant Entengraben
www.sv-litzelstetten.de/de/vereinsheim

Konstanz
- Das Voglhaus
www.das-voglhaus.de
- Good Rice zum Elefanten
www.goodrice-restaurant.de
- Il Boccone
www.ilboccone.de

Unterkunft:

Bodman-Ludwigshafen
- Campingplatz Schachenhorn
www.camping-schachenhorn.de
- Hotel Sommerhaus Garni am See
www.hotel-sommerhaus.de
- Hotel Fischerhaus
www.hotel-fischerhaus.de

Litzelstetten
- Naturcamping Litzelstetten-Mainau
www.naturcamping-mainau.de
- Ko'Ono Hotel und Restaurant
www.koono.de

Konstanz
- Kanu-Club Konstanz
(Für Mitglieder in einem Kanu-Verband)
Winterersteig 15-17, 78462 Konstanz
www.kanu-club-konstanz.de
- ibis Hotel Konstanz
Benediktinerplatz 9, 78467 Konstanz
www.ibis-konstanz.de
- HARBR. hotel Konstanz
Hans-Sauerbruch-Straße 2, 78467 Konstanz
https://harbr.de/de/
- Jugendherberge Konstanz
Zur Allmannshöhe 16, 78464 Konstanz
www.jugendherberge.de/

Sehenswürdigkeiten:

- Marienschlucht
www.marienschlucht.de

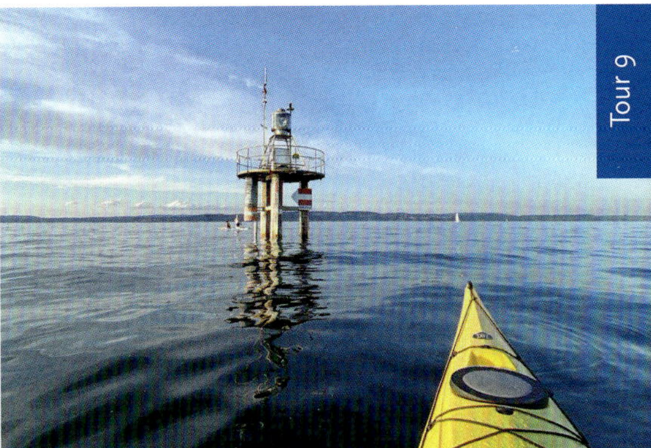

Hörnle - Leuchtfeuer, Foto: Leonhard Sauter

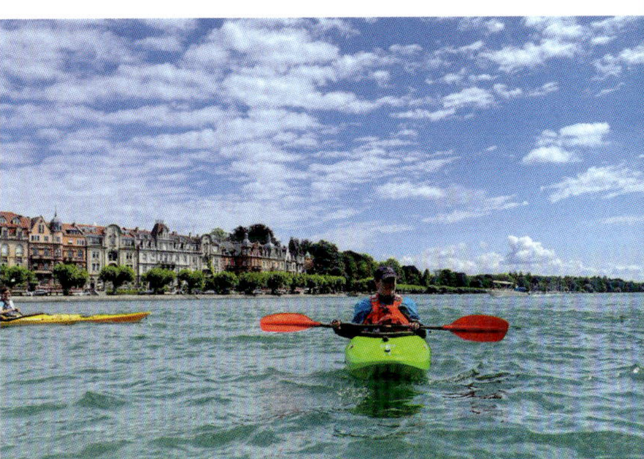

Vor Konstanz, Foto: Matthias Pflüger

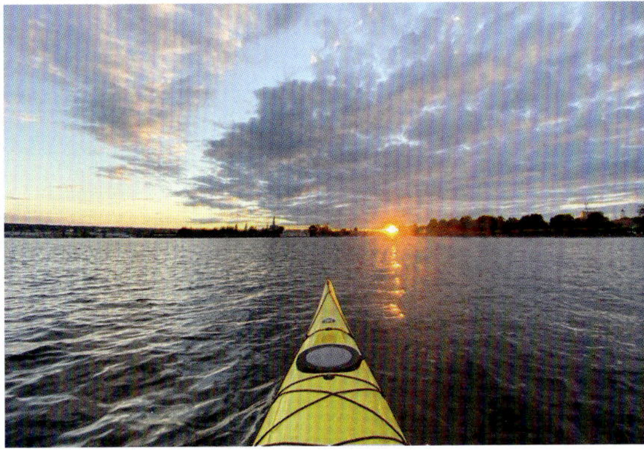

Konstanz Richtung Inselhotel, Foto: Leonhard Sauter

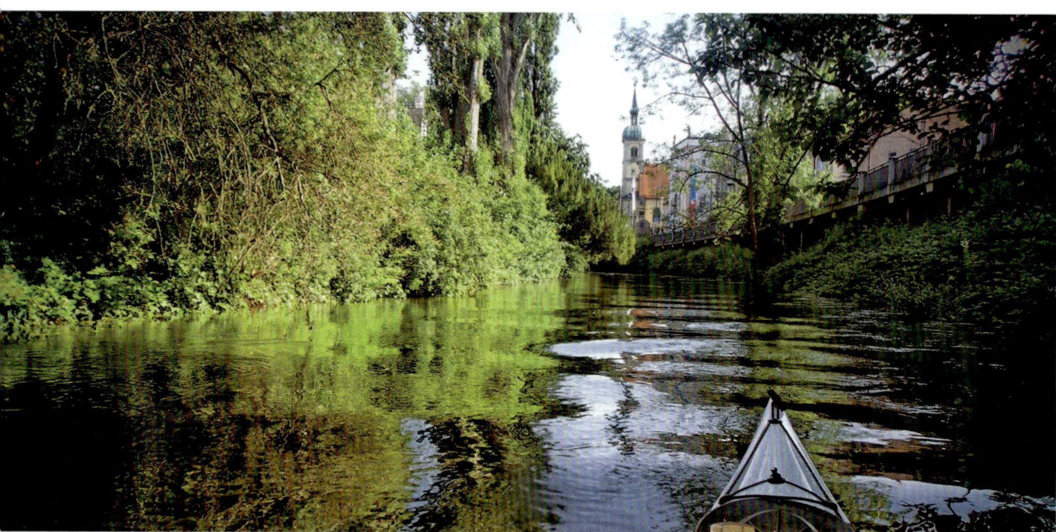

Stadtgraben Inselhotel, Foto: Kanu-Club Laiz

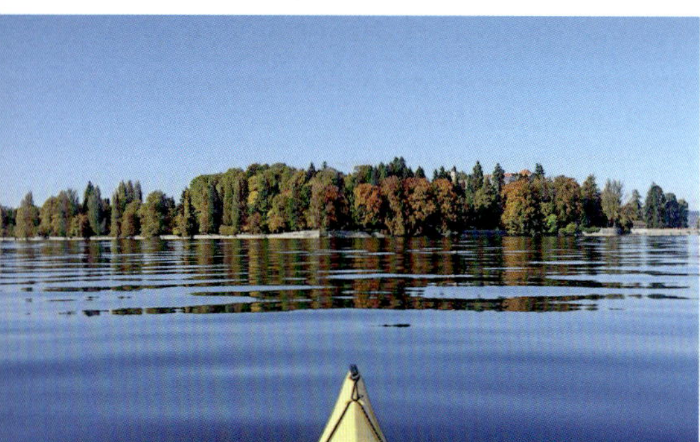

Mainau, Foto: Verena Blattmann

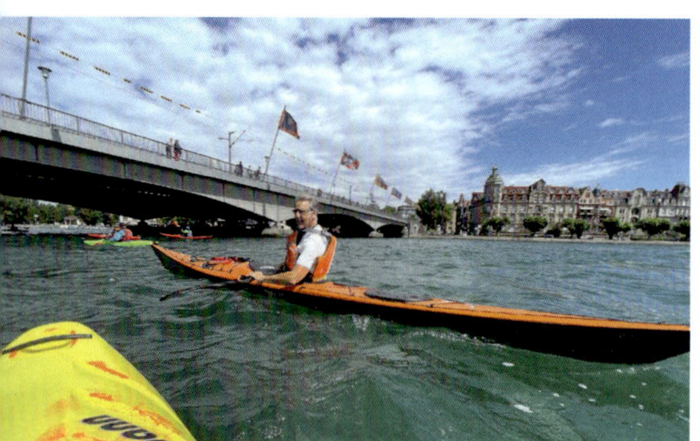

Alte Rheinbrücke, Foto: Matthias Pflüger

Konstanz

- Imperia, Hafen Konstanz

Stadt Konstanz

www.konstanz-info.com

- Insel Mainau

www.mainau.de

Alternativen:

Konstanz

- Bodensee-Therme Konstanz

www.therme-konstanz.de

- SEA LIFE Konstanz

www.visitsealife.de

Kanu-Vermietung:

- Paddelprofi Konstanz

www.paddelprofi.de

Tour 10: Untersee - Konstanz – Gottlieben – Reichenau – Radolfzell (18 km)

Die Tour startet für Mitglieder in einem Kanu-Verband am Kanu-Club Konstanz (Voranmeldung erforderlich) bzw. 50 m unterhalb an der Slipanlage. Unweit nach Unterquerung der Schänzle-Brücke befindet sich auf der linken Seite das Schänzle-Sportgelände und die Pizzeria Aurielio.

Anschließend beginnt der sogenannte „Schwanenhals", wo die Hauptfahrrinne aufgrund der Wassertiefe einen großen Bogen nach links macht (siehe auch allg. Bodensee-Hinweise). In diesem Bereich ist die Strömung des Seerheins deutlich spürbar (Achtung! Von Wiffen Abstand halten). Hier ist es empfehlenswert, sich nahe der Sommerfahrrinne zu halten, welche relativ geradeaus führt und hauptsächlich von privaten Motorbooten genutzt wird. Weiter entfernt von den beiden ausgewiesenen Fahrrinnen gibt es je nach Wasserstand Untiefen und Seegrasfelder.

Am Ende des Schwanenhalses liegt auf der linken Seite die Schweizer Waldschenke Restaurant Kuhhorn. Etwa einen Kilometer später befinden sich ebenfalls links das Seerheinbad Zellersguet Tägerwilen und einige Bootsliegeplätze. Danach beschreibt der Seerhein eine Rechtskurve und wir passieren Gottlieben.

Der Ortskern von Gottlieben sowie das Schloss (im Jahr 1250 als Wasserschloss erbaut) am linken Ufer sind sehr sehenswert. In Gottlieben legt das zwischen Schaffhausen und Kreuzlingen verkehrende Kursschiff der Unterseeflotte an. Wir halten uns rechts oder links am Rande der Fahrrinne und achten auf Ruderboote, die hier häufig unterwegs sind und die nach eigener Konvention stets auf der in Fahrtrichtung rechten Seite fahren.
Bei Gottlieben weitet sich der Seerhein wieder und beidseitig zeigen sich ausgedehnte Schilf-

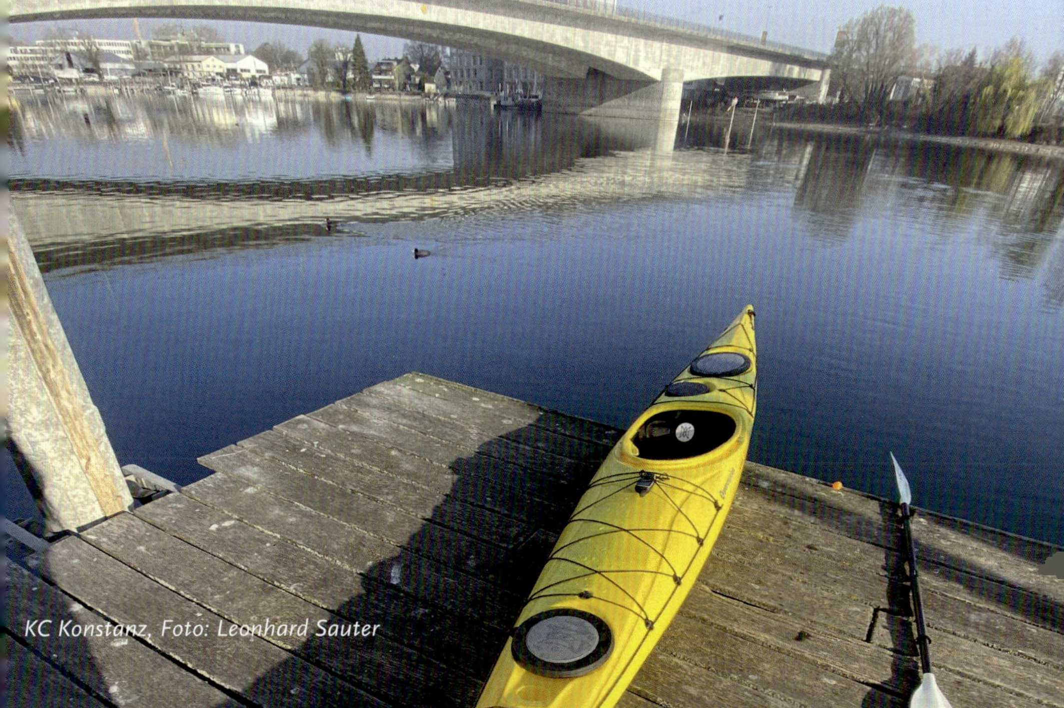

KC Konstanz, Foto: Leonhard Sauter

Tourensteckbrief

Länge der Tour gesamt: 18 km
Tour-Teil 1: Konstanz – Reichenau Yachthafen/Münster od. Schiffsanlegestelle: 9 km
Tour-Teil 2: Reichenau – Radolfzell Kanu-Club / Herzenbad: 9 km

Start:
Für Mitglieder in einem Kanu-Verband:
Kanu-Club Konstanz
Wintererstieg 15-17, 78462 Konstanz
47°40'09"N 9°09'51"E
47.669351, 9.164241
Allgemeiner Einstieg:
Slipanlage
Wintererstieg 19, 78462 Konstanz
47°40'09"N 9°09'48"E
47.669351, 9.163509

Etappen-Ziel: Reichenau
Schiffsanlegestelle
47°41'25"N 9°03'13"E
47.690740, 9.053308
oder
Campingplatz Strandseele
47°41'55"N 9°02'38"E
47.698086, 9.044327
oder
Yachthafen (Nordufer)
47°42'00"N 9°03'51"E
47.700595, 9.063832

Ziel:
Für Mitglieder in einem Kanu-Verband:
Kanu-Club Radolfzell
Karl-Wolf-Straße 15, 78315 Radolfzell
47°44'13"N 8°57'32"E
47.737097, 8.958790
Herzenbad
Karl-Wolf-Straße 13, 78315 Radolfzell
47°44'13"N 8°57'35"E
47.737146, 8.959688

Gesamtanspruch: leicht / mittel / schwer

SUP

Kategorie	SUP Touring	
Boards	iSUP 10'-14'	Hardboard
Finne	Touring - Finne	Seegras - Finne
Sicherheit	Leash	Schwimmweste

Alle Bootsgattungen

Ausrüstung	Neopren oder	Trockenanzug	im Winter	
Können: Technik + Sicherheit	Basic Einsteiger	Advanced Fortgeschrittene	Expert Semi-Profi	
Schwierigkeit	**Leicht** Grund-kenntnisse Paddeln	**Mittel** Fortgeschritte-nen-Kenntnisse Paddeln	**Schwer** Semiprofes-sionelle Kenntnisse Paddeln	**Ambition** Profi-Kenntniss
Kondition	Basic bis 10 km	Advanced bis 20 km	Expert ab 20 km	
Gefahren	Kursschiffe / Motorboote	Seequerung / Wellen / Wind	Hafen-Einfahrten	

Hinweis: Für SUP kann die Tour bis zur Reichenau auch geteilt werden.

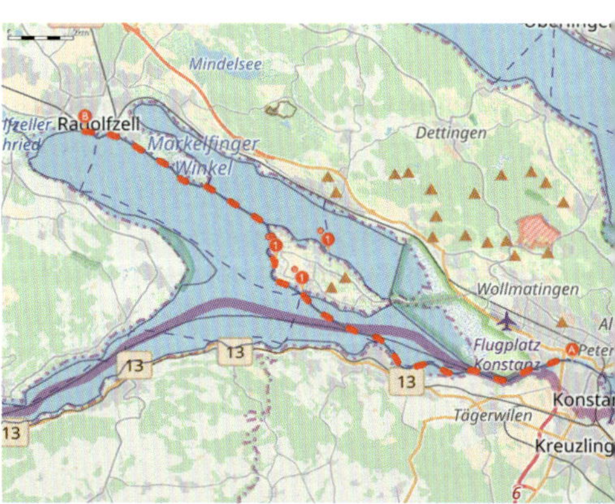

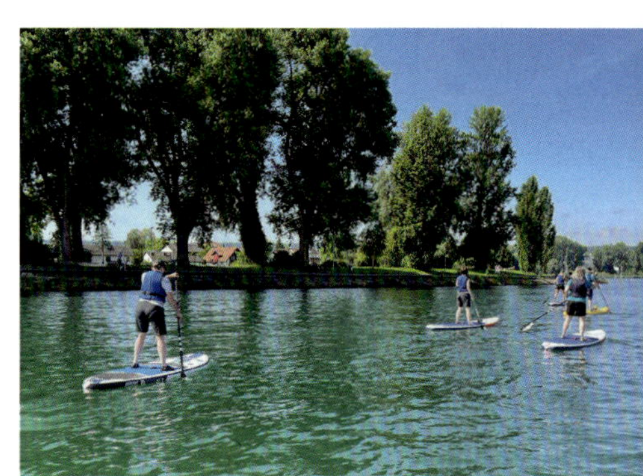

Konstanz Paradies, Foto: Matthias Pflüger

und Naturschutzgebiete. Eine Pausenmöglichkeit gibt es in Gottlieben oder gegenüber auf der deutschen Seite (Station am Rheinufer), sowie etwa einen Kilometer später auch auf der linken Seite im Gottlieber Ried, zwischen Krügerwerft und Holzbuhne.

Etwa auf der Höhe von Triboltingen, welches sich links am Schweizer Ufer befindet, ankert im Sommer rechts nahe des Naturschutzgebiets die „Netta", ein Beobachtungsschiff des Nabu. Beim Strandbad Triboltingen hat man die Möglichkeit zum Anlanden, sofern nicht zu viele Badegäste dort sind bzw. die Zufahrt nicht durch Niedrigwasser erschwert ist.
In den Schilfgebieten am Ufer brüten zahlreiche Vögel; hier bitte ausreichend Abstand halten!

Von Triboltingen aus folgt man der Fahrrinne nach Ermatingen, welche vor Ermatingen einen weiten Bogen nach links macht. Paddelt man auf der linken Seite der Fahrrinne, hat man den Vorteil, entgegenkommende Boote und Schiffe frühzeitig zu sehen und die entstehenden Wellen eher von vorne zu haben, was deutlich einfacher ist als von schräg hinten. Bei mittlerem und niedrigem Wasserstand (Pegel Konstanz kleiner 3,50) ist man gut beraten, sich nahe der Fahrrinne zu halten, um Flachwasserstellen zu vermeiden. Im Winter ist dies zudem aus Vogelschutzgründen angebracht.
Im Sommer ist eine Befahrung auch außerhalb dieser Fahrrinde entlang des Wollmatinger Rieds unter Beachtung des Naturschutzgebietes – markiert durch Rot-Weiß-Rote Bojen – möglich, sofern es der Wasserstand zulässt.

Von Ermatingen, welches sich an der Landspitze am Schweizer Ufer befindet, kann man sich Richtung Reichenau orientieren. Wahlweise und bei gutem Wetter über die Südseite bzw. alternativ zum Bruckgraben auf der Nordostseite. Von Ermatingen fährt man fast exakt Richtung Nor-

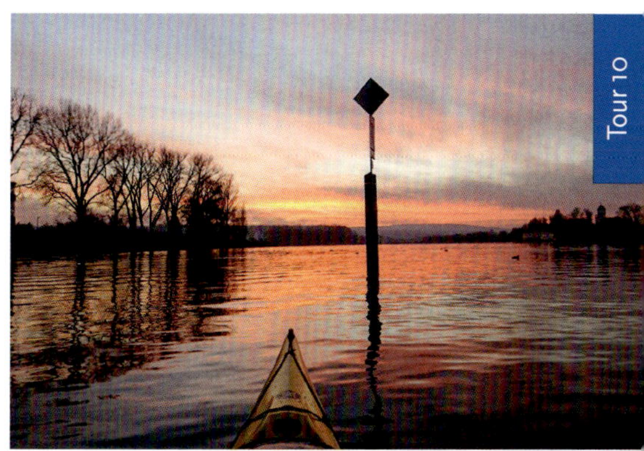

Seerhein Schänzle, Foto: Verena Blattmann

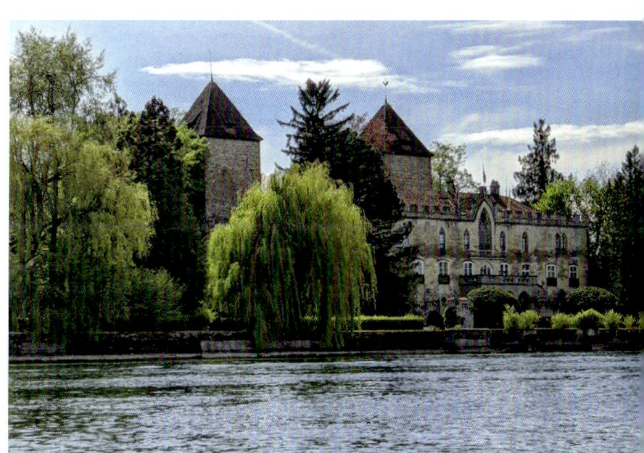

Schloss Gottlieben, Foto: Kanu-Club Laiz

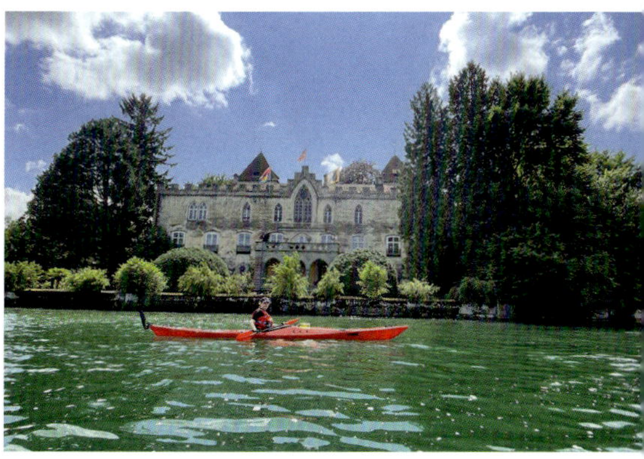

Schloss Gottlieben, Foto: Matthias Pflüger

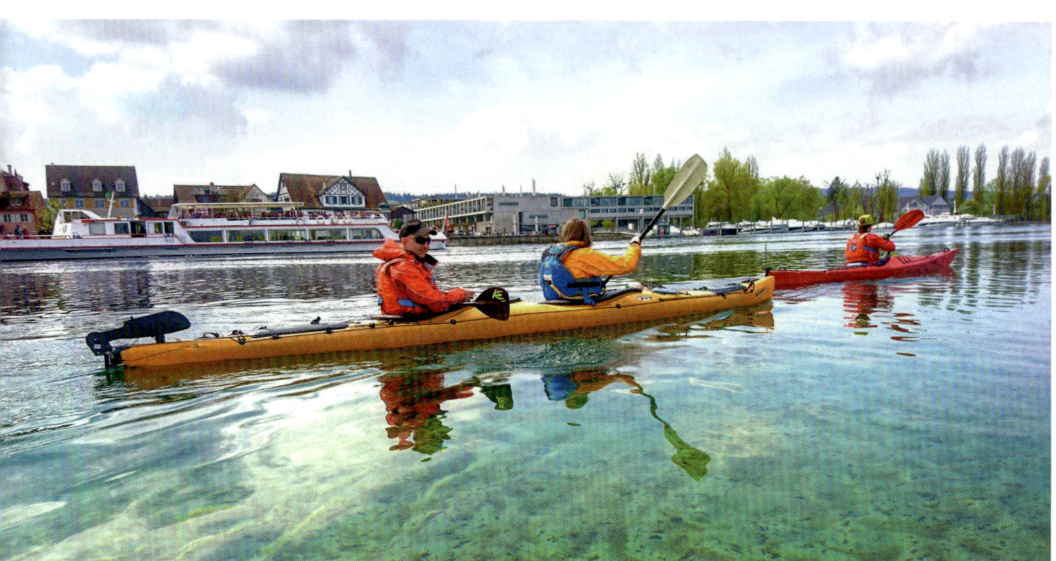

Gottlieben, Foto: Verena Blattmann

den, um den Bruckgraben am Ende der Insel zu erreichen. Vorsicht: Zwischen dem Bruckgraben und der Fahrrinne bei Ermatingen befinden sich ein paar Felder von dünnen Pfählen der Fischer, welche je nach Pegel mehr oder weniger weit aus dem Wasser herausragen. Eine Durchfahrt des Bruckgrabens für Boote ist bei einem Pegelstand von 3,00 m bis 4,70 m möglich.

Bei gutem Wetter kann die Insel über beide Seiten umfahren werden. Bei Südwest- bzw. Westwind und den dadurch entstehenden Wellen empfiehlt es sich, die geschützte Seite im Norden der Insel zu wählen. Rast kann je nach Wetterlage im Norden beim Yachthafen Reichenau, im Süden bei der Schiffsanlagestelle Reichenau und im Westen beim Campingplatz Sandseele gemacht werden. Wind und Wellen sowie den Betrieb der Kursschiffe beachten!

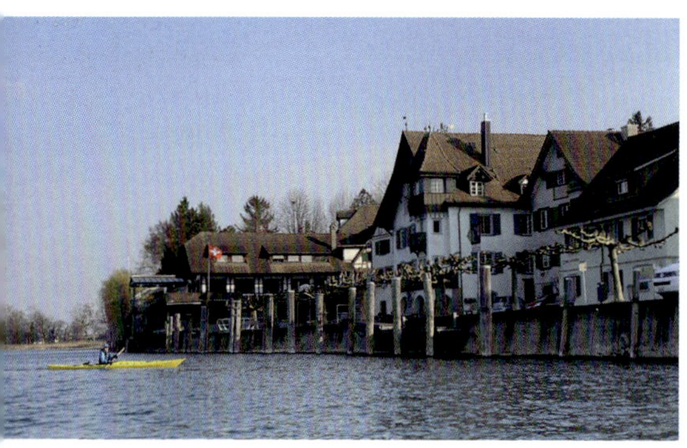

Gottlieben Winter, Foto: Leonhard Sauter

Eine ausführliche Beschreibung der Reichenau mit Einkehr- und Übernachtungsmöglichkeiten ist in der Touren-Beschreibung „Rund um die Reichenau" zu finden.

Von der Reichenau-Spitze mit der Kirche Sankt Peter und Paul queren wir die zwei Kilometer hinüber zur Mettnau-Spitze.

Wir passieren die unter strengem Naturschutz stehende Halbinsel Mettnau. Das Anlanden dort, sowie die Befahrung der Bucht hinter der Liebesinsel (eine 2.620 m2 große Insel, rund 200 m südlich der Halbinsel vorgelagert und dem Naturschutzgebiet der Mettnau zugehörig) ist ganzjährig verboten.

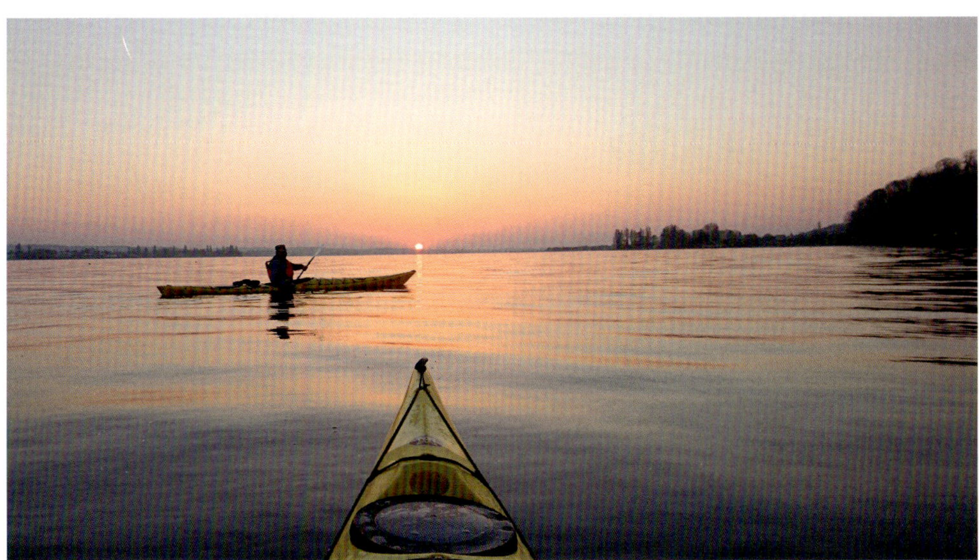

Ermatingen, Foto: Verena Blattmann

Das vordere Drittel der Mettnau bis zur Spitze ist landseitig von Oktober bis Februar über einen Fußweg erreichbar. In der restlichen Zeit ist das Naturschutzgebiet aufgrund der Brutzeit und zum Vogelschutz gesperrt. Ebenfalls auf der Mettnau liegt die Fangstation der Staatlichen Vogelwarte Radolfzell, in der im Herbst Singvögel kurz eingefangen und beringt werden.

Das zweite Drittel der Halbinsel besteht aus dem Mettnaupark und einem teilweise begehbarem Naturschutzgebiet. Kurz vor Radolfzell liegt das letzte Drittel der Halbinsel, welches bebaut ist und wo auch die etwas teurere Wohnlage der Stadt Radolfzell liegt. Dort angesiedelt sind auch das Krankenhaus sowie mehrere Reha-Kliniken.

Das Strandcafé auf der Mettnau bietet eine gute Küche. Von diesem Platz aus lassen sich auch tolle Sonnenuntergänge bestaunen.

Kurz vor dem Hafen steht das Radolfzeller Konzertsegel, in dem schon viele Konzerte und Musicals „wie z.B. „Hair" aufgeführt wurden. Es schließt sich der Hafen Wäschbruck an. Hier auf das Kursschiff Untersee" und auf Boote achten, die den Hafen frequentieren.

Vor der Hafenmole sitzt El Nino, eine Statue des Künstlers Ubbo Enninga aus Stuttgart. Die Radolfzeller nutzen die Statue auch zum Einschätzen des Bodenseepegels, denn je nach Wasserstand ist sie komplett trocken, im Wasser sitzend, und manchmal auch überspült.

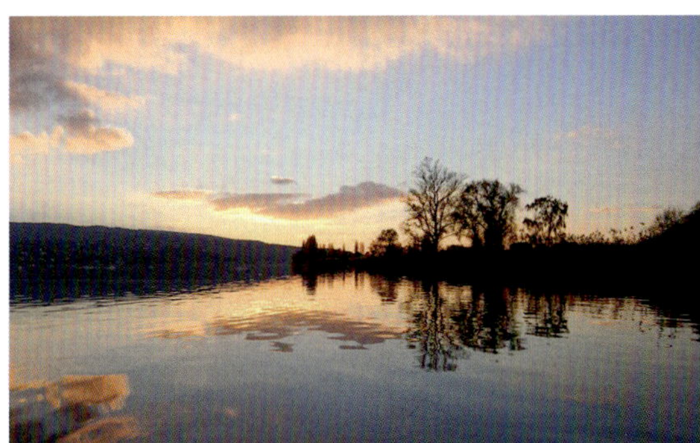

Reichenau nahe Bruckgraben, Foto: Verena Blattmann

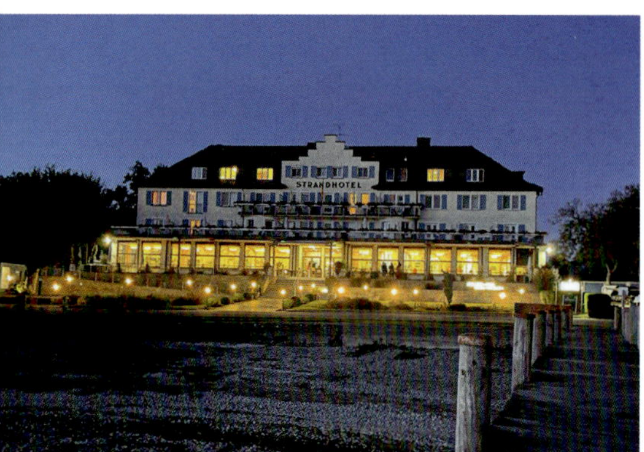

Reichenau Süd Löchnerhaus, Foto: Matthias Pflüger

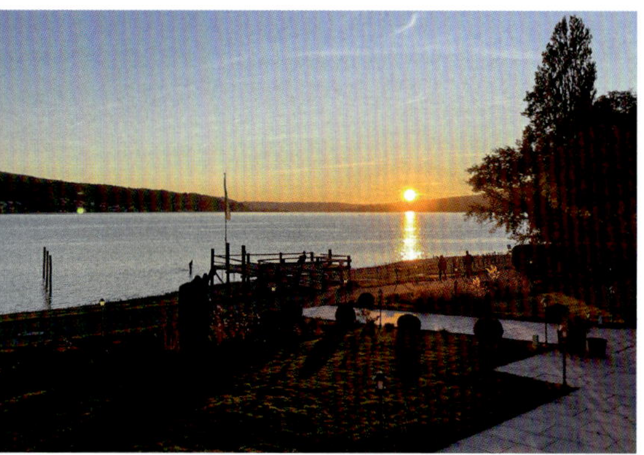

Reichenau Süd Untersee, Foto: Matthias Pflüger

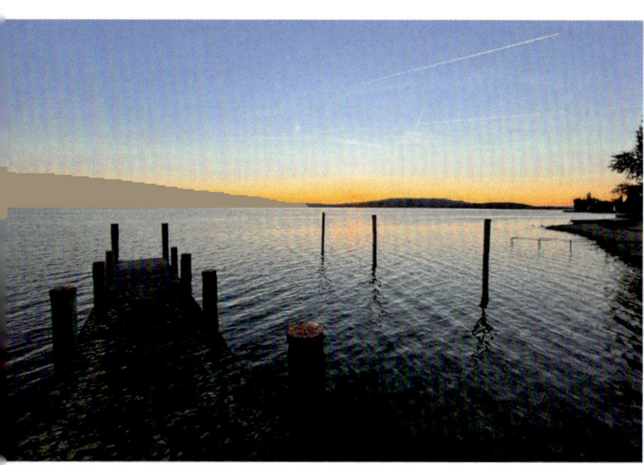

Reichenau Süd Untersee, Foto: Matthias Pflüger

Nicht nur von hier, sondern vom gesamten Zeller See aus zu sehen, ist das katholische Münster „Unserer Lieben Frau", welches sehr markant und imposant im Zentrum Radolfzells liegt. Das Radolfzeller Münster, eine dreischiffige Basilika aus der Spätgotik wurde zwischen 1436 und 1488 erbaut und sollte unbedingt besichtigt werden.

Vorbei an der Standpromenade und Hafenmole passieren wir den Yachtclub, dessen Restaurant mit gutem Essen und tollem Ausblick lockt. Auch wunderschöne Sonnenuntergänge können hier bestaunt werden. Wenig später erreichen wir das Tour-Ziel.

Wer gerne wandert, dem empfehlen wir eine ca. zehn Kilometer lange Rundwanderung um das Naturschutzgebiet Mindelsee. Der Mindelsee ist ebenfalls Rastplatz für (Zug-)Vögel. Er liegt zwischen den Radolfzeller Ortsteilen Möggingen und Markelfingen.

Mitglieder im DKV oder in organisierten Verbänden der Nachbarländer sind im Kanu-Club Radolfzell willkommen. Alle anderen Paddler:innen können direkt nebenan im Herzenbad ausbooten.

Unsere Tour startet in Konstanz, kann aber wie alle Touren auch gegenläufig gepaddelt und in Konstanz am Kanu-Club beendet werden.

Text: Verena Blattmann, Matthias Pflüger

ADRESSEN UND INFOS

ÖPNV:

Mit dem Zug ab Konstanz oder Radolfzell. Ab Bahnhof Reichenau mit dem Bus auf die Insel (für Streckenhalbierer).
Alternativ mit dem Kursschiff Radolfzell – Reichenau (Umstieg) – Konstanz.

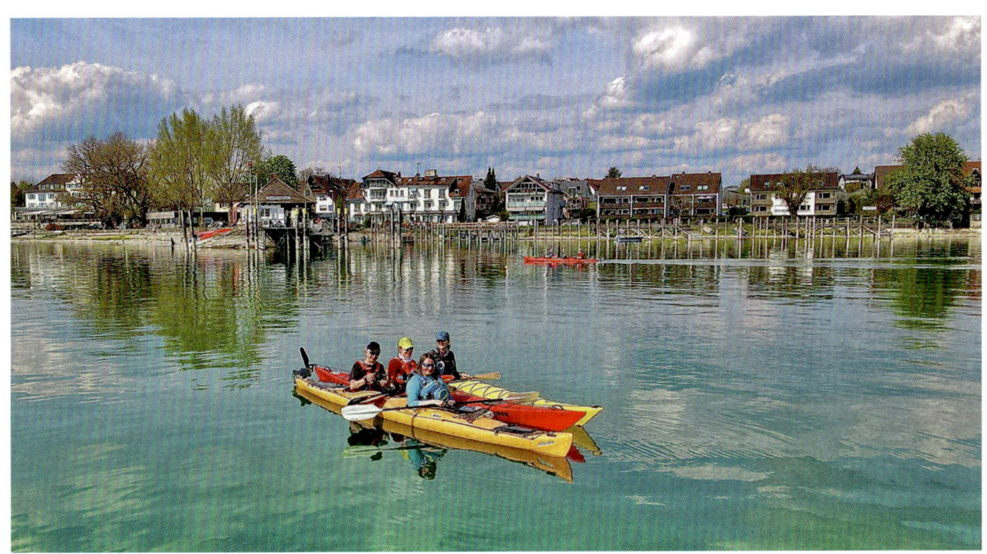

Reichenau Schiffsanleger, Foto: Matthias Pflüger

Gastronomie

Konstanz

► Aurelio
www.aurelio-konstanz.de

► Das Vogelhaus
www.das-voglhaus.de

► Good Rice zum Elefanten
www.goodrice-restaurant.de

► Il Boccone
www.ilboccone.de

Insel Reichenau

► SB-Restaurant beim Yachthafen Reichenau
Campingplatz Sandseele
www.sandseele.de

► Strandhotel Löchnerhaus
Gehobene, empfehlenswerte Küche
www.loechnerhaus.de

Radolfzell

► Steg11
www.steg11.de

► Strandcafe
www.strandcafe-mettnau.de

► Zur Alten Mosterei – Cosimo
www.zuraltenmosterei.de

► Strand-Café Mettnau
www.strandcafe-mettnau.de

Unterkunft:

Konstanz

► Kanu-Club Konstanz
(Für Mitglieder in einem Kanu-Verband)
Winterersteig 15-17, 78462 Konstanz
www.kanu-club-konstanz.de

► ibis Hotel Konstanz
Benediktinerpl. 9, 78467 Konstanz
www.ibis-konstanz.de

► HARBR. hotel Konstanz
Hans-Sauerbruch-Straße 2, 78467 Konstanz
https://harbr.de/de/

► Jugendherberge Konstanz
Zur Allmannshöhe 16, 78464 Konstanz
https://www.jugendherberge.de/

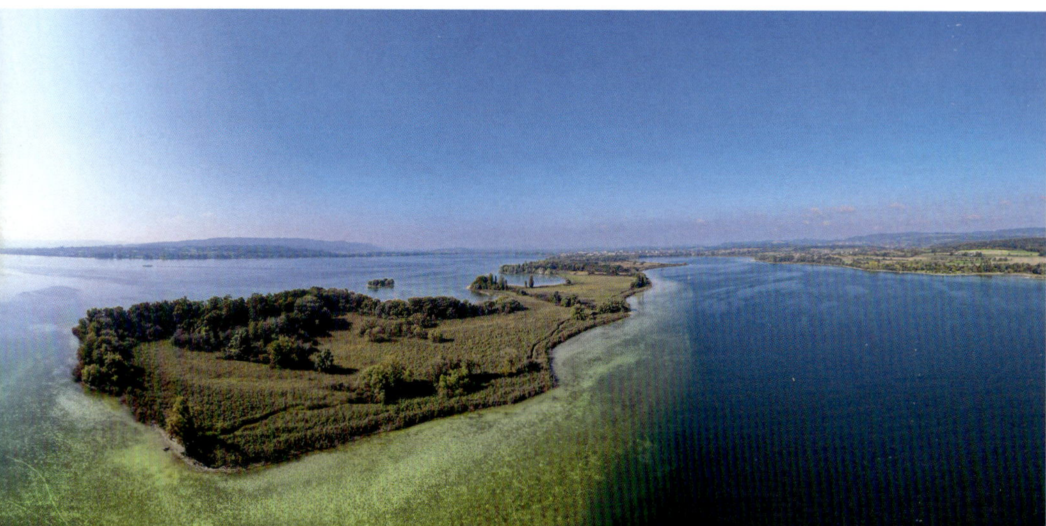

Drohnenbild: Mettnau, Zeller See und Markelfinger Winkel, Foto: Matthias Pflüger

Radolfzell

- Kanu-Club Radolfzell

(Für Mitglieder in einem Kanu-Verband)

www.kanu-radolfzell.de

- Hotel Zur Schmiede

www.zur-schmiede.com

- Hotel am Stadtgarten

www.hotel-am-stadtgarten.de

- Wohnmobilstellplatz Mettnau

www.radolfzell-tourismus.de

Sehenswürdigkeiten:

Konstanz

- Imperia, Hafen Konstanz

Stadt Konstanz

www.konstanz-info.com

Insel Reichenau

- UNESCO-Weltkulturerbe

www.reichenau.de

Radolfzell

- Innenstadt, Mettnau + Münster

www.radolfzell-tourismus.de

Radolfzell-Möggingen

- BUND Naturschutzzentrum Mindelsee

www.bund-radolfzell.de

Alternativen:

Konstanz

- Bodensee-Therme Konstanz

www.therme-konstanz.de

- SEA LIFE Konstanz

www.visitsealife.de

Radolfzell

- Seemaxx Outlet Center

www.seemaxx.de

Kanu- und SUP-Vermietung:

Radolfzell-Markelfingen

- Bodensee-Kanu-Tours

www.bodensee-kanu-tours.de

Konstanz

- Paddelprofi

www.paddelprofi.de

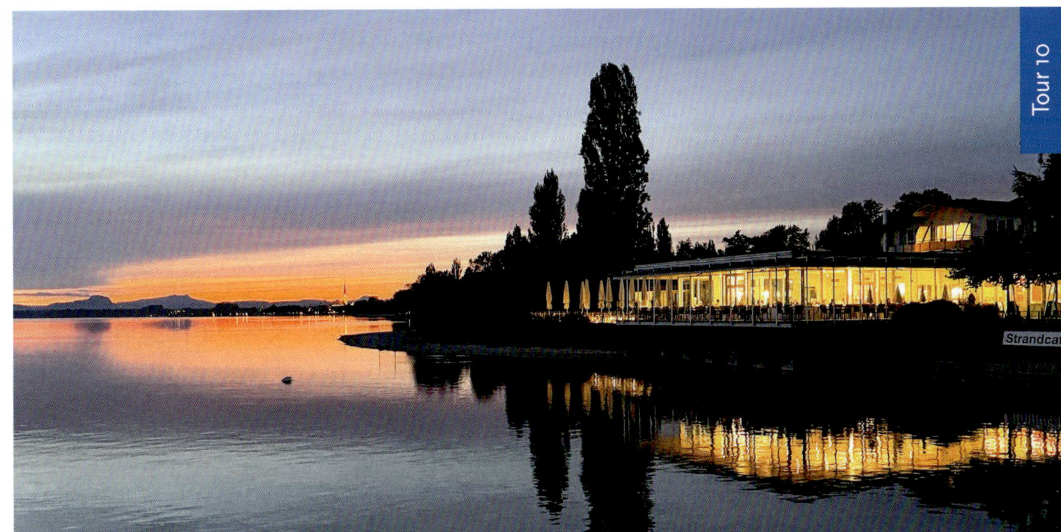

Radolfzell Zeller See, Foto: Matthias Pflüger

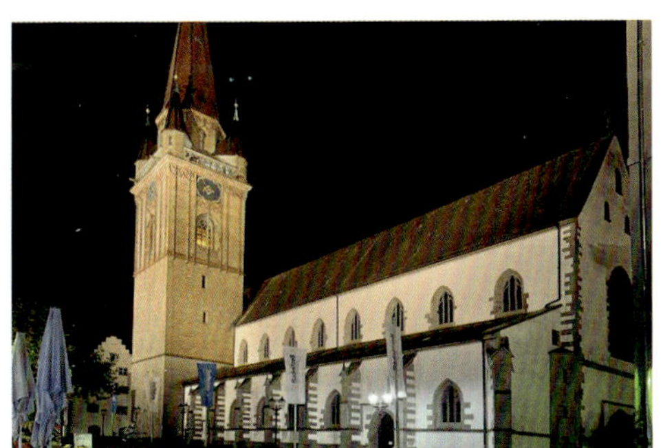

Radolfzell Münster, Foto: Matthias Pflüger

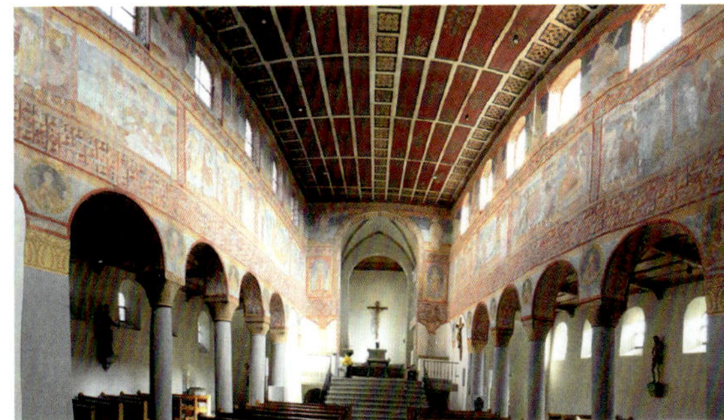

Reichenau Sankt Georg, Foto: Matthias Pflüger

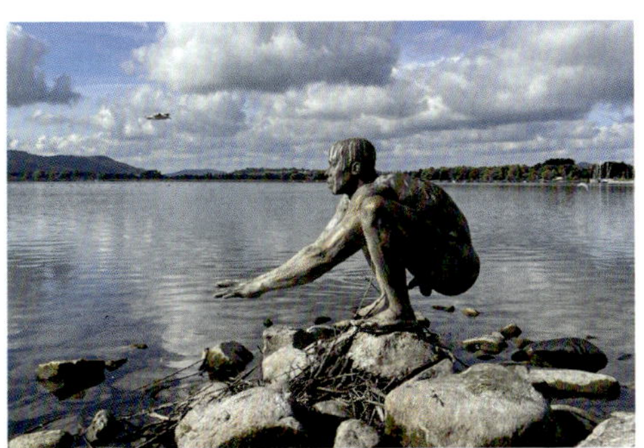

Radolfzell Mole El Nino, Foto: Matthias Pflüger

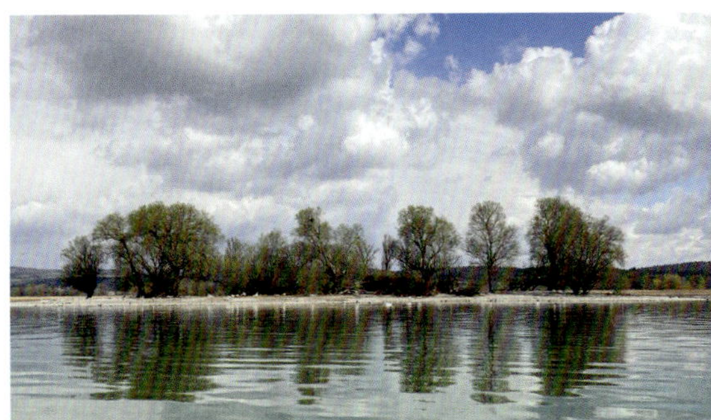

Liebesinsel, Foto: Petra Hassler-Mattes

Tour 11: Untersee / Zellersee

Radolfzell – Iznang – Horn – Gaienhofen – Öhningen (20 km)

Wir starten am Kanu-Club Radolfzell, alternativ nebenan im Herzenbad.

Die Tour führt uns Richtung Westufer des Zeller Sees vorbei an der Mündung der Radolfzeller Aach. Das Radolfzeller Aachried ist Naturschutzgebiet und hier gilt ein ganzjähriges Befahrungsverbot.

Wir paddeln vorbei an der kleinen Gemeinde Moos. Hier befindet sich das Restaurant Grüner Baum auf Sterne-Niveau, welches für seine hervorragenden Fischgerichte bekannt ist. Beliefert wird das Restaurant mit fangfrischen Fischen vom Bodenseefischer Lang aus Iznang, der Nachbargemeinde von Moos. In Iznang ist die erste Rast möglich. Wahlweise zu Besuch beim Kanu-Club Singen, der sein Bootshaus in Iznang hat, oder nebenan im Strandbad. Dort gibt es direkt nach der Badezone eine Anlandemöglichkeit. Auch beim Kanu-Club kann gezeltet oder mit Wohnwagen / Wohnmobil übernachtet werden. Dies ist allerdings beim Punkt „Unterkünfte“ nicht separat erwähnt.

Während der gesamten Strecke auf dem Zeller See bis zur Hornspitze auf der Höri ist das katholische Münster „Unserer Lieben Frau“ in Radolfzell zu sehen, welches sehr markant und imposant im Zentrum liegt. Das Radolfzeller Münster, eine dreischiffige Basilika aus der Spätgotik, wurde zwischen 1436 und 1488 erbaut. Eine Besichtigung ist empfehlenswert.

Das Münster in Radolfzell sowie die spätgotische Kirche Sankt Johann auf der Horn-Spitze sind auf dem Untersee auch für Segler markante Punkte für eine gute Navigation.

Abgesehen von den Seezugängen in Moos und in Iznang, sowie in Radolfzell, ist das Ufer des Zeller Sees bis inklusive der Hornspitze fast gänzlich Naturschutz- und Schilfgebiet. Für den

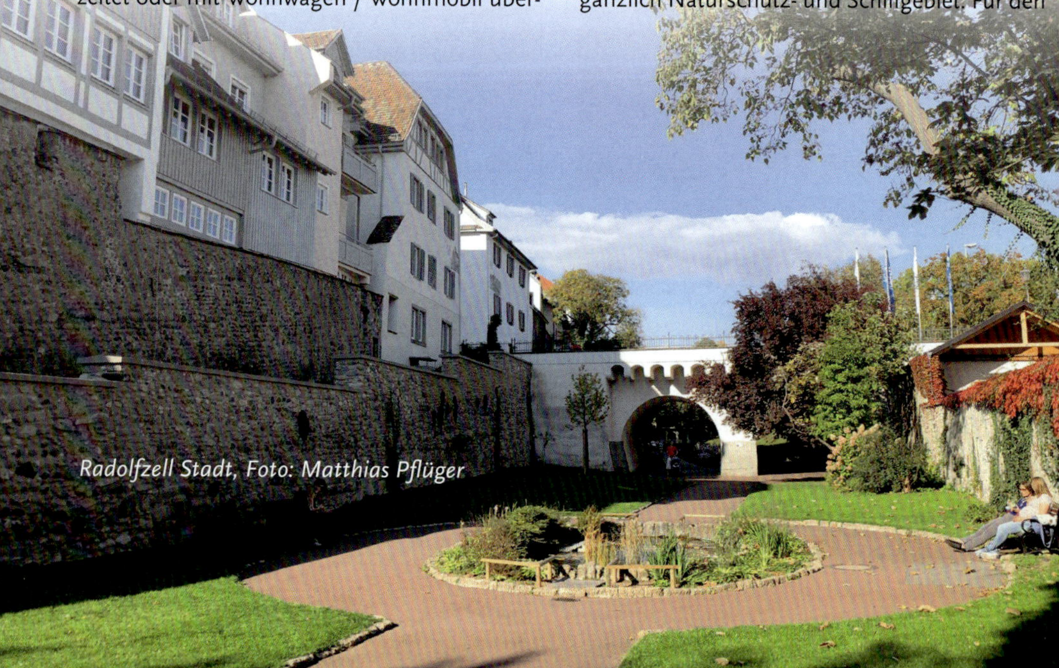

Radolfzell Stadt, Foto: Matthias Pflüger

Tourensteckbrief

Länge der Tour gesamt: 20 km
Tour-Teil 1: Radolfzell – Horn: 10 km
Tour-Teil 2: Horn – Öhningen: 10 km

Start:
Für Mitglieder in einem Kanu-Verband:
Kanu-Club Radolfzell
Karl-Wolf-Straße 15, 78315 Radolfzell
47°44'13"N 8°57'32"E
47.737097, 8.958790

Allgemeiner Einstieg:
Herzenbad
Karl-Wolf-Straße 13, 78315 Radolfzell
47°44'13"N 8°57'35"E
47.737146, 8.959688

Etappen-Ziel: Horn
Slippanlage
47°41'21"N 9°00'01"E
47.689299, 9.000379

Ziel:
Hafen Öhingen
In Oberstaad, 78337 Öhningen
47°39'08"N 8°53'39"E
47.652250, 8.894216

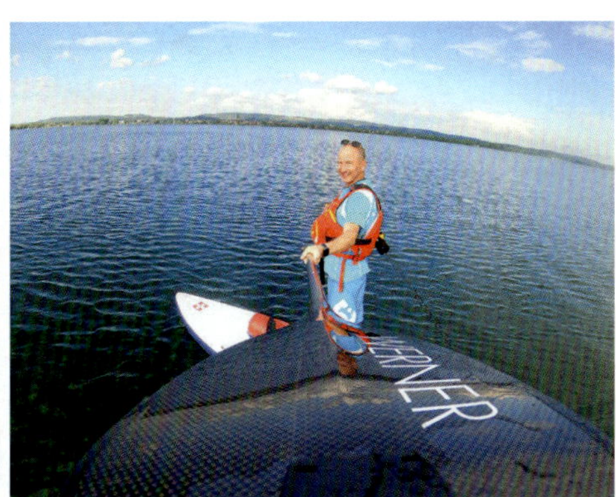

Zeller See bei Moos, Foto: Matthias Pflüger

Gesamtanspruch: leicht / mittel / schwer

SUP

Kategorie	SUP Touring	
Boards	iSUP 10'- 14'	Hardboard
Finne	Touring - Finne	Seegras - Finne
Sicherheit	Leash	Schwimmweste

Alle Bootsgattungen

Ausrüstung	Neopren oder	Trockenanzug	im Winter	
Können: Technik + Sicherheit	Basic Einsteiger	Advanced Fortgeschrittene	Expert Semi-Profi	
Schwierigkeit	Leicht Grund-kenntnisse Paddeln	Mittel Fortgeschrittenen-kenntnisse Paddeln	Schwer Semiprofes-sionelle Kenntnisse Paddeln	Ambitioniert Profi-Kenntnisse
Kondition	Basic bis 10 km	Advanced bis 20 km	Expert ab 20 km	
Gefahren	Kursschiffe / Motorboote	Seequerung / Wellen / Wind	Hafen-Einfahrten	

Hinweis: Für SUP kann die Tour auch geteilt werden: Radolfzell – Horn – Öhningen.

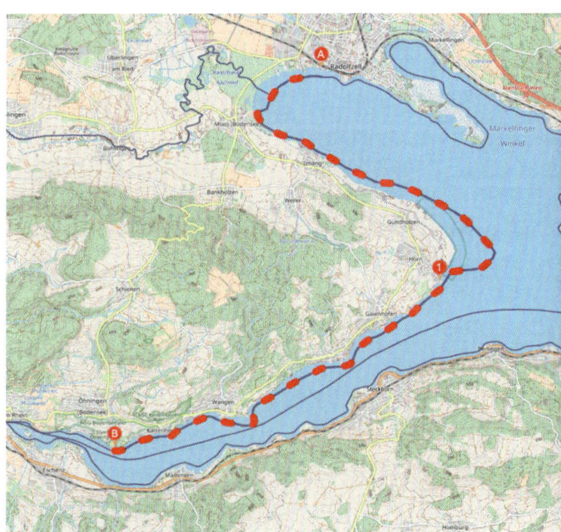

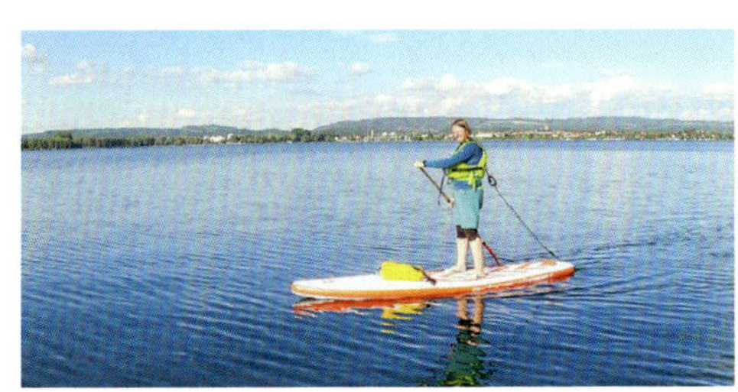

Zeller See bei Moos mit Blick auf Radolfzell

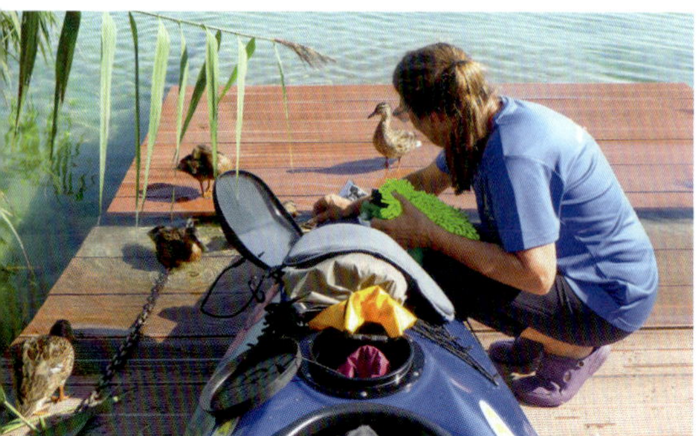

Untersee Iznang, Foto: Wolfgang Schönwald

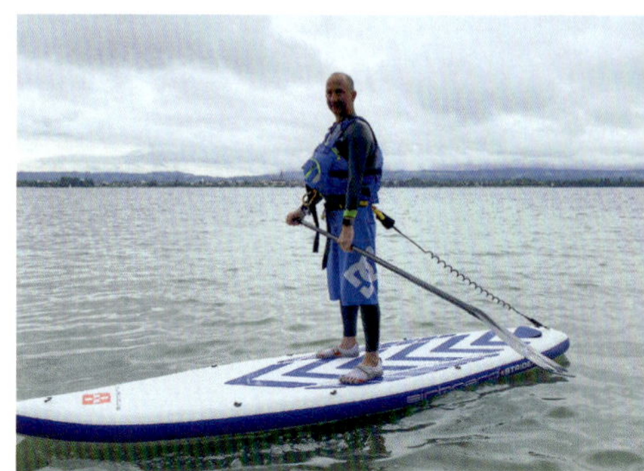

Von Iznang Richtung Radolfzell, Foto: Matthias Pflüger

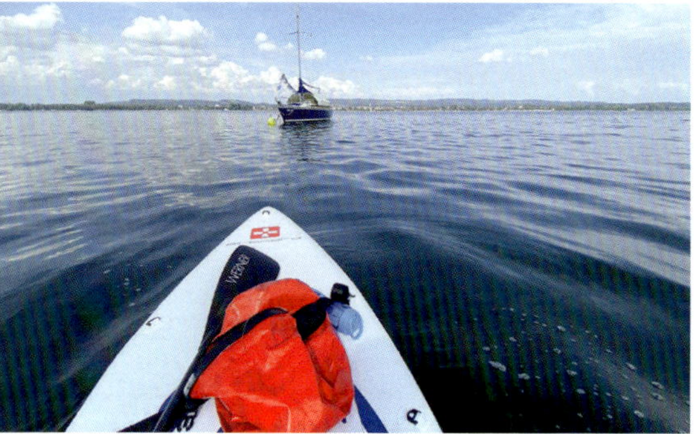

Bojenfeld Iznang – Radolfzell, Foto: Matthias Pflüger

Abschnitt Gundholzen (ca. zwei Kilometer nach Iznang) über die Horn-Spitze nach Gaienhofen-Horn gilt ein ganzjähriges Befahrungsverbot in einer Zone von 500 m Abstand zum Ufer; in den Wintermonaten vom 01.10. – 31.03. gilt ein Abstand von 750 m zum Ufer. Markiert ist die „Sommerzone" durch Rot-Weiß-Rote Bojen und die „Winterzone" durch Seezeichen auf Pfählen.
Strandbäder oder Campingplätze zur Rast bzw. Übernachtung gibt es in Horn und Wangen.
Ab Gaienhofen verengt sich der See langsam in Richtung Bodensee-Abfluss in Stein am Rhein.

Ab Gaienhofen verkehrt quasi im Ping-Pong zwischen den Gemeinden in der Schweiz und Deutschland die Kursschifflinie „Untersee" (Konstanz – Schaffhausen).
Gaienhofen beherbergt das Hermann-Hesse-Haus (Mia und Hermann Hesse-Haus und Garten) und das Otto Dix Museum (Museum Haus Dix). Der Schriftsteller und Nobelpreisträger für Literatur, Hermann Hesse aus Calw, war auch in der Schweiz beheimatet. Nach seiner Zeit in Gaienhofen zog er nach Bern, bevor er sich im Schweizer Tessin niederlies. Der Maler Otto Dix, aus der Nähe von Gera stammend, lebte bis zu seinem Tod mit seiner Familie ebenfalls in Hemmenhofen.

In Hemmenhofen, zu Gaienhofen gehörig, lässt es sich im Café Bistro „s'Plätzle am See 2.0"direkt am See entspannt pausieren. Drei Kilometer später, in Wangen, das bereits zu Öhningen gehört, besteht nochmals die Gelegenheit auf eine kleine Pause. Camping Wagner ist der letzte Campingplatz auf deutscher Seite, bevor der Bodensee in den Rhein abfließt.

Bevor die letzten Kilometer nach Öhningen anstehen, passieren wir Schloss Kattenhorn, das 1391 erstmalig genannt wurde. Schloss Kattenhorn wurde einst als Wasserschloss erbaut, im 19. Jahrhundert wurden Turm und Wassergräben jedoch entfernt. Heute befindet es sich in Privatbesitz.

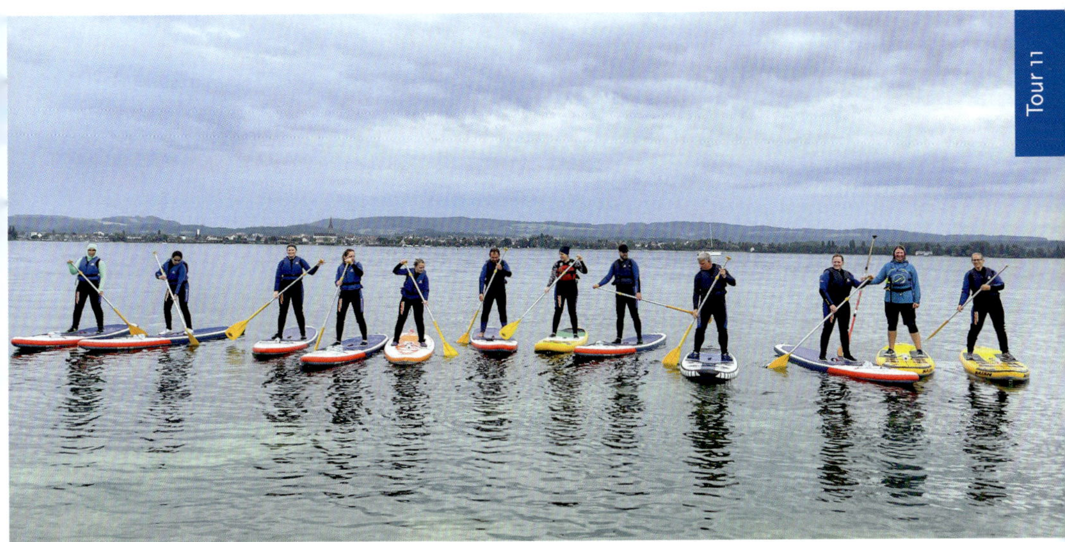

Zeller See Richtung Radolfzell, Foto: Matthias Pflüger

Nach den letzten drei Kilometern erreichen wir den Hafen Öhningen.
Die Tour endet hinter dem Anleger des Kursschiffes „Untersee" an der Slipanlage.
Hier schließen sich die Touren „Öhningen – Schaffhausen" und „Öhningen – Steckborn – Konstanz" an.

Text: Matthias Pflüger

ADRESSEN UND INFOS

ÖPNV:

Die Bus-Linie 200 verkehrt zwischen Stein am Rhein, Öhningen, Gaienhofen und Radolfzell.

Gastronomie

Radolfzell

► Steg11
www.steg11.de

► Zur Alten Mosterei – Cosimo
www.zuraltenmosterei.de

► Restaurant Grüner Baum Moos
(Tipp für top Fisch / Fischsuppe!)
www.gruenerbaum-moos.de

Hemmenhofen

► S'Plätzle am See 2.0
www.splaetzleamsee.de

Öhningen

► Hotel Gasthaus Adler
www.adlerrestaurant.de

Unterkunft:

Radolfzell

► Kanu-Club Radolfzell
(Für Mitglieder in einem Kanu-Verband)
www.kanu-radolfzell.de

► Hotel Zur Schmiede
www.zur-schmiede.com

► Hotel am Stadtgarten
www.hotel-am-stadtgarten.de

► Wohnmobilstellplatz Mettnau
www.radolfzell-tourismus.de

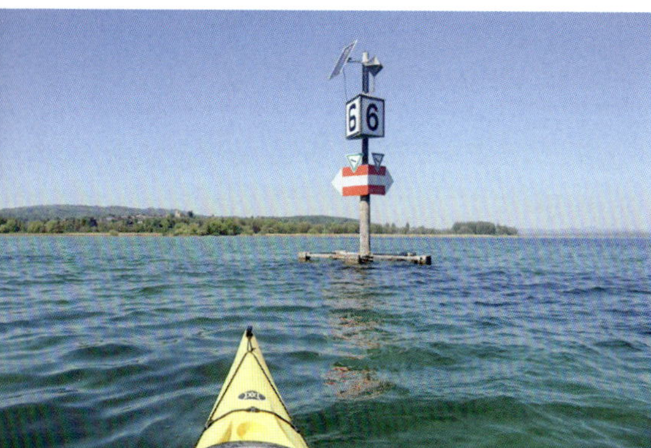

Horn-Spitze-Naturschutzgebiet, Foto: Verena Blattmann

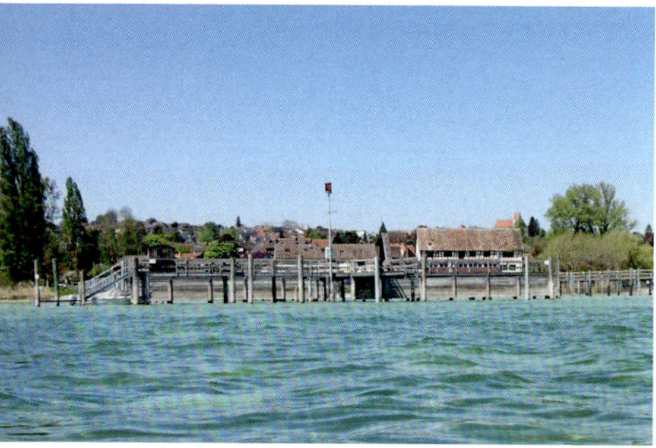

Horn, Foto: Verena Blattmann

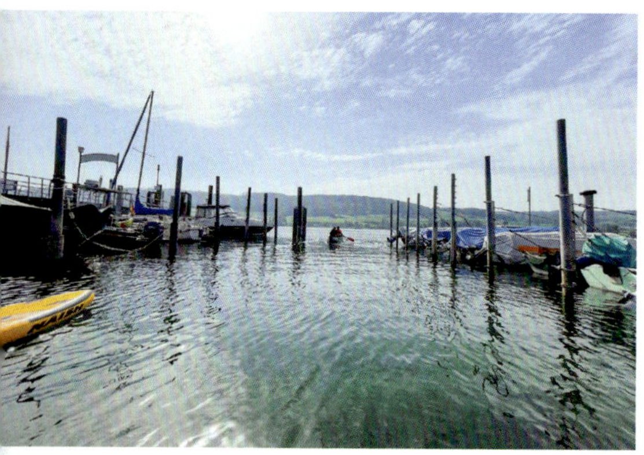

Hafen Öhningen, Foto: Matthias Pflüger

Gaienhofen-Horn

- Campingplatz Horn

www.camping-horn.de

Öhningen

- Hotel Gasthaus Adler

www.adlerrestaurant.de

- Camping Wangen

www.camping-wangen.de

Sehenswürdigkeiten:

Radolfzell

- Innenstadt, Mettnau und Münster

www.radolfzell-tourismus.de

- Radolfzell-Möggingen

BUND Naturschutzzentrum Mindelsee

www.bund-radolfzell.de

Insel Reichenau

- UNESCO-Weltkulturerbe

www.reichenau.de

Singen

- Festungsruine Hohentwiel

www.festungsruine-hohentwiel.de

Alternativen:

Radolfzell

- Seemaxx Outlet Center

www.seemaxx.de

- Mia und Hermann-Hesse Haus

www.mia-und-hermann-hesse-haus.de

- Museum Haus Otto Dix

www.museum-haus-dix.de

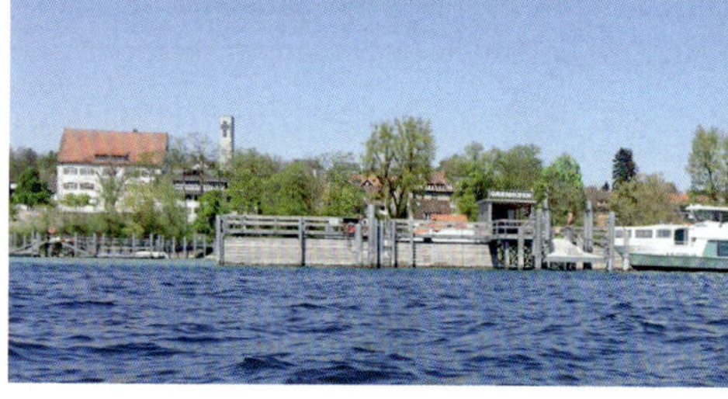

Gaienhofen, Foto: Verena Blattmann

Tour 12: Hochrhein

Öhningen – Stein – Diessenhofen / Gailingen – Schaffhausen (22 km)

Der Hochrhein fließt über 150 Kilometer durch unterschiedliche Landschaften vom Bodensee westwärts nach Basel. Die Strecke zwischen Bodensee und Basel wird als Hochrhein bezeichnet und beginnt mit dem Abfluss aus dem Bodensee. Auf der gesamten Hochrheinstrecke fällt der Rhein um 143 Höhenmeter, allein der Rheinfall hat hierbei einen Anteil von 23 Metern. Die Fließrichtung des Hochrheins geht überwiegend Richtung Westen und hat sowohl breite wie auch enge Flusstäler. An wenigen Abschnitten gibt es Wildwasser-Stellen. Zuflüsse des Hochrheins sind Thur, Wutach, Aare, Alb, Murg und weitere. Die Aare bringt mehr Wasser in den Rhein, als der Hochrhein selbst vor dem Zusammenfluss hat.

Tour-Beschreibung:
Öhningen grenzt unmittelbar an die Schweiz und liegt am westlichen Ende der Halbinsel Höri im Landkreis Konstanz. Öhningen hat einen windgeschützten Sportboothafen (Hafen Oberstaad) und ist leicht zu erkennen an der markanten Dorfkirche. Einbooten ist an der Slipanlage im Yachthafen neben dem Fähranleger zu empfehlen. Dort sind auch Parkplätze sind vorhanden. Von hier startet die Tour Richtung Westen, vorbei am Schloss Oberstaad und dem Strandbad Öhningen. Nach zwei Kilometer ist die Schweizer Grenze bereits passiert. Idealerweise hält man sich im rechten Uferbereich. Auf beiden Seiten, vor allem auf der rechten Seite, stehen durchaus imposante Häuser mit eigenem Seezugang.

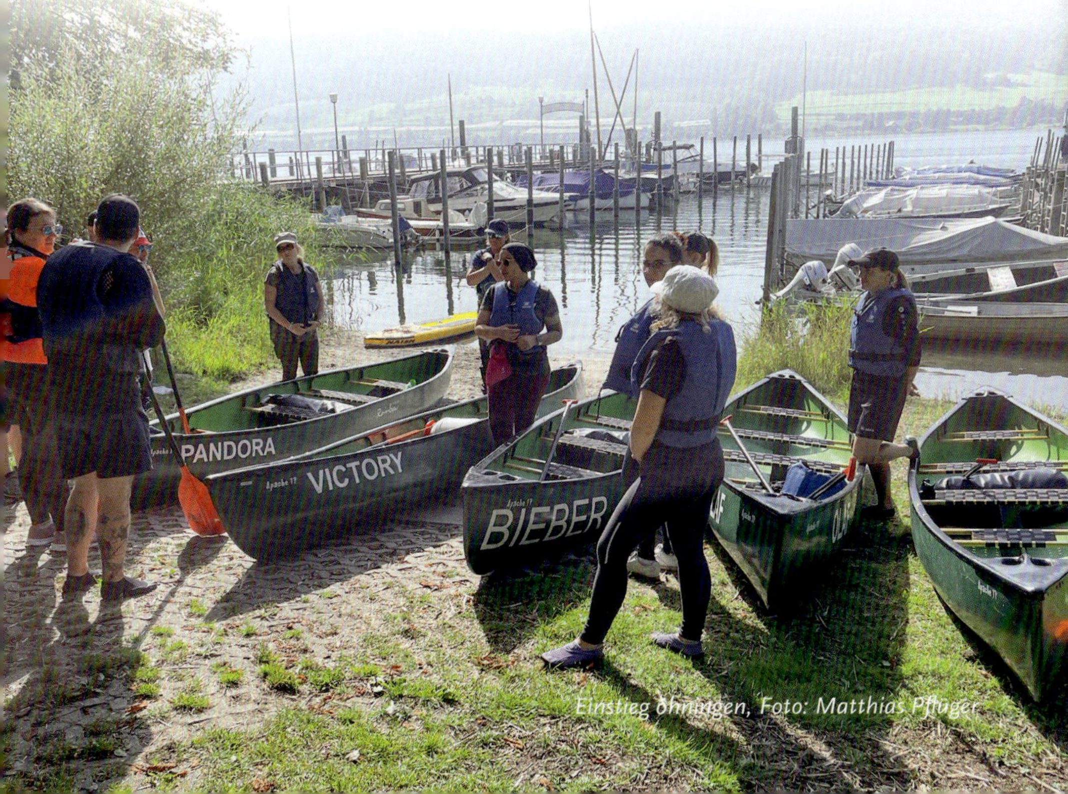

Einstieg Öhningen, Foto: Matthias Pflüger

Tourensteckbrief

Länge der Tour gesamt: 22 km
Tour-Teil 1: Radolfzell – Horn: 12 km
Tour-Teil 2: Horn – Öhningen: 10 km

Start:
Hafen Öhningen
In Oberstaad, 78337 Öhningen
47°39'08"N 8°53'39"E
47.652250, 8.894216

Etappen-Ziel:
Gailingen Strandbad
Strandbadweg 8, 78262 Gailingen am Hochrhein
47°41'24.3"N 8°45'27.0"E
47.690085, 8.757500
oder
Diessenhofen Hafen
Rheinstrasse 2-22, CH-8253 Diessenhofen
47°41'25"N 8°44'50"E
47.690390, 8.747300

Ziel:
Rheinquai, 8200 Schaffhausen
47°41'41"N 8°38'42"E
47.694606, 8.645621

Der Hochrhein fließt über 150 Kilometer durch unterschiedliche Landschaften vom Bodensee westwärts nach Basel. Die Strecke zwischen Bodensee und Basel wird als Hochrhein bezeichnet und beginnt mit dem Abfluss aus dem Bodensee. Auf der gesamten Hochrheinstrecke fällt der Rhein um 143 Höhenmeter, allein der Rheinfall hat hierbei einen Anteil von 23 Metern. Die Fließrichtung des Hochrheins geht überwiegend Richtung Westen und hat sowohl breite wie auch enge Flusstäler. An wenigen Abschnitten gibt es Wildwasser-Stellen. Zuflüsse des Hochrheins sind Thur, Wutach, Aare, Alb, Murg und weitere. Die Aare bringt mehr Wasser in den Rhein, als der Hochrhein selbst vor dem Zusammenfluss hat.

Gesamtanspruch: leicht / mittel / schwer

SUP

Kategorie	SUP Touring	
Boards	iSUP 10'- 14'	Hardboard
Finne	Touring - Finne	Seegras - Finne
Sicherheit	Leash	Schwimmweste

Alle Bootsgattungen

Ausrüstung	Neopren oder	Trockenanzug	im Winter	
Können: Technik + Sicherheit	**Basic** Einsteiger	**Advanced** Fortgeschrittene	**Expert** Semi-Profi	
Schwierigkeit	**Leicht** Grund-kenntnisse Paddeln	**Mittel** Fortgeschritte-nen-Kenntnisse Paddeln	**Schwer** Semiprofes-sionelle Kenntnisse Paddeln	**Ambiti** Profi- Kenntn
Kondition	**Basic** bis 10 km	**Advanced** bis 20 km	**Expert** ab 20 km	
Gefahren	Kursschiffe / Motorboote	Seequerung / Wellen / Wind	Hafen-Einfahrten	

Hinweis: Aufgrund der Strömung auch für SUP'ler an einem Tag machbar. Achtung an den Wiffen im Rhein. Viel Schiffsverkehr!

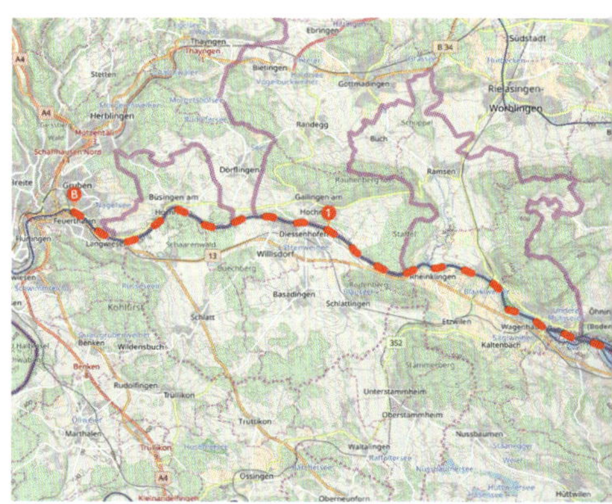

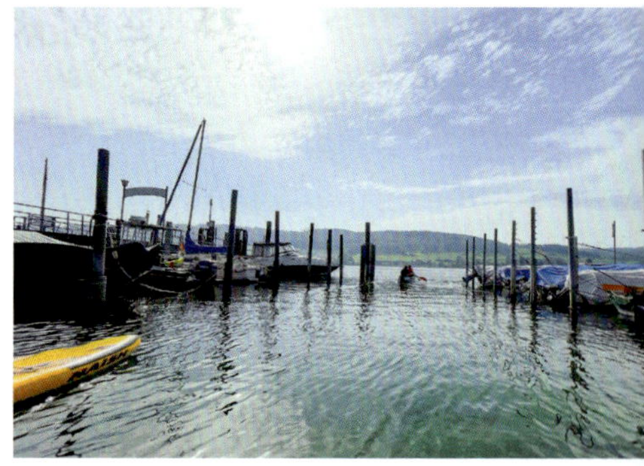

Hafen Öhningen, Foto: Matthias Pflüger

Am Eschenzer Horn, bei Seezeichen 11, endet der Bodensee und Untersee. Hier macht sich jetzt die Strömung des Rheins bemerkbar, weist aber nur stellenweise geringe Schwierigkeiten durch Stromschnellen, Wellen und Kehrwasser auf. Kurz vor der Rheinbrücke Stein am Rhein bildet sich je nach Wasserstand und abhängig vom Westwind eine stehende Welle. Vorsicht am Brückenpfeiler der Autobrücke. Hier ist ordentlich Strömung zu erkennen.

Ein kurzer Zwischenstopp mit einem kleinen Stadtbummel durch das malerische Städtchen Stein am Rhein mit vielen mittelalterlichen Fachwerkhäusern ist sehr lohnenswert. Nach der Schiffslände ist ein Anlegen auf der rechten Seite, abhängig vom Wasserstand, sehr gut möglich. Noch vor der Rheinbrücke rechts befindet sich die ehemalige Benediktinerabtei Kloster St. Georgen, in der auch ein Museum untergebracht ist.
Oberhalb von Stein liegt die mittelalterliche Burg Hohenklingen mit einem Restaurant der gehobenen Klasse.

Die Weiterfahrt führt mit einer guten Strömung durch eine herrliche Flusslandschaft mit vielen idyllischen Stellen, die zu einer Rast in freier Natur einladen.

Zwischen Hemishofen (CH) und Gailingen (D) ist die Strömung des Rheins am stärksten. Hier muss besonders auf die Wiffen geachtet werden; zu diesen immer ausreichend Abstand halten.
Wiffen sind dicke Holzpfähle, die die Fahrrinne markieren und am gesamten Bodensee immer wieder vorkommen. Vor den beiden hohen Straßen- und Eisenbahnbrücken bei Hemishofen verändert sich die Fahrrinne immer aufs Neue. Hier ist besonders auf die Kursschiffe und Motorboote zu achten!

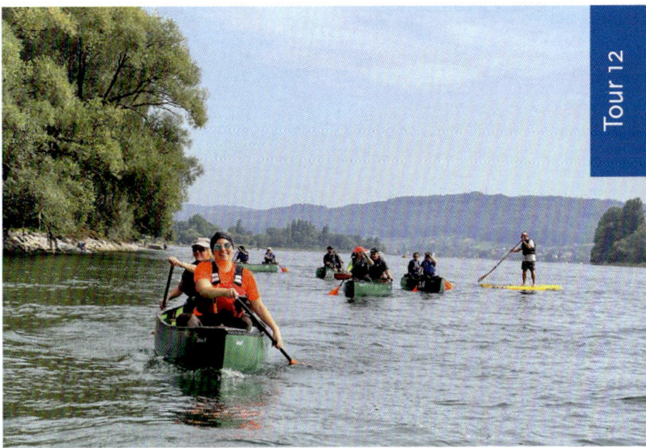

Vor Stein, Foto: Matthias Pflüger

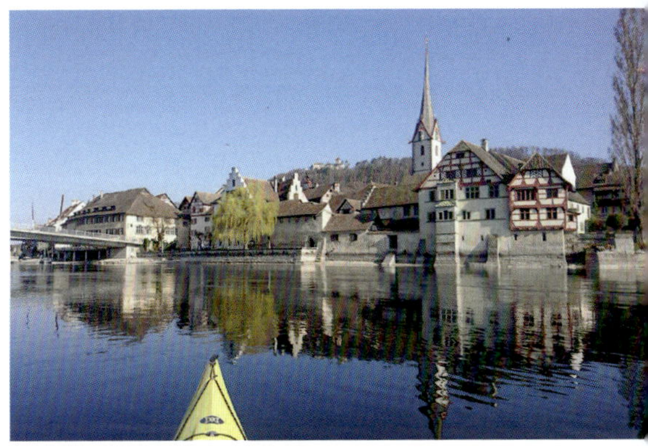

Stein am Rhein, Foto: Verena Blattmann

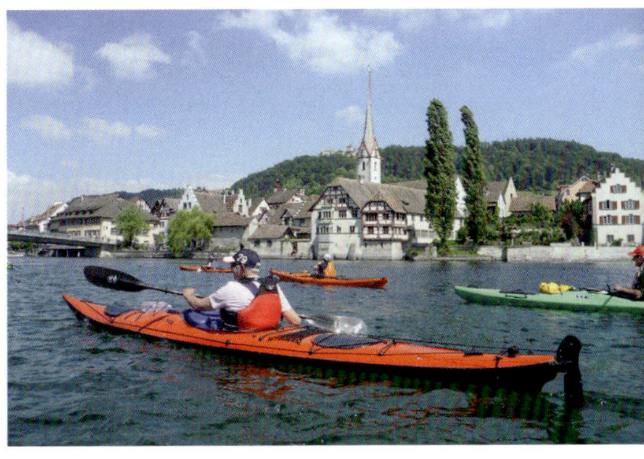

Stein am Rhein, Foto: Wolfgang Schönwald

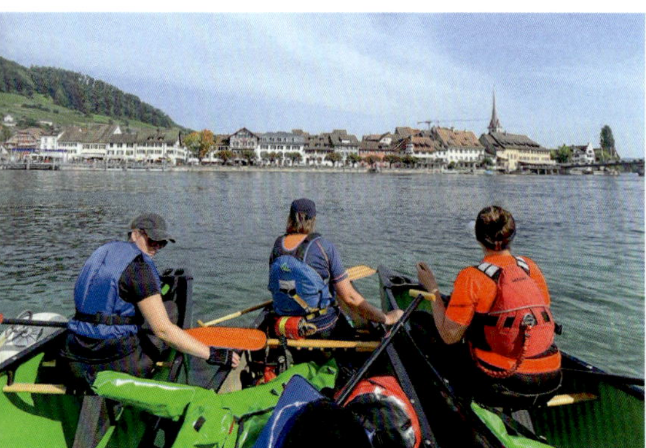

Stein am Rhein, Foto: Matthias Pflüger

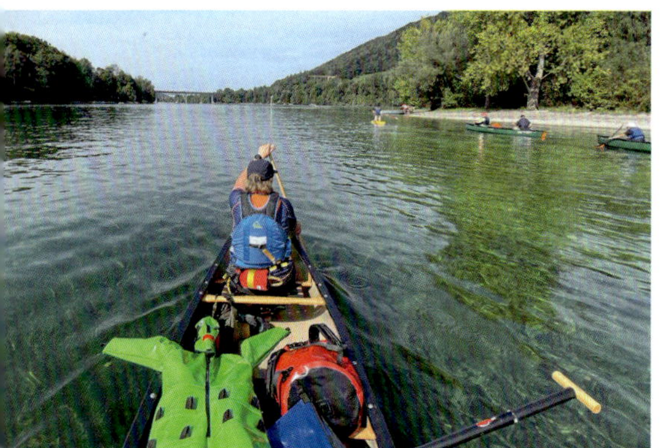

Nach Stein am Rhein, Foto: Matthias Pflüger

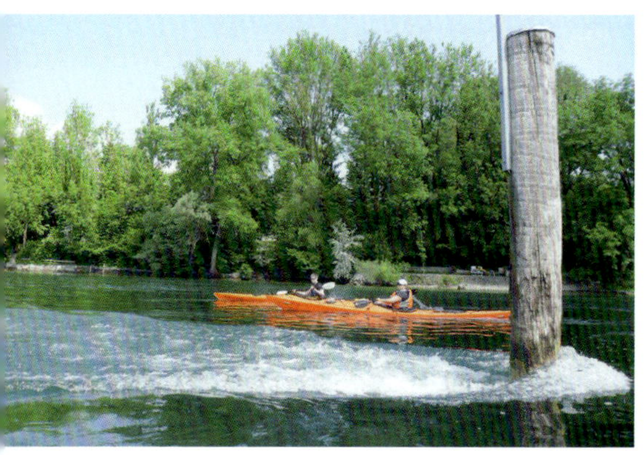

Hochrhein hinter Stein, Foto: Wolfgang Schönwald

SUP'ler müssen beim Überfahren der Kiesbänke zudem auf die Wassertiefe achten, um nicht mit der Finne hängen zu bleiben und vom Board zu fallen. Etwa zwei Kilometer nach den Brücken befindet sich auf der rechten Seite ein Kiesstrand an der Biebermühle, an dem angelandet und pausiert werden kann.

Etwa 500 m weiter kann es ebenfalls zu mächtigeren Wellen bzw. einer stehenden Welle kommen, wenn das Kursschiff passiert. Linksseitig und schön gelegen ist das Gasthaus Schupfen und das Restaurant Läui zu sehen. Im Sommer vergeht kaum ein Wochenende, an dem hier keine Hochzeitsgesellschaft oder Feier stattfindet. Ebenfalls nett am Wasser gelegen Camping Läui „Dschungel".

Vorbei geht es am rechtsseitig gelegenen Rheinstrandbad Gailingen mit Gastronomie, großer Gartenterrasse und Kiesstrand. Dort bietet sich eine gute Ausstiegsmöglichkeit (Hinweis: Unbedingt am Ende des Schwimmbades anlanden und den Badebetrieb beachten!).

Am gegenüberliegenden Ufer liegt Diessenhofen (CH), ein im Kern mittelalterliches Städtchen. Die markante und historische Holzbrücke verbindet Diessenhofen mit Gailingen. Sie ist die erste erbaute Brücke über den Rhein (erbaut 1259 und urkundlich nachgewiesen). 200 m nach der Brücke lädt ein schöner Biergarten zum Verweilen ein. Direkt nach der Brücke befindet sich der Anleger für das Kursschiff. Wer linksseitig im empfehlenswerten Restaurant Biergarten „Unterhof" einkehren will, sollte auf das Kursschiff achten und zügig in den kleinen Hafen einfahren. Die Strömung ist hier ordentlich, und wer die Einfahrt verpasst, muss wo anders einkehren.

Ein paar Paddelschläge später ist das ehemaligen Dominikanerinnenkloster St. Katharinen-

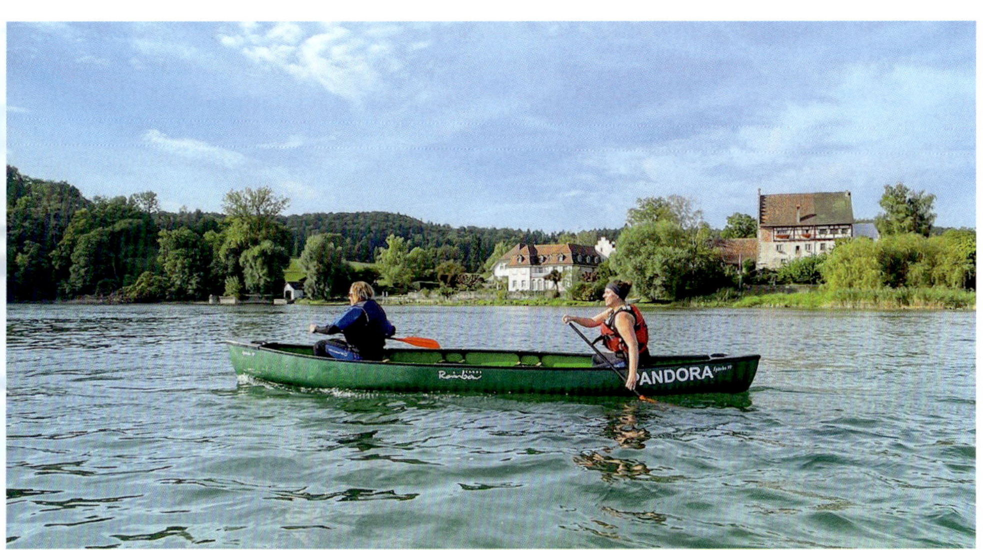

Biebermühle, Foto: Matthias Pflüger

tal mit großer Klosterkirche zu sehen, welche auch besichtigt werden kann. Die Strecke führt nun durch einen herrlich bewaldeten Abschnitt bis zur Exklave Büsingen, an einem kleinen Schwimmbad und zahlreichen Anlandemöglichkeiten vorbei. Besonders auf der linken Schweizer Seite gibt es noch einige weitere lohnenswerte Anlegeplätze für eine letzte besinnliche Rast vor dem Ende der Tour. Knapp fünf Paddelkilometer und am Ende der Uferstraße liegt das Ziel auf der rechten Seite: Das Bootshaus des Kanu-Club Schaffhausen. Die große Freitreppe bietet gute Ausstiegsmöglichkeiten. Aber Vorsicht: die Treppenstufen dort können sehr glitschig sein.

Text: Andreas Mattes, Matthias Pflüger

ADRESSEN UND INFOS

ÖPNV: (Umsetzen der Fahrzeuge):
Vor Beginn der Tour – entweder am Vorabend oder früh morgens – das Auto nach Schaffhausen verstellen. Parkmöglichkeiten sind oberhalb des Kanu-Club Schaffhausen entlang der Straße, und am Wochenende hinter dem Gasspeicher bei den Stadtwerken kostenfrei, vorhanden.

Nach einem etwa 15-minütigen Spaziergang durch die schöne Altstadt Schaffhausens erreicht man den Bahnhof. Von dort gibt es zwei Möglichkeiten zurück nach Öhningen zu kommen. Entweder mit dem Zug nach Stein am Rhein und dort den Bus nach Öhningen nehmen (empfohlen!), oder alternativ mit dem Bus ab Schaffhausen über Ramsen, Stein am Rhein bis Öhningen. Dauer bei beiden Transfers rund eine Stunde.
www.SBB.ch

SUP'ler mit iSUPs, die es vor 15 Uhr nach Schaffhausen schaffen, können (während der Sommersaison) auch mit dem Kursschiff (letzte Abfahrt um 15:15 h) zurück nach Öhningen fahren.

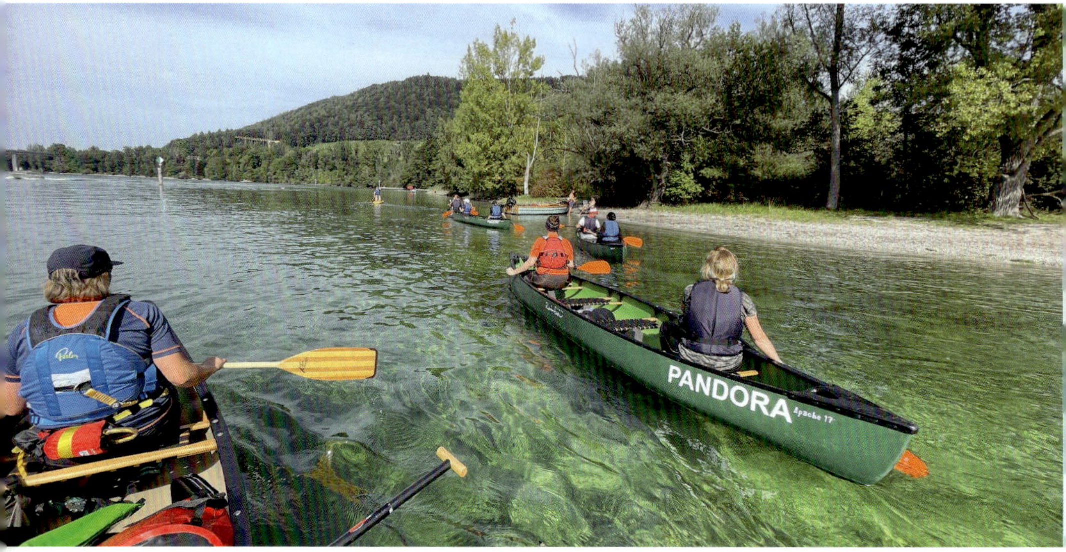

Strand Biebermühle, Foto: Matthias Pflüger

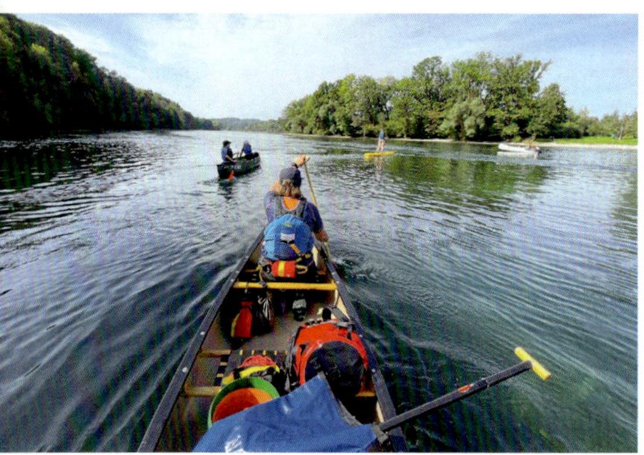

Nach Hemishofen, Foto: Matthias Pflüger

KURZ-INFO HOCHRHEIN

Beste Zeit:

Ganzjährig befahrbar, allerdings dürfen vom 1. Oktober bis 31. März von Stein am Rhein bis Rheinklingen (oberhalb von Gailingen / Bibermündung) Flachwasserzonen nicht befahren werden. Im Herbst ganz besonders schön durch die Laubfärbung. Im Sommer stark frequentiert durch Kursschiffe, Motorboote und Schwimmer.

Hinweis: Personalausweis mitführen.
Die **Notfallnummer 112** funktioniert auch im Schweizer Netz.

Gefahren:

Die Fahrrinne im Hochrhein ist mit Wasserzeichen, sogenannten „Wiffen", mit nummerierten grün-weißen Rauten markiert, die zum Teil in starker Strömung stehen. An diesen Wiffen passieren immer wieder Unfälle, einige endeten leider auch tödlich. Deshalb: Die weiß-markierte Flussseite bevorzugen und ausreichend Abstand zu den Wiffen halten. Schiffe fahren auf der grünen Seite. Kursschiffe und Ausflugsdampfer müssen teilweise im Zick-Zack fahren und benötigen beim Wendemanöver bei der Holzbrücke Diessenhofen die ganze Flussbreite. Talwärts fahrende Schiffe werden oft sehr spät wahrgenommen.

Bootsverleih:
Bootsstüble Wangen
www.bootsstueble-wangen.de

Kanugewässer in der näheren Umgebung:
Thur (von Üsslingen bis Andelfingen, nur bei geeignetem Wasserstand möglich; sehr stark schwankend)
Auskunft: Tourismus Untersee
www.tourismus-untersee.eu

Gastronomie

Stein am Rhein
- Rother Ochse
www.weinstube-rotherochsen.ch
- Restaurant Rheinfels
www.rheinfels.ch
- Restaurant Ilge
www.ilgesteinamrhein.ch

Gailingen
Rheinstrandbad in Gailingen
www.gailingen.de

Diessenhofen
Restaurant Unterhof
www.unterhof.ch

Schaffhausen
Güterhof
(Restaurant, Cafe, Bar& Lounge, Sushi-Bar)
www.gueterhof.ch

Unterkünfte:

- www.tourismus-untersee.eu
https://schaffhauserland.ch/

Sehenswertes:

Stein am Rhein
Mittelalterliche Altstadt von Stein am Rhein mit prächtigen Fachwerkhäusern und dem historischen Marktplatz.
www.steinamrhein.ch

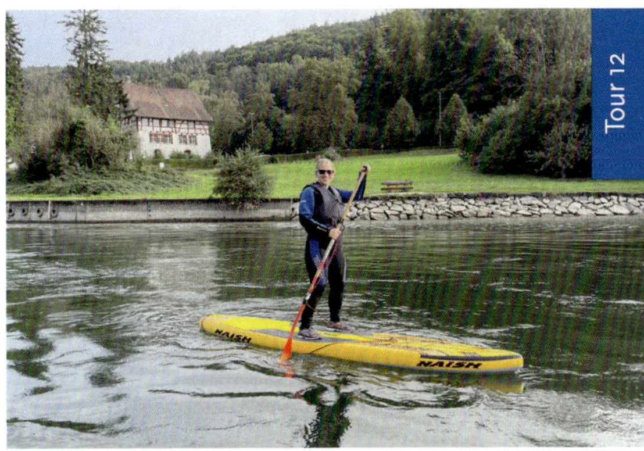

Bei Schupfen, Foto: Matthias Pflüger

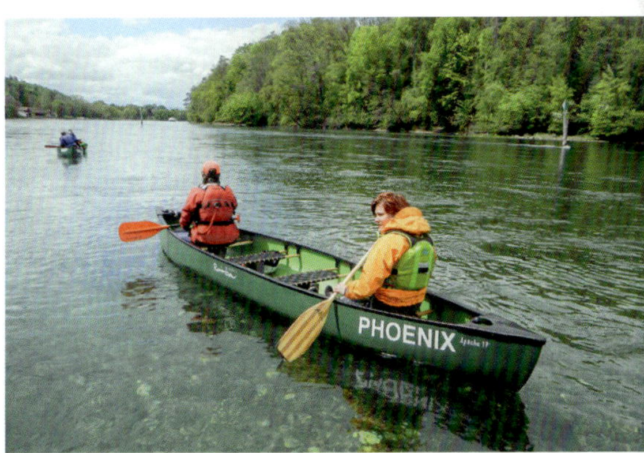

Richtung Diessenhofen, Foto: Matthias Pflüger

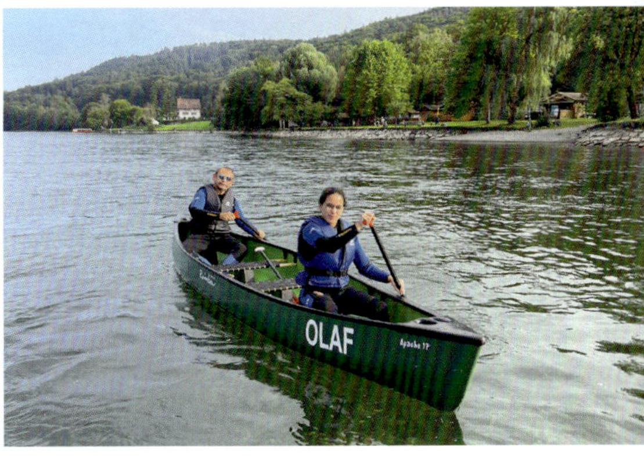

Vor Diessenhofen, Foto: Matthias Pflüger

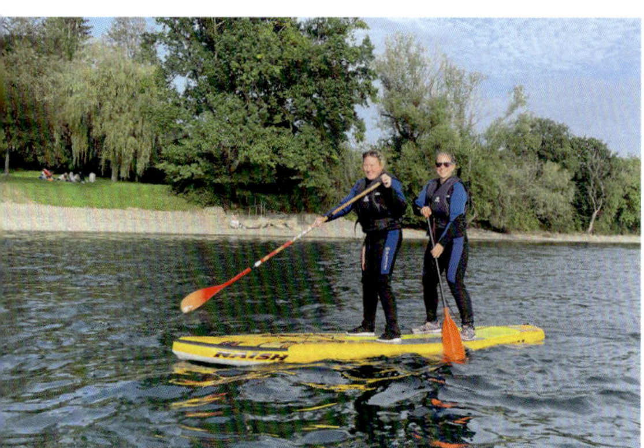

Bei Strandbad Gailingen, Foto: Matthias Pflüger

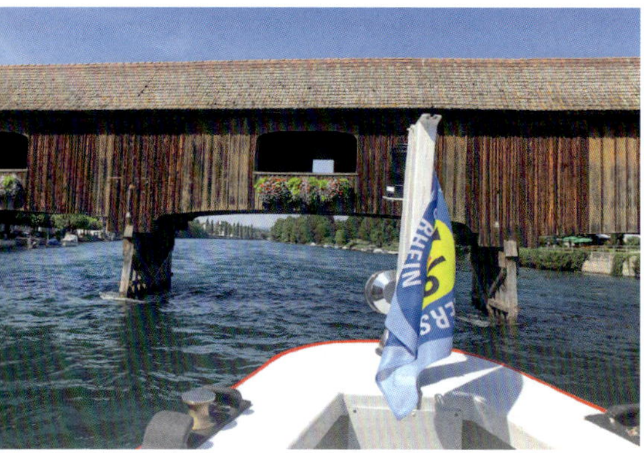

Diessenhofen, Foto: Matthias Pflüger

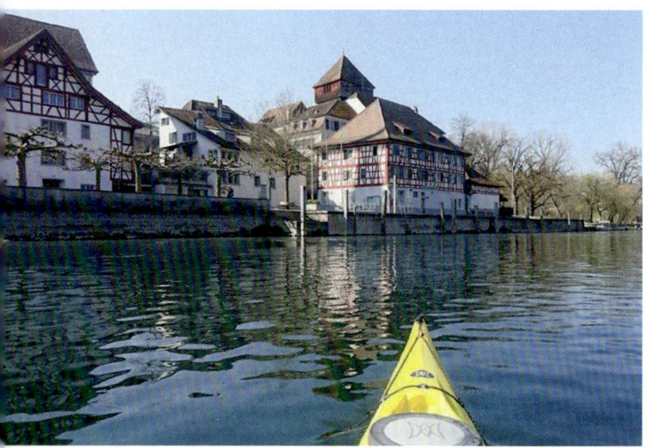

Diessenhofen, Foto: Verena Blattmann

Etwa 200 Meter oberhalb des Städtchens liegt die mittelalterliche Burg Hohenklingen mit Gastronomie
www.burghohenklingen.com

Diessenhofen
Mittelalterliches Städtchen mit seinem Wahrzeichen, dem Siegelturm und dessen Turmuhr, barocke Klosterkirche St. Katharinental mit sehenswerter Klosteranlage.
www.diessenhofen.ch

Schaffhausen
Stadt Schaffhausen mit guten Einkaufsmöglichkeiten und vielen Sehenswürdigkeiten

- Museum zu Allerheiligen
www.allerheiligen.ch
- Burgfestung Munot (über 400 Jahre alt)
www.munot.ch
- Historisches Rheinbad („Rhybadi"), in Neuhausen
https://rhybadi.ch

Rheinfall
Größter Wasserfall Europas, der „Rheinfall", mit einer Breite von 150 Meter und einer Höhe von 23 Meter und das Schloss Lauffen (unbedingt besichtigen!).
www.rheinfall.ch

Buchtipps/Karten:
F510, Freizeitkarte Singen - Schaffhausen - Hegau, Maßstab 1:50.000 (LVA BaWü)

Tour 13: Untersee

Öhningen – Mammern – Steckborn – Ermatingen – Konstanz (23-27 km)

Startpunkt unserer Tour ist der Hafen Öhningen. Von Öhningen aus fahren wir flussaufwärts bis zur nächsten kleineren Landspitze, wo das Schloss Kattenhorn liegt. Von hier aus queren wir den Rhein und halten auf die Landspitze und den Anleger von Mammern zu. Kursschiffe und Boote, die flussauf- oder abwärts fahren, haben Vorfahrt.

Ab Mammern folgen wir dem in Fahrtrichtung rechten Ufer weiter rheinaufwärts. Die kleinen Buchten können ausgefahren werden oder man orientiert sich von Landspitze zu Landspitze. Am linken Flussufer ist Wangen zu sehen. Der nächste größere Ort am rechten Ufer ist Steckborn. Streckborn wurde erstmals 1209 urkundlich erwähnt. Markantes Wahrzeichen direkt am Wasser und dem Bojenfeld gelegen, ist der Turmhof von 1128. Der Turm diente dem damaligen Abt des Klosters der Insel Reichenau als Sitz am Untersee. Teile der Stadtmauer sind noch erhalten und prägen das Stadtbild.

Nach Steckborn öffnet sich der Untersee und die Gegenströmung wird weniger. Wer die Tour verkürzen möchte, kann auch erst in Steckborn starten. Wir halten direkt auf die nächste kleine Landspitze zu. Nach einer langgezogenen Bucht erreichen wir Berlingen. Der Stadtkern mit der Kirche, sowie ein paar auf Stelzen ins Wasser gebaute Häuschen, ist durchaus sehenswert. Eine Rastmöglichkeit gibt es im direkt am Ufer gelegenen Café.

Von Berlingen aus paddeln wir auf den Anleger von Mannenbach zu. Direkt hinter dem Steg gibt es einen kleinen Strand, an dem man für eine Pause anlanden kann. Im Bereich des Bojenfelds und bis zum Beginn der Ermatinger Bucht erstreckt sich entlang des Ufers eine Flachwasserzone. Vor allem bei niedrigem Wasserstand im Winter sollte ausreichend Abstand zum Ufer gehalten werden, da man im flachen Wasser schlecht vorankommt.

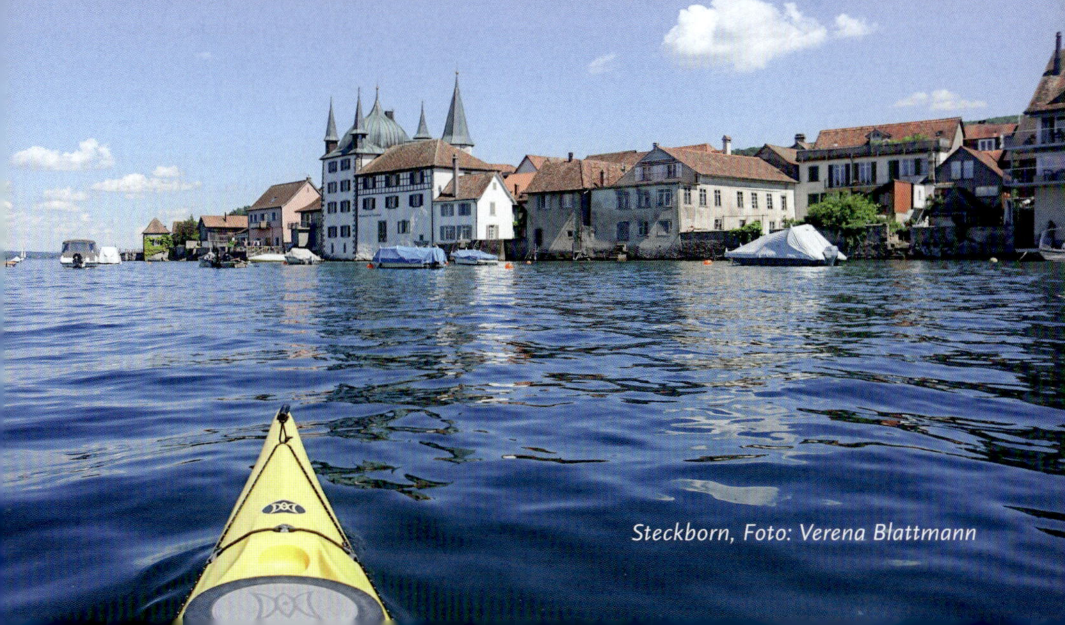

Steckborn, Foto: Verena Blattmann

Tourensteckbrief

Länge der Tour gesamt: 23 – 27 km
Tour-Teil 1: Öhningen – Steckborn: 8 – 12 km (*)
Tour-Teil 2: Steckborn – Konstanz 15 km
(*) 8 km bei Seequerung Öhningen, 12 km via Stein am Rhein

Start:
Hafen Öhningen, Slipanlage
In Oberstaad, 78337 Öhningen
47°39'08"N 8°53'39"E
47.652250, 8.894216

Etappen-Ziel: Steckborn
Strandbad / Herberge / Campingplatz
Seestrasse 188, 8266 Streckborn
47°39'46"N 8°58'25"E
47.659234, 8.970009

(Yacht)Hafen Streckborn
47°39'52"N 8°58'35"E
47.664534, 8.976610

Ziel:
Für Mitglieder in einem Kanu-Verband:
Kanu-Club Konstanz
Wintererstieg 15-17, 78462 Konstanz
47°40'09"N 9°09'51"E
47.669351, 9.164241

Allgemeiner Ausstieg:
Slipanlage
Wintererstieg 19, 78462 Konstanz
47°40'09"N 9°09'48"E
47.669351, 9.163509

Gesamtanspruch: leicht / mittel / schwer

SUP

Kategorie	SUP Touring	
Boards	iSUP 10'- 14'	Hardboard
Finne	Touring - Finne	Seegras - Finne
Sicherheit	Leash	Schwimmweste

Alle Bootsgattungen

Ausrüstung	Neopren oder	Trockenanzug	im Winter	
Können: Technik + Sicherheit	Basic Einsteiger	Advanced Fortgeschrittene	Expert Semi-Profi	
Schwierigkeit	Leicht Grund-kenntnisse Paddeln	Mittel Fortgeschritte-nen-Kenntnisse Paddeln	Schwer Semiprofes-sionelle Kenntnisse Paddeln	Ambiti Profi- Kenntr
Kondition	Basic bis 10 km	Advanced bis 20 km	Expert ab 20 km	
Gefahren	Kursschiffe / Motorboote	Seequerung / Wellen / Wind	Hafen-Einfahrten	

Hinweis: Für SUP kann die Tour geteilt werden: Öhningen – Steckborn – Konsta

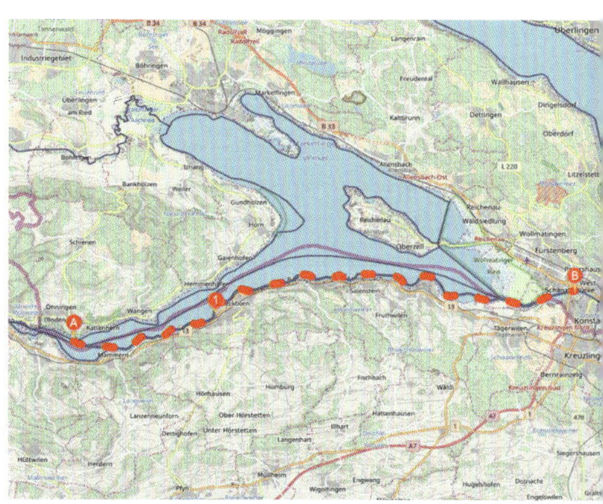

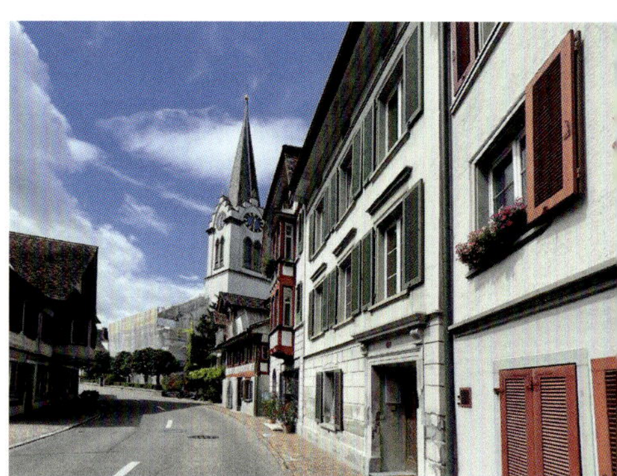

Berlingen, Foto: Matthias Pflüger

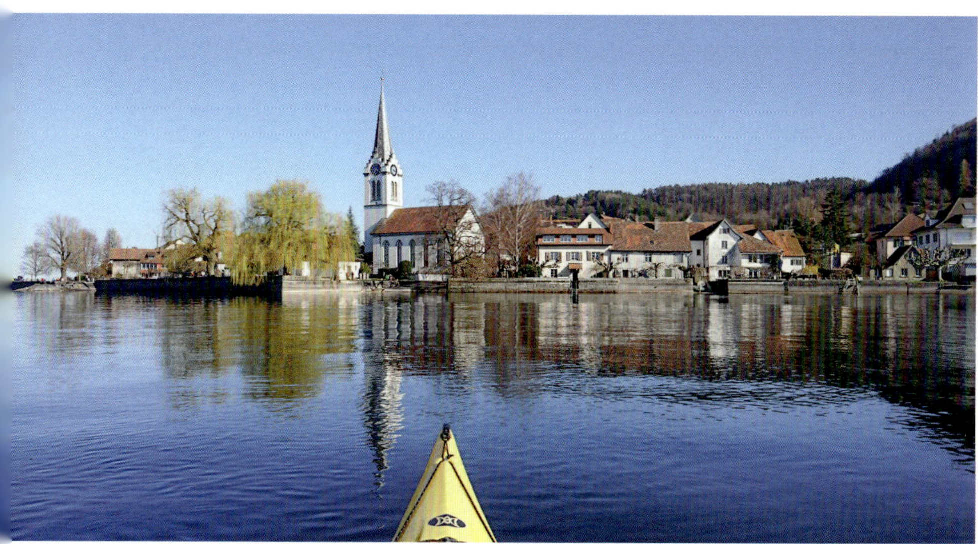

Berlingen, Foto: Verena Blattmann

Oberhalb von Mannenbach und Ermatingen liegt auf einem der schönsten Aussichtspunkte der Bodenseeregion das Schloss Arenenberg mit dem Napoleonmuseum. Das Museum gilt als einziges deutschsprachiges Museum zur Geschichte der Familie Napoleon. Das Schloss nebst schönem Landschaftspark liegt unweit des Seeufers. Napoleons Stieftochter Hortense kaufte das Schloss 1817 und machte es zu ihrem privaten Rückzugsort. Sie wohnte im Schloss Arenenburg mit ihrem Sohn Louis Napoléon, dem späteren letzten Kaiser von Frankreich. Neopléon's Frau, Kaiserin Eugénie vermachte das Schloss im Jahr 1906 dem Kanton Thurgau. Heute beherbergt es neben dem Museum eine Schule für die Thurgauer Landwirtschaft.

An der nächsten großen Landspitze befindet sich der Hafen und Anleger von Ermatingen (Vorsicht Kursschiff!). Ermatingen gehört zu den Orten am See, die Pfahlbauten aus vorchristlicher Zeit nachweisen können. Es wird vermutet, dass die ersten Siedler ca. 3000 v. Chr. hier gelebt haben.

Von Ermatingen aus folgt man der Fahrrinne Richtung Triboltingen, welche zunächst einen weiten Bogen nach rechts macht. Paddelt man auf der linken Seite der Fahrrinne, hat man den Vorteil, entgegenkommende Boote und Schiffe frühzeitig zu sehen und die entstehenden Wellen eher von vorne zu haben; was deutlich einfacher ist, als von schräg hinten. Bei mittlerem und niedrigem Wasserstand (Pegel Konstanz kleiner 3,50 m) ist man gut beraten, sich nahe der Fahrrinne zu halten, da man im

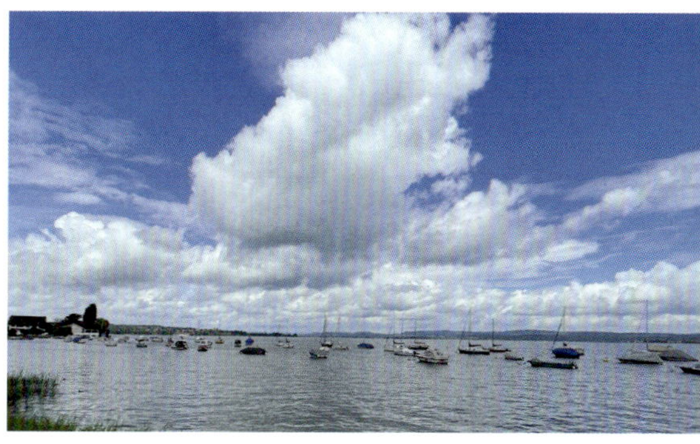

Bei Berlingen, Foto: Matthias Pflüger

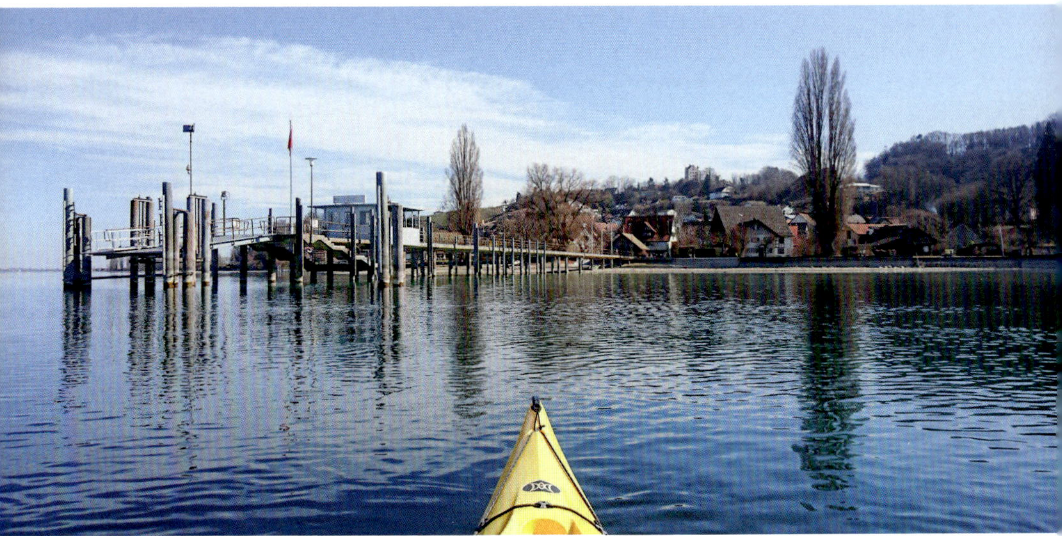

Mannenbach, Foto: Verena Blattmann

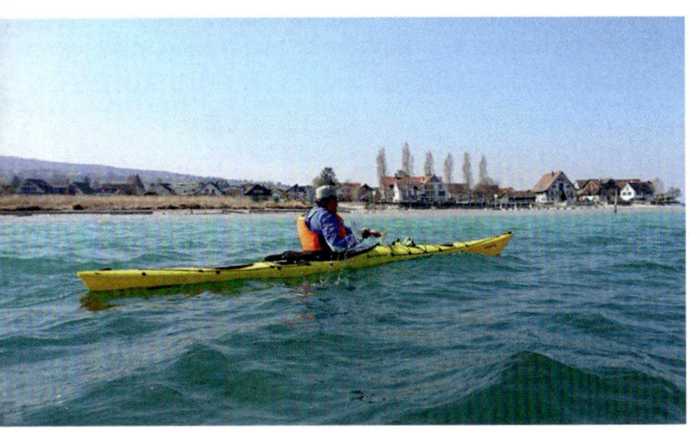

Ermatingen, Foto: Verena Blattmann

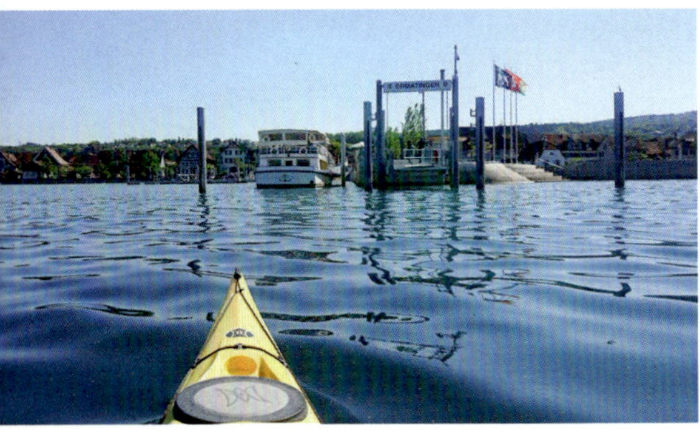

Ermatingen, Foto: Verena Blattmann

flachen Wasser mit Gegenströmung schlecht vorankommt. Im Winter ist dies zudem aus Vogelschutzgründen angebracht, denn viele Zugvögel überwintern am Bodensee und können schon aus großer Distanz durch Paddler aufgescheucht werden können.

Im Sommer ankert links von der Fahrrinne nahe des Naturschutzgebiets Wollmatinger Ried die „Netta", ein Beobachtungsschiff des Nabu. Von hier aus beobachten die Naturschützer vor allem die zahlreichen Vogelarten, die im Wollmatinger Ried leben. Etwa auf der gleichen Höhe rechts am Schweizer Ufer befindet sich Triboltingen. Beim Strandbad besteht die Möglichkeit zum Anlanden, sofern sich nicht zu viele Badegäste dort aufhalten.

Richtung Gottlieben verengt sich der Seerhein und beidseitig zeigen sich ausgedehnte Schilf- und Naturschutzgebiete. Dort brüten zahlreiche Vögel, deshalb hier bitte ausreichend Abstand halten. Eine Pausenmöglichkeit bietet sich auf der rechten Seite im Gottlieber Ried, zwischen Holzbuhne und Krügerwerft oder etwa einen Kilometer später in Gottlieben, alternativ gegenüber auf der deutschen Seite (Station am Rheinufer).

Der Ortskern von Gottlieben sowie das Schloss (im Jahr 1250 als Wasserschloss erbaut) am rechten Ufer sind sehr sehenswert. In Gottlieben legt das zwischen Schaffhausen und Kreuzlingen verkehrende Kursschiff der Unterseeflotte an. Hält man sich auf der linken Seite, kann man diese Gefahr umgehen. Zudem sieht man so die schnelleren Ruderboote, welche nach eigener Konvention stets auf der rechten Seite fahren, frühzeitig kommen.

Nach der Linkskurve des Seerheins sehen wir auf der rechten Seite einige Bootsliegeplätze und das Seerheinbad Zellersguet Tägerwilen. Etwa einen Kilometer später befindet sich ebenfalls auf der rechten Seite die Schweizer Waldschenke Restaurant Kuhhorn.
Anschließend beginnt der „Schwanenhals", wo die Hauptfahrrinne aufgrund der Wassertiefe einen großen Bogen nach rechts macht (siehe auch allg. Bodensee-Hinweise). In diesem Bereich ist die Strömung des Seerheins deutlich spürbar, deshalb von Wiffen Abstand halten. Hier ist es empfehlenswert, sich etwas links nahe der Sommerfahrrinne zu halten, welche relativ geradeaus führt und hauptsächlich von privaten Motorbooten genutzt wird. Jenseits der beiden ausgewiesenen Fahrrinnen gibt es je nach Wasserstand Untiefen und Seegrasfelder.

Nach dem „Schwanenhals" befindet sich auf der rechten Seite das Schänzle-Sportgelände und die Pizzeria Aurielio. Der Ausstieg ist direkt nach der Schänzlebrücke (Neue Rheinbrücke) auf der rechten Seite an der Slipanlage, oder für angemeldete Mitglieder eines Kanu-Verbandes wenige Meter weiter am Steg des Kanu-Club Konstanz.

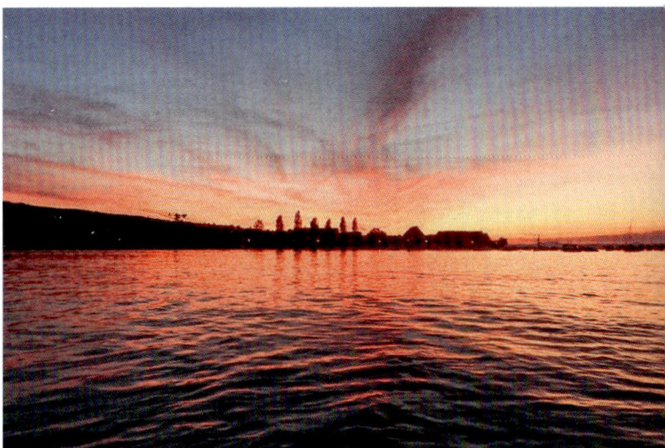

Ermatingen, Foto: Verena Blattmann

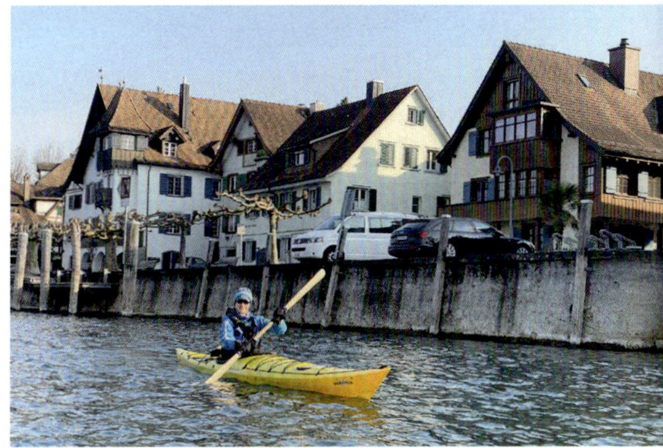

Gottlieben, Foto: Leonhard Sauter

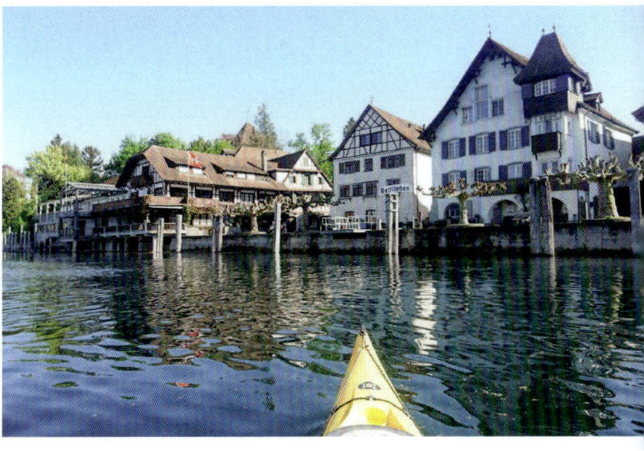

Gottlieben, Foto: Verena Blattmann

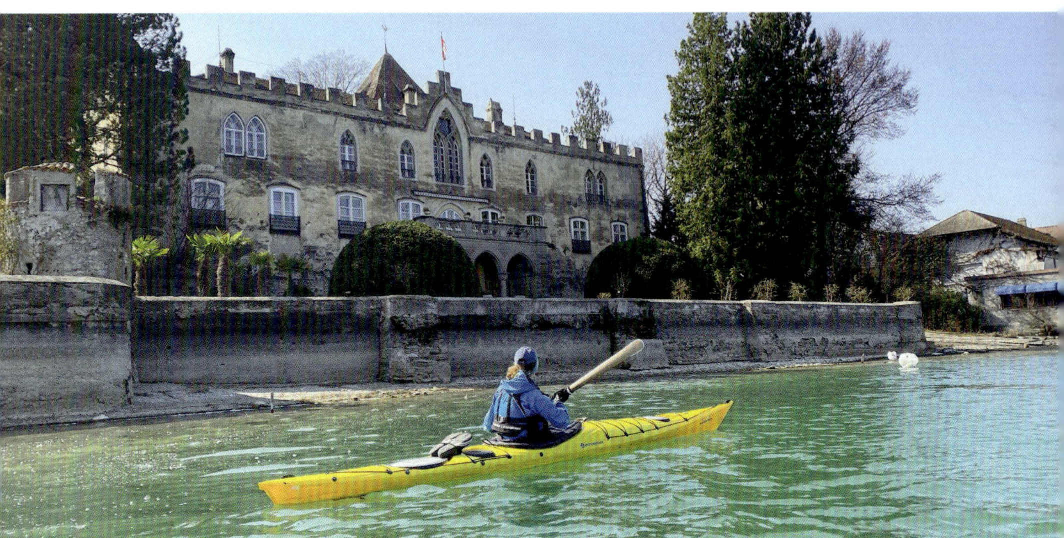

Schloss Gottlieben, Foto: Leonhard Sauter

Wer diese Tour als einzelne Tagestour und nicht im Zusammenhang mit einer Bodenseeumrundung fährt, kann die leichte Strömung nutzen, um etwas kräftesparender unterwegs zu sein und in die Gegenrichtung von Konstanz nach Öhningen fahren. Weht ein kräftiger Westwind (Hauptwindrichtung), macht dies den Effekt des Strömungsvorteils allerdings zunichte.

Text: Verena Blattmann, Matthias Pflüger

ADRESSEN UND INFOS

ÖPNV:

Mit dem Zug Richtung Schaffhausen von Konstanz aus.
Alternativ mit dem Kursschiff Konstanz – Öhningen – Schaffhausen.

Gastronomie

Öhningen

- Hotel Gasthaus Adler

www.adlerrestaurant.de

Steckborn

- Restaurant Schiffländi

+41-52-7613696

- US-MEX Terraza Steckborn

www.usmex.ch

Berlingen

- Restaurant zum Schiff

www.restaurantzumschiff.ch

Konstanz

- Aurelio

www.aurelio-konstanz.de

- Das Vogelhaus

www.das-voglhaus.de

- Good Rice zum Elefanten

www.goodrice-restaurant.de

- Il Boccone

www.ilboccone.de

Unterkunft:

Öhningen

- Hotel Gasthaus Adler

www.adlerrestaurant.de

- Camping Wangen
www.camping-wangen.de

Steckborn
- Strandbad/Herberge/Camping/Zeltplatz
www.strandbad-steckborn.ch
- Campingplatz Glarisegg
www.gocamping.ch
- See&Park Hotel Feldbach
www.hotel-feldbach.ch

Konstanz
- Kanu-Club Konstanz
(Für Mitglieder in einem Kanu-Verband)
Kanu-Club Konstanz
Wintererssteig 15-17, 78462 Konstanz
www.kanu-club-konstanz.de
- ibis Hotel Konstanz
Benediktinerpl. 9, 78467 Konstanz
www.ibis-konstanz.de

- HARBR. hotel Konstanz
Hans-Sauerbruch-Straße 2, 78467 Konstanz
https://harbr.de/de/
- Jugendherberge Konstanz
Zur Allmannshöhe 16, 78464 Konstanz
https://www.jugendherberge.de/

Sehenswürdigkeiten:

Stein am Rhein
- Stadt Stein am Rhein
www.steinamrhein.ch
- Burg Hohenklingen
www.burghohenklingen.com

Salenstein
- Napoleon Museum Arenenberg
www.napoleonmuseum.tg.ch

Konstanz
- Imperia, Hafen Konstanz
Stadt Konstanz
www.konstanz-info.com

Insel Mainau
www.mainau.de

Insel Reichenau
- UNESCO-Weltkulturerbe
www.reichenau.de

Alternativen:

Schaffhausen
- Rheinfall
www.rheinfall.ch

Konstanz
- Bodensee-Therme Konstanz
www.therme-konstanz.de
- SEA LIFE Konstanz
www.visitsealife.de

Kanu- + SUP-Vermietung:

Radolfzell-Markelfingen
- Bodensee-Kanu-Tours
www.bodensee-kanu-tours.de

Konstanz
- Paddelprofi
www.paddelprofi.de

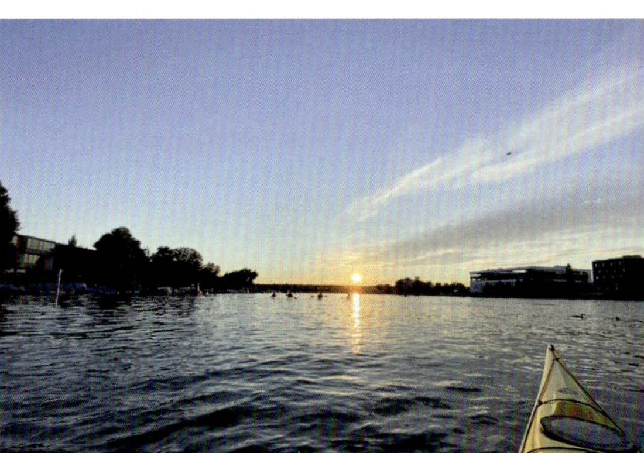

Konstanz, Foto: Leonhard Sauter

Tour 14: Bodensee Mitte - Konstanz – Staad - Egg – Mainau – Konstanz (22 km)

Mitglieder eines Kanu-Verbandes können am Steg des Kanu-Club Konstanz starten (für Zugang bitte anmelden), alternativ an der Slipanlage 50 m flussabwärts.

Wir starten und bleiben auf der rechten Seite des Seerheins und paddeln in Richtung Alte Rheinbrücke. Im Sommer bei hohem Wasserstand und viel Bootsverkehr ist das Wasser im Bereich der alten Rheinbrücke etwas kabbelig (Spritzdecke empfohlen!). Für die Durchfahrt unter der Brücke bitte unbedingt das in Fahrtrichtung gesehen rechte Tor durchfahren (siehe auch allg. Infos).

Anschließend halten wir uns am besten noch etwas rechts von der Fahrrinne. Bei hohem Wasserstand im Sommer kann man die Fahrrinne queren, sobald man ausreichend Sicht in beide Richtungen hat und sicher ist, dass kein Motorboot oder Kursschiff kommt. Im Winter ist wenig Bootsverkehr und man hält sich aufgrund des relativ niedrigen Wasserstands näher an der Fahrrinne. Der Grund hierfür ist, dass man bei der Strömung in flacherem Wasser schlechter gegen die Strömung ankommt.

Zudem rasten links der Fahrrinne Richtung Seestraße im Herbst/Winter oft Vögel. Dieses Gebiet sollte weitläufig umfahren werden, um die Wintergäste nicht aufzuschrecken. Wir empfehlen daher, in der kalten Jahreszeit auf den „Frauenpfahl“ kurz vor dem Konstanzer Hafen zuzuhalten (hier wurden im Mittelalter Frauen durch Ertränken hingerichtet). Der Frauenpfahl ist an einer weißen Kugel auf dem Holzpfahl zu erkennen. Anschließend nahe der Seezeichenreihe weiterpaddeln. Im Sommer kann man auch ufernah entlang der Seestraße, vorbei am Yachthafen Konstanz Richtung Steg Jakob paddeln.

Vorsicht ist oberhalb des Yachthafens sowie am Steg Jakob nahe der Therme geboten, denn hier hält das Rundfahrt-Fahrgastschiff, das mitunter rasch und unerwartet auftauchen kann. Bei nicht zu hohem Wasserstand kann diese Gefahr umgangen werden, indem man unter dem Steg Jakob durchpaddelt. Direkt hinter dem Steg beginnt die Badezone. Deshalb relativ rechts halten, um nicht in diese Zone einzufahren.

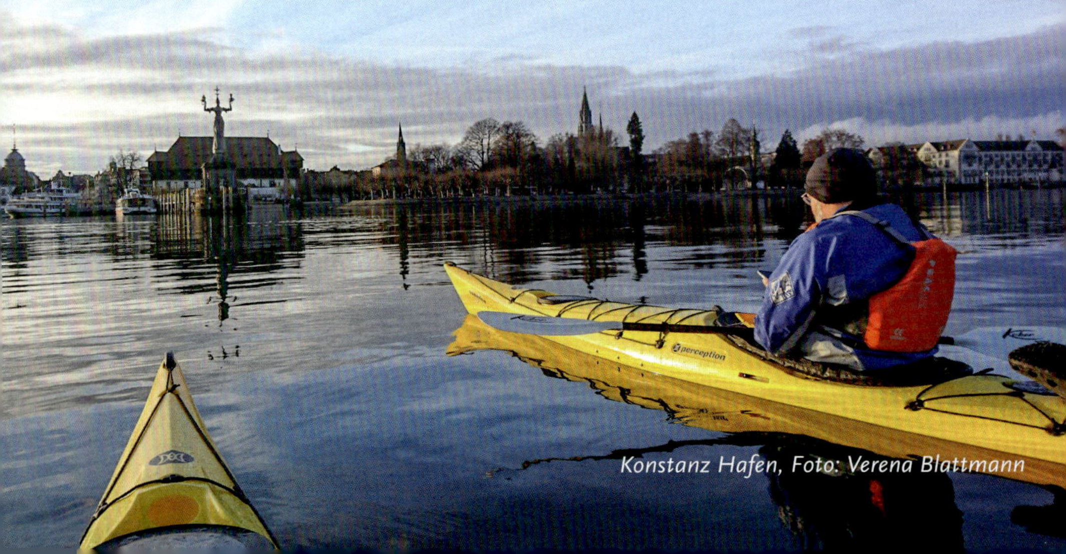

Konstanz Hafen, Foto: Verena Blattmann

Tourensteckbrief

Länge der Tour gesamt: 22 km
Tour-Teil 1: Konstanz – Staad (Campingplatz Bruderhofer) und zurück: 12 km
Tour-Teil 2: Staad (Campingplatz Bruderhofer) – Mainau und zurück: 10 km

Start:
Für Mitglieder in einem Kanu-Verband:
Kanu-Club Konstanz
Wintererssteig 15-17, 78462 Konstanz
47°40'09"N 9°09'51"E
47.669351, 9.164241

Allgemeiner Einstieg:
Slipanlage
Wintererssteig 19, 78462 Konstanz
47°40'09"N 9°09'48"E
47.669351, 9.163509

Start / Ziel 2: (für SUP'ler mit verkürzter Tour-Möglichkeit)

Campingplatz Bruderhofer
Fohrenbühlweg 50, 78464 Konstanz
www.camping-konstanz.de
47°40'28"N 9°12'40"E
47.674477, 9.211373

Gesamtanspruch: leicht / mittel / schwer

SUP

Kategorie	SUP Touring	
Boards	iSUP 10'- 14'	Hardboard
Finne	Touring - Finne	Seegras - Finne
Sicherheit	Leash	Schwimmweste

Alle Bootsgattungen

Ausrüstung	Neopren oder	Trockenanzug	im Winter	
Können: Technik + Sicherheit	Basic Einsteiger	Advanced Fortgeschrittene	Expert Semi-Profi	
Schwierigkeit	Leicht Grund-kenntnisse Paddeln	Mittel Fortgeschrittenen-kenntnisse Paddeln	Schwer Semiprofes-sionelle Kenntnisse Paddeln	Ambitioniert Profi-Kenntnisse
Kondition	Basic bis 10 km	Advanced bis 20 km	Expert ab 20 km	
Gefahren	Kursschiffe / Motorboote	Seequerung / Wellen / Wind	Hafen-Einfahrten	

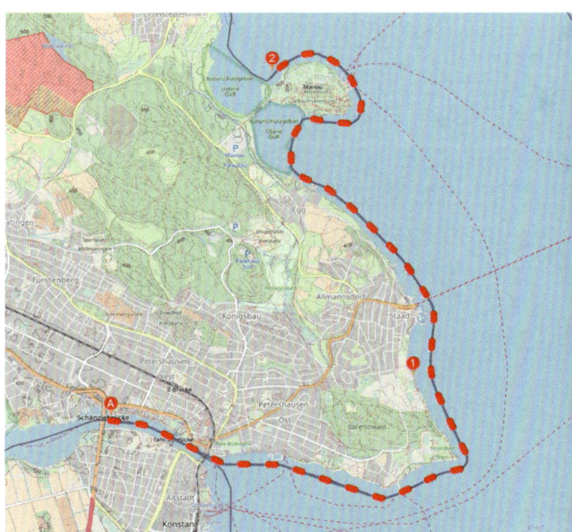

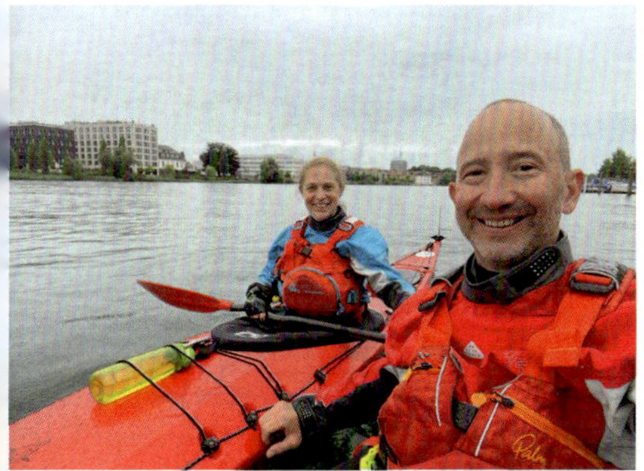
Konstanz Yachthafen, Foto: Matthias Pflüger

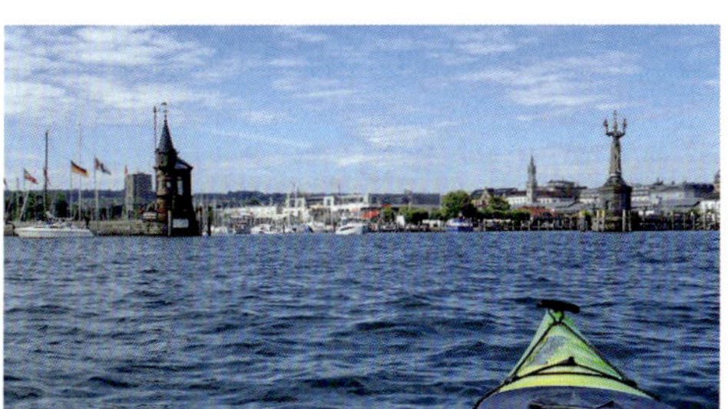
Konstanz, Foto: Kanu-Club Laiz

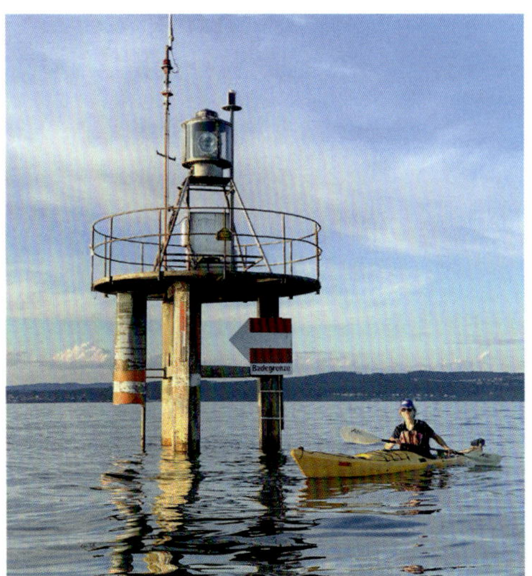

Hörnle Leuchtfeuer, Foto: Leonhard Sauter

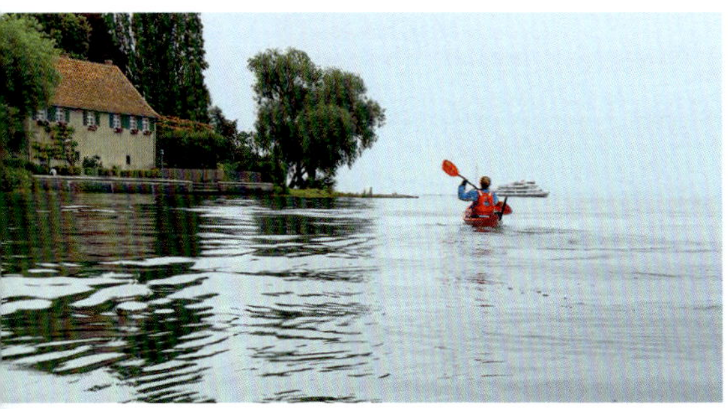

Konstanz Richtung Therme, Foto: Matthias Pflüger

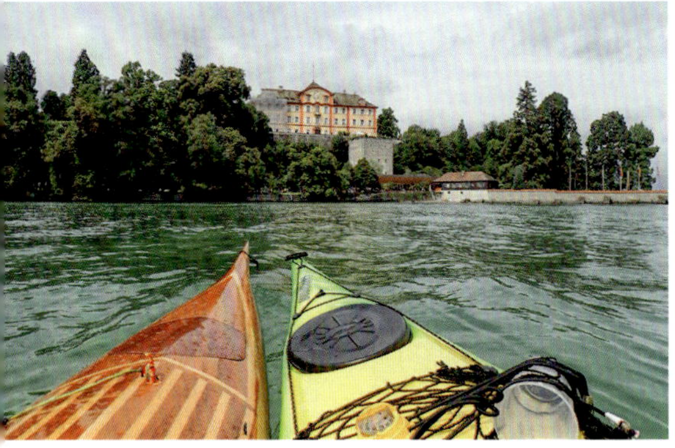

Mainau, Foto: Kanu-Club Laiz

Wir paddeln weiter Richtung Hörnle Leuchtfeuer. In diesem Bereich sind Wind und Wellen am stärksten. In der warmen Jahreszeit ist man gut beraten, sich knapp außerhalb der Badezonengrenze zu halten, da einige Kursschifflinien nahe am Hörnle vorbeiführen. Ein Einfahren in die Badezone ist ganzjährig verboten und wird mitunter auch geahndet.

Vom Hörnle aus paddeln wir weiter Richtung Fährhafen bei Staad. Nach dem Strandbad bietet sich eine gute Gelegenheit, in der Bucht bis zum Hafen Staad beim Campingplatz Bruderhofer (der DKV-Campingplatz wurde von Bruderhofer übernommen) anzulanden und zu pausieren.
Wem die Gesamttour zu lang erscheint, kann von hier aus auch mit dem SUP starten und wieder enden.

Beim Queren des Fährhafens sind unbedingt die allgemeinen Hinweise zu beachten. Wer sich im Kabbelwasser unwohl fühlt, sollte etwas Abstand zu Hafenmauern halten, da hier die Wellen reflektiert werden. Vorsicht ist auch geboten bei starken Strömungen und Wirbeln, die von Fähren verursacht werden.

Nach dem Fährhafen passieren wir ein Bojenfeld und sehen links am Hang die Brauerei Ruppaner. Neben dem dazugehörigen Steg kann man für eine Einkehr anlanden.

Richtung Egg halten wir uns weiter links am Ufer. Vorbei an einigen privaten Gärten kommen wir schließlich zu einem Yachthafen. Dahinter liegen ein kleiner Strand und der Steg des Wassersportgeländes der Universität Konstanz. Unmittelbar danach beginnt das Naturschutzgebiet Obere Güll, welches wir an den Rot-Weiß-Roten Tonnen bzw. den dreieckigen Hinweisschildern erkennen. Hier gilt ein ganzjähriges Befahrungsverbot.

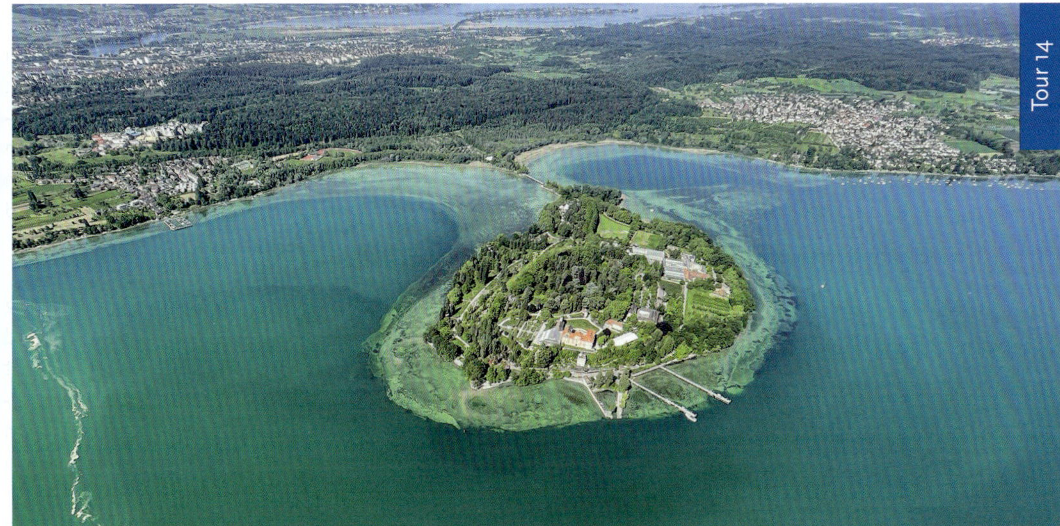

Luftbild Mainau, Foto: Matthias Pflüger

An der Begrenzung entlang paddeln wir Richtung Mainau. Aus dieser Perspektive ist auf der Mainau die italienische Blumen-Wassertreppe zu erkennen. Besonders im Winter bei Niedrigwasser sollten wir den Landzipfel der Mainau mit dem Seezeichen 17 weiträumig umfahren, um Grundberührungen zu vermeiden.

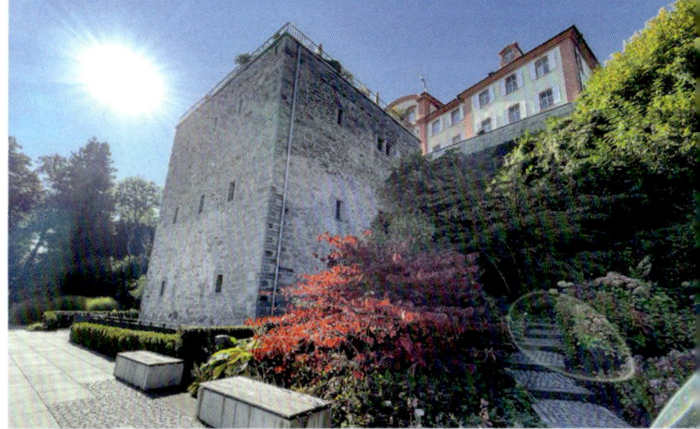

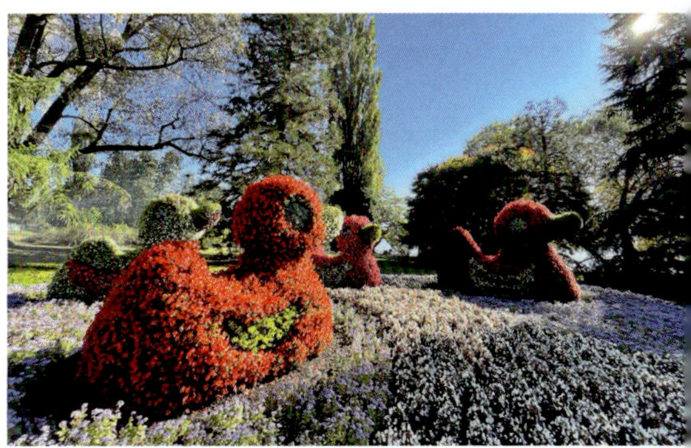

Mainau, Fotos: Matthias Pflüger

Kurz vor dem alten Hafen haben wir eine gute Sicht auf das Schloss Mainau. An den Anlegern der Insel Mainau herrscht in der Saison reger Schiffsverkehr. Meist landen mehrere Kursschiffe kurz nacheinander aus verschiedenen Richtungen an. Je nach Wasserstand besteht die Möglichkeit, unter den Stegen durchzupaddeln, um den Schiffen auszuweichen. Vorsicht vor den durch die Schiffe verursachten Strömungen und Wellen.

Nach Passieren der Schiffsanleger bietet sich ein schöner Blick auf Litzelstetten, welches sich links am Ufer hinter der Mainau befindet. Am gegenüberliegenden Ufer kann man bei gutem Wetter Unteruhldingen mit den Pfahl-

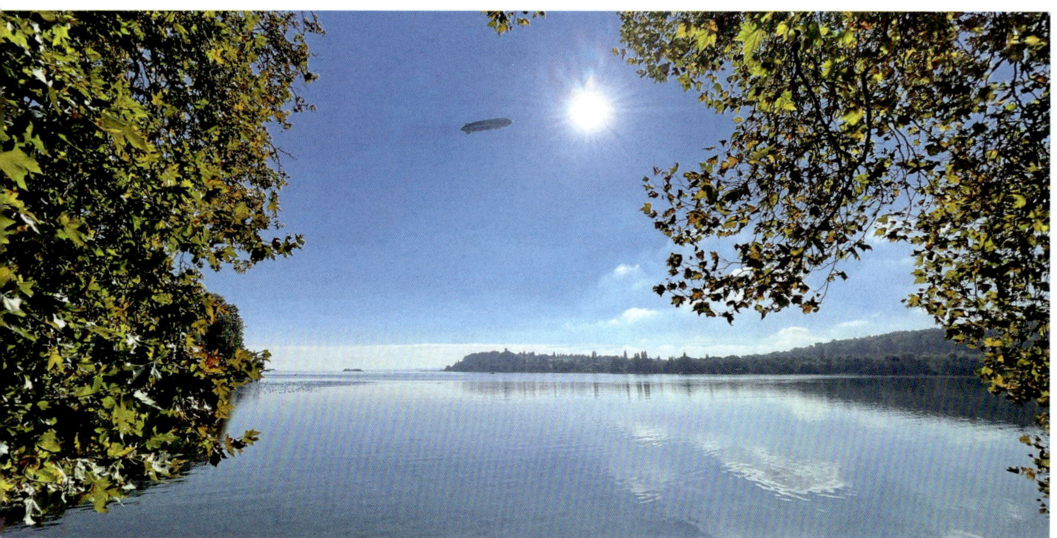

Mainau, Foto: Matthias Pflüger

bauten links des Ortes erkennen. In westlicher Richtung sind das Kloster Birnau und die Stadt Überlingen zu sehen.

Entlang der Insel Mainau können wir noch ein Stück weiter Richtung Litzelstetten fahren. Zu den privaten Gärten und Anlegern halten wir etwas Abstand. Dahinter beginnt dann das Schilf- und Naturschutzgebiet. Auf die Rot-Weiß-Roten Tonnen ist zu achten, welche sich weiter draußen Richtung Litzelstetten befinden, um nicht versehentlich in das Naturschutzgebiet Untere Güll einzufahren. Am Beginn des Schilfgebiets kann eine kurze Pause im Boot gemacht werden. Von hier aus lassen sich je nach Jahreszeit verschiedene Tiere beobachten. Häufig sind auch Singvögel zu hören. Anlanden und Umrunden der Insel Mainau ist grundsätzlich nicht erlaubt. Bei gutem Wetter im Sommer ankern vor dem Naturschutzgebiet dutzende Motorboote.

Nach einer kurzen Pause im Boot fahren wir wieder zurück Richtung Schiffsanleger. Vom alten Hafen aus können wir bei gutem Wetter und wenig Wind direkt auf die Fähre Staad zuhalten.

Die Brauerei Ruppaner und das Bojenfeld lassen wir rechts liegen. Wir queren die Fährlinie wieder hafennah und achten auf ein- und auslaufende Schiffe. Direkt hinter dem Hafen der Autofähre befinden sich zwei Ausfahrten von Sportboothäfen (ein- und ausfahrende Boote haben unter Motor Vorfahrt, siehe auch allg. Hinweise). Im Bereich der Hafenmauer ist die Wellenhöhe deutlich größer als sonst. Hier ist etwas Abstand zur Mauer, an der die Wellen reflektiert werden, zu empfehlen.

Nachdem wir den Hafen hinter uns gelassen haben, orientieren wir uns an den Pfählen bzw. den Seezeichen. Die Bucht kann zum Anlanden genutzt werden. SUP'ler mit der verkürzten Tour steigen hier wieder aus. Ansonsten sind wir gut beraten, nicht zu dicht am Ufer zu fahren, im Sommer wegen der Badegäste und im Winter wegen der Wassertiefe.
Schließlich halten wir auf die Begrenzung der

Badezone bzw. das Leuchtfeuer am Hörnle zu. Vom Hörnle Leuchtfeuer aus paddeln wir, wie auf dem Hinweg, am Steg Jakob vorbei oder darunter durch und anschließend an der Pfahlreihe (im Winter) oder der Seestraße entlang. Wir passieren das Inselhotel und paddeln durch das linke Tor der Alten Rheinbrücke. Wer ein paar stehende Wellen mitnehmen mag, kann bei wenig Bootsverkehr auch das rechte oder mittlere Tor nehmen.

Die Tour endet wieder am Startpunkt kurz vor der Schänzlebrücke am Kanu-Club Konstanz oder bei der Slipanlage.

Text: Verena Blattmann

ADRESSEN UND INFOS

Gastronomie

Konstanz

- Restaurant Hohenegg
  www.restaurant-hohenegg.de
- Das Voglhaus
  www.das-voglhaus.de
- Good Rice zum Elefanten
  www.goodrice-restaurant.de
- Il Boccone
  www.ilboccone.de

Unterkunft:

- Kanu-Club Konstanz
  (Für Mitglieder in einem Kanu-Verband)
  Winterersteig 15-17, 78462 Konstanz
  www.kanu-club-konstanz.de
- Campingplatz Bruderhof
  Fohrenbühlweg 50, 78464 Konstanz
  www.campingplatz-konstanz.de
- ibis Hotel Konstanz
  Benediktinerplatz 9, 78467 Konstanz
  www.ibis-konstanz.de
- HARBR. hotel Konstanz
  Hans-Sauerbruch-Straße 2, 78467 Konstanz
  https://harbr.de/de/
- Jugendherberge Konstanz
  Zur Allmannshöhe 16, 78464 Konstanz
  www.jugendherberge.de/

Sehenswürdigkeiten:

Konstanz

- Imperia, Hafen Konstanz
  Stadt Konstanz
  www.konstanz-info.com
- Insel Mainau
  www.mainau.de
- Insel Reichenau
  www.reichenau.de

Alternativen:

Konstanz

- Bodensee-Therme Konstanz
  www.therme-konstanz.de
- SEA LIFE Konstanz
  www.visitsealife.de

Kanu-Vermietung:

- Paddelprofi Konstanz
  www.paddelprofi.de

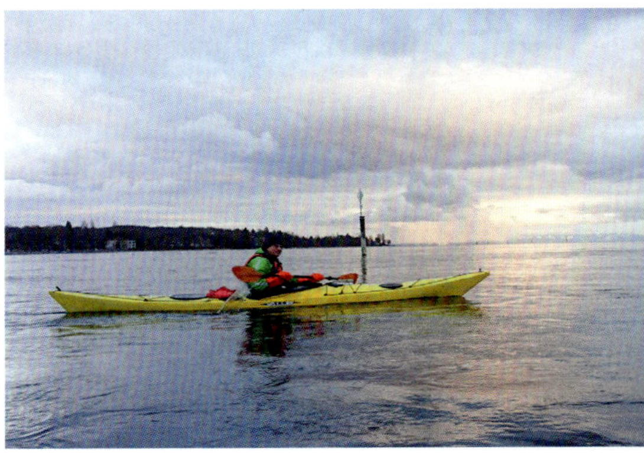

Konstanz vor Inselhotel, Foto: Verena Blattmann

Tour 15: Bodensee Mitte / Überlinger See

Konstanz – Mainau – Unteruhldingen – Meersburg – Konstanz (22-26 km)

Mitglieder in einem Kanu-Verband können am Steg des Kanu-Club Konstanz starten (für Zugang bitte anmelden), alternativ an der Slipanlage 50 m flussabwärts.

Wir starten und bleiben auf der rechten Seite des Seerheins und paddeln in Richtung Alte Rheinbrücke. Im Sommer bei hohem Wasserstand und viel Bootsverkehr ist das Wasser im Bereich der alten Rheinbrücke etwas kabbelig (Spritzdecke empfohlen!). Für die Durchfahrt unter der Brücke das in Fahrtrichtung gesehen rechte Tor durchfahren (siehe auch allg. Infos).

Anschließend halten wir uns am besten noch etwas rechts von der Fahrrinne. Bei hohem Wasserstand im Sommer kann man die Fahrrinne queren, sobald man ausreichend Sicht in beide Richtungen hat und sicher ist, dass kein Motorboot oder Kursschiff kommt. Im Winter ist wenig Bootsverkehr und man hält sich aufgrund des relativ niedrigen Wasserstands näher an der Fahrrinne, da man bei der Strömung in flacherem Wasser schlechter gegen die Strömung ankommt.
Zudem rasten links der Fahrrinne Richtung Seestraße im Herbst/Winter oft Vögel. Dieses Gebiet sollte weitläufig umfahren werden, um die Wintergäste nicht aufzuschrecken. Wir empfehlen daher, in der kalten Jahreszeit auf den „Frauenpfahl" kurz vor dem Konstanzer Hafen zuzuhalten (hier wurden im Mittelalter Frauen durch Ertränken hingerichtet). Der Frauenpfahl ist an einer weißen Kugel auf dem Holzpfahl zu erkennen. Anschließend nahe der Seezeichenreihe weiterpaddeln. Im Sommer kann man auch Ufer nah entlang der Seestraße, vorbei am Yachthafen Konstanz Richtung Steg Jakob paddeln.

Vorsicht gilt oberhalb des Yachthafens sowie am Steg Jakob nahe der Therme geboten, denn hier hält das Rundfahrt-Fahrgastschiff, das mitunter rasch und unerwartet auftauchen kann.

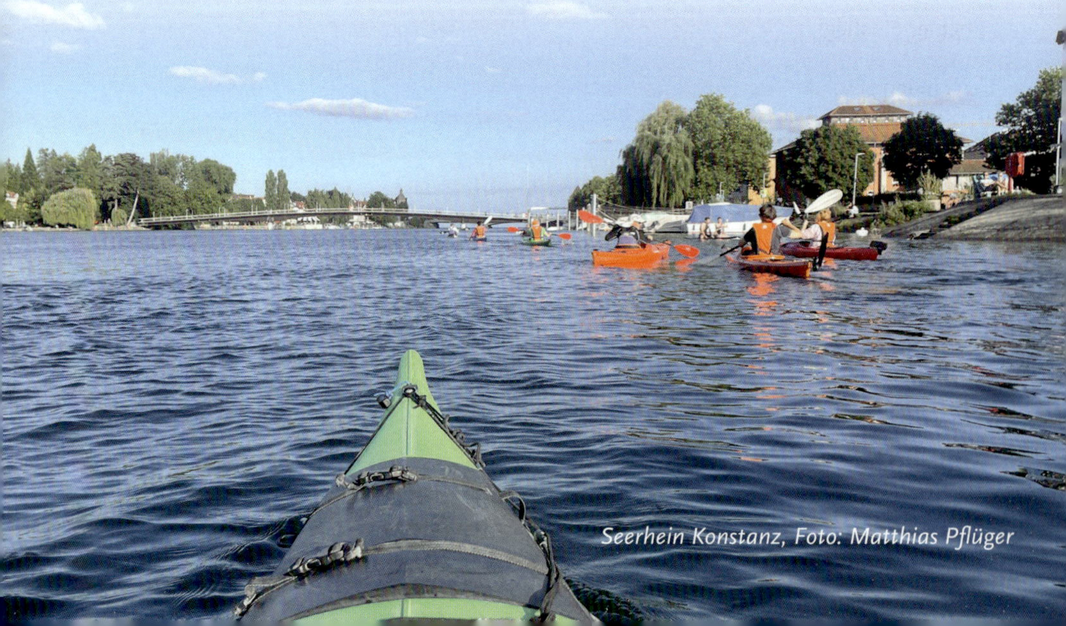

Seerhein Konstanz, Foto: Matthias Pflüger

Tourensteckbrief

Länge der Tour gesamt: 26 km
Teil-Strecke 1: Konstanz – Mainau: 11 km
Teil-Strecke 2: Mainau – Unteruhldingen: 2,5 km muss gepaddelt werden
Teil-Strecke 3: Unteruhldingen – Meersburg: 4,5 km
Teil-Strecke 4: Meersburg – Staad (Querung per Fähre): 4 km (kann per Fähre gequert werden)
Teil-Strecke 5: Staad – Konstanz: 6 km
Teil-Strecke 6: Meersburg - Konstanz direkt gequert: 8 km
Teil-Strecke 7: mit Fähr-Querung Meersburg-KN: 22 km

Start / Ziel:
Für Mitglieder in einem Kanu-Verband:
Kanu-Club Konstanz
Winterersteig 15-17, 78462 Konstanz
47°40'09"N 9°09'51"E
47.669351, 9.164241

Allgemeiner Einstieg:
Slipanlage
Winterersteig 19, 78462 Konstanz
47°40'09"N 9°09'48"E
47.669351, 9.163509

Etappen-Ziel:
Strand Meersburg
Unteruhldinger Straße 10,
88709 Meersburg
47°41'49"N 9°15'41"E
47.697166, 9.261320

Nähe Fähre Staad /
Segelhafen Slipanlage
Fischerstraße, 78464 Konstanz
47°40'51"N 9°12'40"E
47.681208, 9.211765

Gesamtanspruch: leicht / mittel / schwer

SUP

Kategorie	SUP Touring	
Boards	iSUP 10'- 14'	Hardboard
Finne	Touring - Finne	Seegras - Finne
Sicherheit	Leash	Schwimmweste

Alle Bootsgattungen

Ausrüstung	Neopren oder	Trockenanzug	im Winter	
Können: Technik + Sicherheit	**Basic** Einsteiger	**Advanced** Fortgeschrittene	**Expert** Semi-Profi	
Schwierigkeit	**Leicht** Grund-kenntnisse Paddeln	**Mittel** Fortgeschrittenen-kenntnisse Paddeln	**Anspruchsvoll** Semiprofes-sionelle Kenntnisse Paddeln	**Ambitioniert** Profi-Kenntnisse
Kondition	**Basic** bis 10 km	**Advanced** bis 20 km	**Expert** ab 20 km	
Gefahren	Wehr / Schleusen	Kursschiffe / Motorboote	Schwälle / Walzen	Seequerung / Wellen / Wind / Verblockung

Hinweis: 2 km Seequerungen!
Mainau - Unteruhldingen 2-3 km, Meersburg - Konstanz (Hörnle) 6 km.
Die Strecke Meersburg - Konstanz per Fähre reduziert sich um die Querung von 5,5 km.
Allerdings kommen 2 km für die Strecke Fähre - Hörnle hinzu.

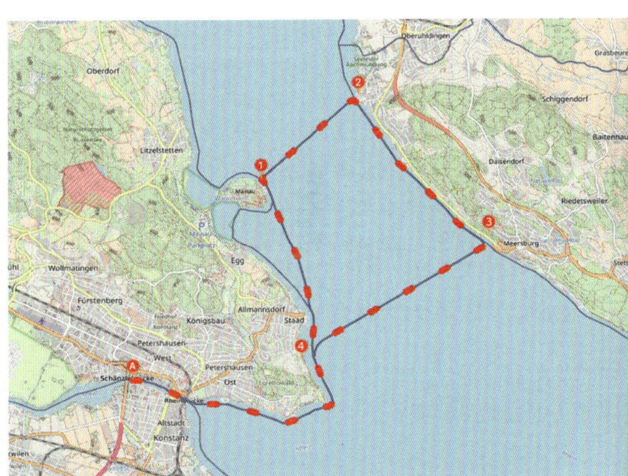

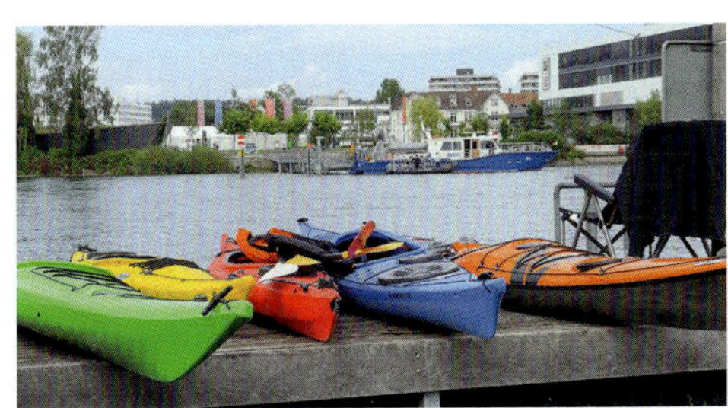

KC Konstanz, Foto: Matthias Pflüger

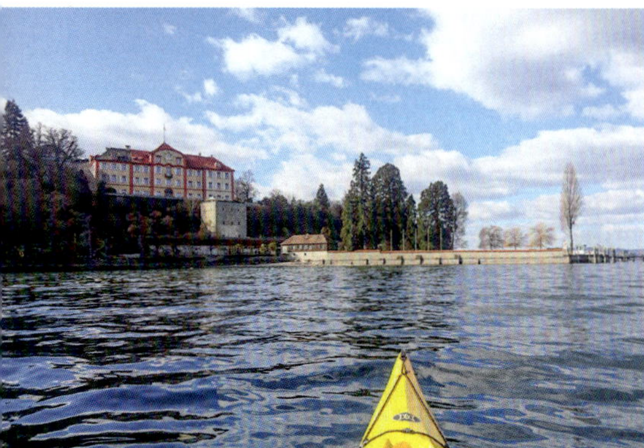

Mainau, Foto: Verena Blattmann

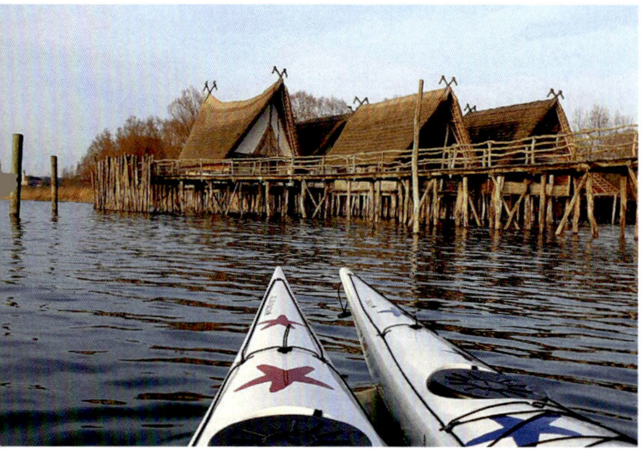

Pfahlbauten, Foto: Kanu-Club Laiz

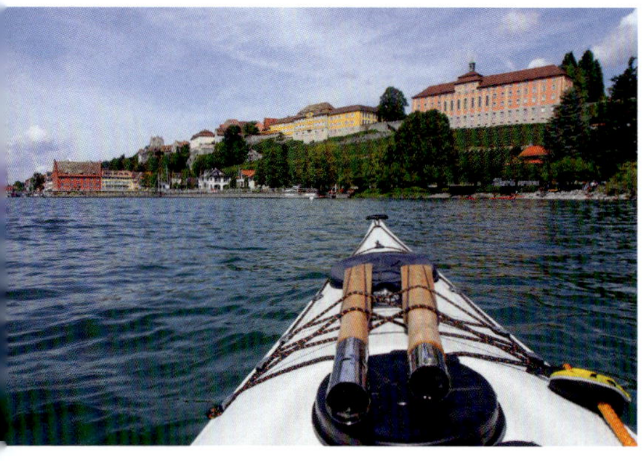

Meersburg, Foto: Lucia Tyborski

Bei nicht zu hohem Wasserstand kann diese Gefahr umgangen werden, indem man unter dem Steg Jakob durchpaddelt. Direkt hinter dem Steg beginnt die Badezone. Deshalb relativ rechts halten, um nicht in diese Zone einzufahren.

Wir paddeln weiter Richtung Hörnle Leuchtfeuer. In diesem Bereich sind Wind und Wellen am stärksten. In der warmen Jahreszeit ist man gut beraten, sich knapp außerhalb der Badezonengrenze zu halten, da einige Kursschifflinien nahe am Hörnle vorbeiführen. Ein Einfahren in die Badezone ist ganzjährig verboten und wird mitunter auch geahndet.

Vom Hörnle aus paddeln wir weiter Richtung Fährhafen bei Staad. Nach dem Strandbad bietet sich eine gute Gelegenheit, in der Bucht bis zum Hafen Staad beim Campingplatz Bruderhofer (der DKV-Campingplatz wurde von Bruderhofer übernommen) anzulanden und zu pausieren.

Beim Queren des Fährhafens sind unbedingt die allgemeinen Hinweise zu beachten. Wer sich im Kabbelwasser unwohl fühlt, sollte etwas Abstand zu Hafenmauern halten, da hier die Wellen reflektiert werden. Vorsicht ist auch geboten bei dem durch Fähren verursachten Wellenschlag.

Nach dem Kreuzen der Fährlinie halten wir direkt auf den Hafen der Insel Mainau zu, dieser ist gut an einem alleinstehenden Baum zu erkennen. Im Winter sollte man rechts am Seezeichen kurz vor dem Hafen vorbeifahren, da sich nahe der Insel eine Flachwasserzone befindet. In der Saison herrscht an der Mainau reger Schiffsverkehr. Meist landen mehrere Linienschiffe kurz nacheinander an. Wichtig ist, zuerst den Hafen der Mainau zu queren und erst dann die Seequerung zu beginnen. Je nach Wasser-

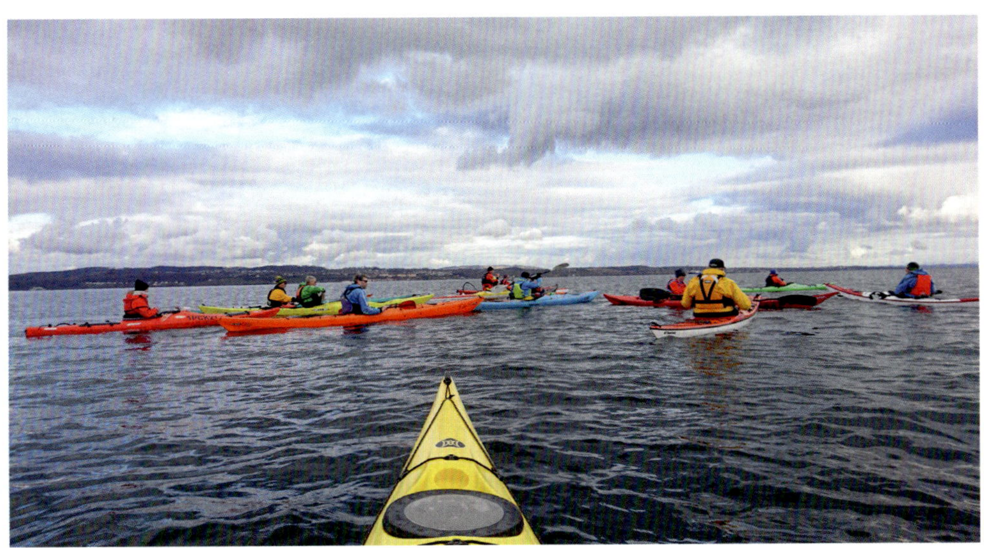

Vor Mainau, Foto: Verena Blattmann

stand kann man auch unter den Anlegern der Mainau durchpaddeln. Anlanden und Umrunden der Insel Mainau ist ganzjährig verboten.

Nach Passieren des Hafens, peilen wir die Pfahlbauten von Unteruhldingen an, die links von der Stadt zu erkennen sind. Auch auf dieser Strecke verkehren Kursschiffe. Diesen weichen wir aus, in dem wir uns etwas weiter links mit genügend Abstand zum Schiffsverkehr bewegen. Die Distanz der Seequerung beträgt ca. drei Kilometer.

Links von den Pfahlbauten erstreckt sich ein Naturschutzgebiet, rechts davon liegt das Strandbad. Unmittelbar rechts neben der Badezone befindet sich die Einfahrt des kleinen Hafens von Unteruhldingen. Hier bietet sich die Möglichkeit neben den Fischerbooten anzulanden (Slipanlage beim Ablegen der Boote freihalten). Durch den angrenzenden Park sind es nur wenige Meter zu Einkehrmöglichkeiten (Kiosk, Eis, Restaurant).

Von Unteruhldingen aus führt uns der Weg an einigen privaten Häusern und Anwesen vorbei weiter Richtung Meersburg. Kurz vor Meersburg erstreckt sich ein öffentlicher Strand, der bei nicht zu starkem Wellengang zu einer (Bade-)Pause einlädt.

Bei der Querung der Fähre Meersburg-Staad sind die allgemeinen Hinweise zu beachten. Hinter dem Fährhafen befindet sich der malerische Stadtkern von Meersburg. Die Burg Meersburg ist die älteste, bewohnte Burg Deutschlands von 628. Um die Aussicht vom

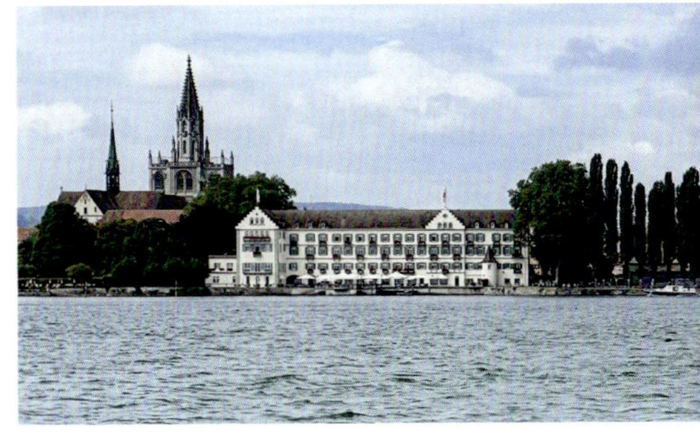

Konstanz Inselhotel, Foto: Matthias Pflüger

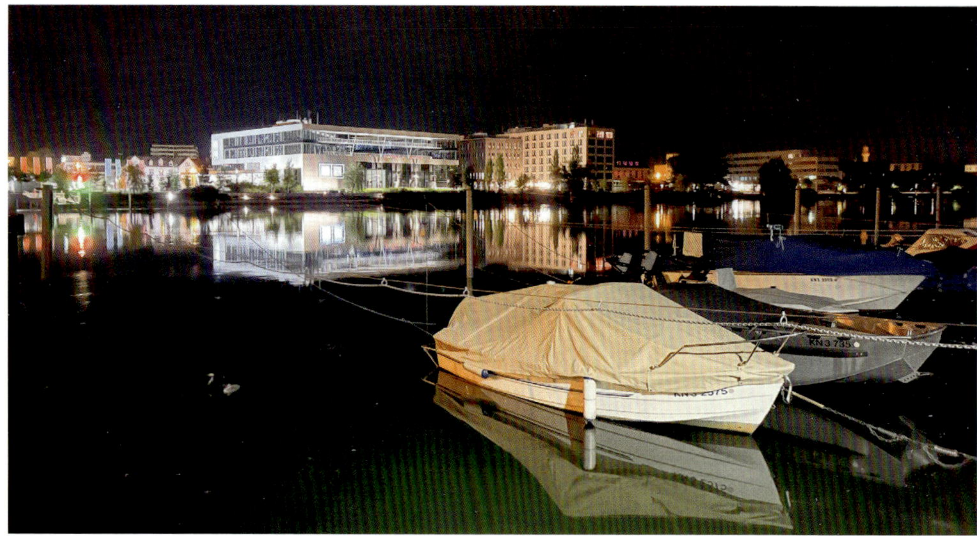

Konstanz Seerhein, Foto: Matthias Pflüger

Wasser auf die Burg voll auszukosten, paddeln wir weiter bis zum Hafen (Kursschiffe beachten). Zwischen Hafeneinfahrt und Strandbad befindet sich ein kleiner Parkabschnitt, in dem je nach Wasserstand mehr oder weniger gut angelandet werden kann, falls vor der sechs Kilometer langen Querung zurück zum Hörnle in Konstanz noch eine Pause eingelegt werden will.

Am Hafen Meersburg steht die „Magische Säule" bzw. „magisches Varieté" des Bildhauers Peter Lenk aus Bodman. Sie bildet bekannte Persönlichkeiten der Meersburger Stadtgeschichte ab.
Meersburg, ein weiterer Touristen-HotSpot am See, ist zumindest im Sommer immer überlaufen. Wer noch nie hier war, sollte sich die Stadt unbedingt anschauen. Die beste Zeit dafür ist außerhalb der Ferien und Hauptreisezeiten.

Sofern man nicht anlanden will, muss der Hafen nicht unbedingt gequert werden. Das Hörnle an der gut sechs Kilometer entfernten Landspitze bei Konstanz ist gut zu erkennen und dient als Orientierungspunkt. Aus geringerer Entfernung ist dann auch das Leuchtfeuer zu erkennen, auf das wir direkt zu halten. Auch hier Vorsicht vor Kursschiffen und erhöhtem Bootsverkehr unmittelbar vor der Badezone.

Wer sich die zweite Seequerung von ca. sechs Kilometer sparen und Kräfte schonen will, oder weil die Wetterlage die Passage schwierig macht, kann auch die Fähre Meersburg-Staad nehmen. Ein Ausstieg ist am Strand Meersburg, ca. 400 m links vom Fährhafen möglich. Hier verläuft der Bodenseeradweg, deshalb auf Fahrradfahrer achten.

Nach der Seequerung zurück zum Hörnle Leuchtfeuer paddeln wir, wie auf dem Hinweg, am Steg Jakob vorbei oder darunter durch und anschließend an der Pfahlreihe (im Winter) oder der Seestraße entlang. Wir passieren das Inselhotel und paddeln durch das linke Tor der Alten Rheinbrücke. Wer ein paar stehende Wellen mitnehmen mag, kann bei wenig Bootsverkehr auch das rechte oder mittlere Tor nehmen.

Die Tour endet wieder am Startpunkt kurz vor der Schänzlebrücke am Kanu-Club Konstanz oder bei der Slipanlage.

Text: Verena Blattmann, Matthias Pflüger

ADRESSEN UND INFOS

Gastronomie

Konstanz

- DAS VOGLHAUS
www.das-voglhaus.de
- Good Rice zum Elefanten
www.goodrice-restaurant.de
- il Boccone
www.ilboccone.de

Unteruhldingen

Anlanden im kleinen Hafen von Unteruhldingen diverse Kiosks und Restaurants

- Häfeli
www.haefeli-am-bodensee.de
- Kiosk Mainausicht
https://www.kiosk-mainausicht.de

Meersburg

- Fährhaus Meersburg
www.faehrhaus-meersburg.de
- MÖWE Cafe-Bar
www.möwe-meersburg.eu

Unterkunft:

Konstanz

- Kanu-Club Konstanz
(Für Mitglieder in einem Kanu-Verband)
Winterersteig 15-17, 78462 Konstanz
www.kanu-club-konstanz.de
- ibis Hotel Konstanz
Benediktinerpl. 9, 78467 Konstanz
www.ibis-konstanz.de
- Hotel Halm
Bahnhofplatz 6, 78462 Konstanz
www.hotel-halm.de/de
- Jugendherberge Konstanz
Zur Allmannshöhe 16, 78464 Konstanz
www.jugendherberge.de/

Sehenswürdigkeiten:

Konstanz

- Imperia, Hafen Konstanz
Stadt Konstanz
www.konstanz-info.com

Insel Mainau

www.mainau.de

Alternativen:

Konstanz

- Bodensee-Therme Konstanz
www.therme-konstanz.de
- SEA LIFE Konstanz
www.visitsealife.de

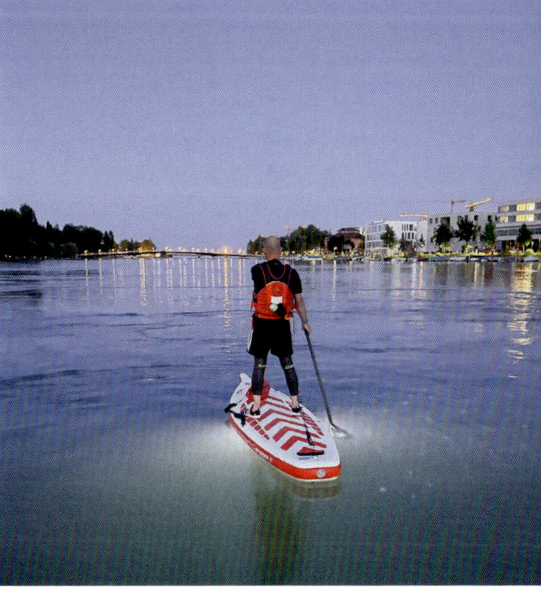

Konstanz Seerhein, Foto: Matthias Pflüger

Tour 16: Bodensee West / Überlinger See

Schilfhütte – Litzelstetten – Klausenhorn – Überlingen – Schilfhütte (20 km)

Der Überlinger See ist der nordwestliche Teil des Obersees und zählt exklusiv zum deutschen Hoheitsgebiet. Von der Gesamtfläche des Obersees von insgesamt 473 km² nimmt der Überlinger See 61 km² ein und ist damit etwa so groß wie der Untersee. Die maximale Wassertiefe beträgt 147 Meter. Einige Bäche, wie z. B. die Seefelder Aach bei Uhldingen und die Stockacher Aach zwischen Bodman und Ludwigshafen münden in den Überlinger See. In Sipplingen befindet sich die Entnahmestelle des Zweckverbandes Bodensee-Wasserversorgung, der weite Teile Baden-Württembergs mit Trinkwasser versorgt. Teile des Sees sowie Uferbereiche stehen unter besonderem Schutz.

Wir starten am Restaurant Schilfhütte, das zwischen Unteruhldingen und Meersburg liegt.
Hier gibt es einen frei zugänglichen Badeplatz mit Sand- bzw. Kiesstrand zwischen der alten B31 und dem Ufer des Überlinger Sees. Parkplätze und ein Kiosk mit Gartenwirtschaft sind vorhanden. Die Entfernung zum Wasser beträgt nur wenige Meter.
In Unteruhldingen selbst kommt man mit dem Auto nur schwer ans Ufer, und keinesfalls kann man seinen Wagen ufernah abstellen. Auf dem kostenpflichtigen Ortsrandparkplatz gibt es genügend Parkplätze, aber die Entfernung zum Wasser ist so groß, dass man selbst leere Boote nicht tragen möchte; es sei denn, man transportiert sein Boot mit dem Bootswagen ans Wasser.
Wer also nicht seenah in einem der Hotels oder auf dem Campingplatz logiert, der ist mit der Einsatzstelle Schilfhütte gut beraten. Aber Vorsicht: Die Anzahl der Parkplätze ist begrenzt, je besser das Wetter ist, desto früher sollte man dort sein.
Von der Schilfhütte überqueren wir den See und lassen die Insel Mainau links liegen. Man kann sich vom Boot aus die Mainau anschauen, darf offiziell dort aber nicht anlanden (sonst würde man ja keinen Eintritt zahlen) und darf

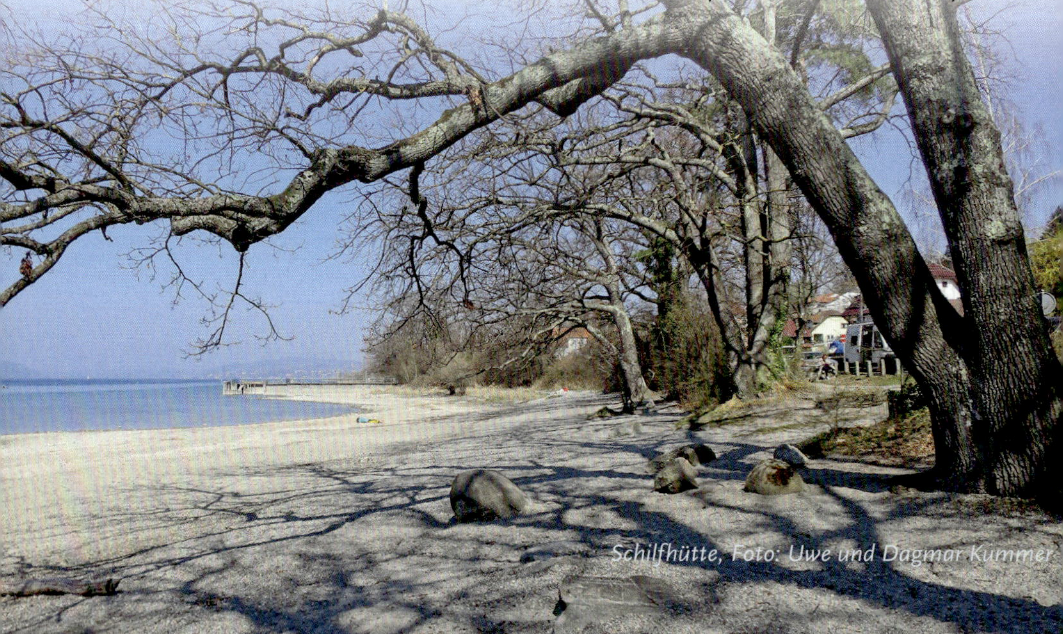

Schilfhütte, Foto: Uwe und Dagmar Kummer

Tourensteckbrief

Länge der Tour gesamt: 20 km
Tour-Teil 1: (Ufer West): Litzelstetten – Klausenhorn – Litzelstetten 8 km (ohne Seequerung)
Tour-Teil 2: (Ufer Ost): Überlingen – Schilfhütte 7 km (ohne Seequerung)

Start / Ziel Haupttour:
Badestrand Unteruhldingen / Schilfhütte
Meersburger Straße 16,
88690 Uhldingen-Mühlhofen
47°42'54"N 9°14'09"E
47.715240, 9.236218

Tour-Teil 1 Rundtour Litzelstetten:
Litzelstetten
Naturcampingplatz Litzelstetten-Mainau
Großherzog-Friedrich-Straße 43, 78465 Konstanz
47°42'41"N 9°10'45"E
47.711399, 9.180542

Tour-Teil 1 Rundtour Litzelstetten:
Start Überlingen

Für Mitglieder in einem Kanu-Verband:
Paddel-Club Überlingen
(Voranmeldung erforderlich!)
Strandweg 20, 88662 Überlingen
47°45'37"N 9°10'19"E
47.759880, 9.173483

Allgemeiner Einstieg:
Uferpromenade Überlingen
(Achtung, neben Kursschiff-Anleger)
Landungsplatz, 88662 Überlingen
47°45'57"N 9°09'35"E
47.765836, 9.159387

Ziel Schilfhütte (siehe oben)

Gesamtanspruch: leicht / mittel / schwer
(Einzeltouren ohne Querungen: leicht)

SUP

Kategorie	SUP Touring	
Boards	iSUP 10'- 14'	Hardboard
Finne	Touring - Finne	Seegras - Finne
Sicherheit	Leash	Schwimmweste

Alle Bootsgattungen

Ausrüstung	Neopren oder	Trockenanzug	im Winter	
Können: Technik + Sicherheit	Basic Einsteiger	Advanced Fortgeschrittene	Expert Semi-Profi	
Schwierigkeit	Leicht Grund-kenntnisse Paddeln	Mittel Fortgeschrittenen-kenntnisse Paddeln	Schwer Semiprofes-sionelle Kenntnisse Paddeln	Ambitioniert Profi-Kenntnisse
Kondition	Basic bis 10 km	Advanced bis 20 km	Expert ab 20 km	
Gefahren	Kursschiffe/ Motorboote	Seequerung / Wellen / Wind	Hafenein-fahrten	

Hinweis: Zwei Seequerungen!
Als zwei Einzeltouren an jedem Ufer möglich, dann BASIC (Litzelstetten), ADVANCED (Überlingen – Uhldingen Schilfhütte).

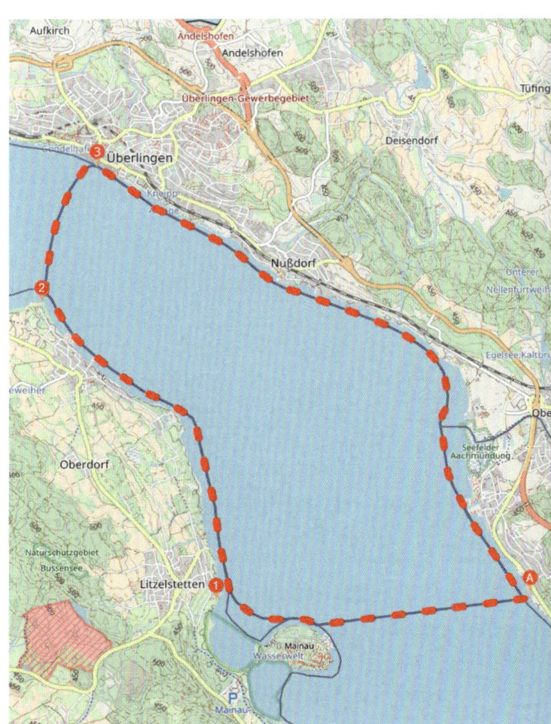

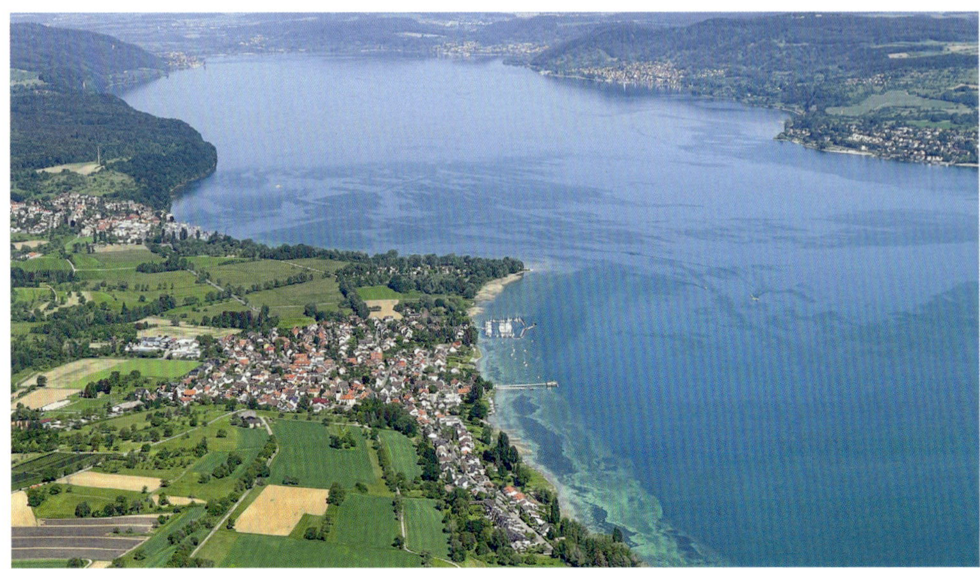

Luftbild Dingelsdorf und Überlinger See, Foto: Matthias Pflüger

die Mainau auch nicht umrunden, da für die Wasserfläche zwischen Mainau und Bodenseeufer (Naturschutzgebiet Bodenseeufer-Untere Güll) ein ganzjähriges Befahrungsverbot gilt.

Wir nähern uns dem Ufer bei Litzelstetten. Auf der linken Seite des Ortes befindet sich der Campingplatz Litzelstetten-Mainau und auf der rechten Seite das Strandbad. Nun folgen wir der Uferlinie Richtung Norden und passieren nach knapp zwei Kilometer den Campingplatz Seepark Fliesshorn. Einen Kilometer später sind wir querab von Dingelsdorf und nach einem weiteren Kilometer erreichen wir die Landzunge Klausenhorn. Dort gibt es einen Campingplatz mit Kiosk und ein kostenfreies Strandbad mit Kinderspielplatz. Die Gartenwirtschaft des Kiosks bietet sich für eine Pause an. Von hier aus hat man einen schönen Blick über den westlichen Teil des Überlinger Sees.

Der Bereich des Strandbades ist mit rot-weiß-roten Bojen markiert und daher für die Befahrung mit Booten gesperrt. Am besten landet man direkt links vor dem Horn bei der Rampe an, die für das Ein- und Ausbooten kleinerer Sportboote angelegt ist, und trägt sein Boot auf die Liegewiese.

Für den Rückweg queren wir den See auf kürzestem Wege und fahren direkt auf die malerische Altstadt von Überlingen zu. Wir paddeln parallel zur Uferlinie in südöstliche Richtung vorbei am Yachtclub Überlingen, am Paddelclub, am Strandbad Ost und am Segel- und Motorboot Club Überlingen.

Weiter geht es vorbei an Nußdorf mit seinem

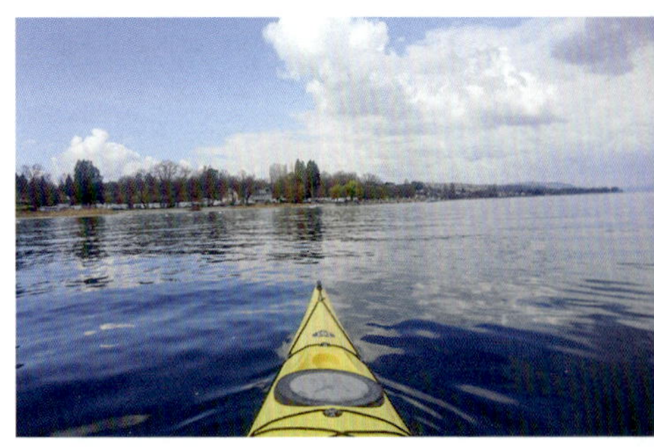

Fliesshorn. Foto: Verena Blattmann

Campingplatz Nell und Strandbad bis nach Maurach. Knapp 300 Meter nach dem Schloss Maurach erreicht man das Hotel Rebmannshof, welches mit seinem kleinen Sandstrand und dem großen Garten zu einer Stärkung einlädt. In den Weinbergen oberhalb von Maurach liegt die Klosterkirche Birnau. Sie ist bei ihrer exponierten Lage schon von weitem zu sehen und ein Besuch ist selbst für diejenigen empfehlenswert, die sich nicht für barocke Wallfahrtskirchen interessieren, denn der Blick vom Vorplatz über den gesamten Überlinger See bis weit hinein in den Obersee und die Schweiz ist einfach phantastisch.

Wir folgen weiter der Uferlinie und passieren dabei den Campingplatz Birnau-Maurach – auch hier kann man auf Sandstrand anlanden und das Restaurant „Im Vorbei" mit Terrasse am See besuchen –, den zur Gemeinde Uhldingen-Mühlhofen gehörenden Weiler Seefelden, die Mündung der Seefelder Aach und gelangen schließlich zu den Pfahlbauten von Unteruhldingen und dem unmittelbar daneben liegenden Strandbad. Das Ufer zwischen dem Campingplatz Birnau-Maurach und den Pfahlbauten ist zum Anlanden nicht vorgesehen; entweder sind die entsprechenden Grundstücke in Privatbesitz oder aber der Uferstreifen ist dicht mit Bäumen, Gestrüpp und vorgelagertem Schilfgürtel bewachsenen, steht unter Naturschutz und darf weder von Land- noch von Wasserseite aus betreten werden.

Im Pfahlbaudorf selber ist ein Anlanden ebenfalls nicht möglich, wohl aber am Rand des Strandbades oder auf der Rampe im kleinen Hafen rechts des Strandbades. Die Besichtigung des Pfahlbau-Museums mit seinen nachgebauten Häusern aus der Stein- und Bronzezeit ist überaus lohnend, allerdings muss vor allem im Hochsommer mit längeren Wartezeiten gerechnet werden.

Wir umfahren den Anleger für die Ausflugsschiffe der Weißen Flotte, passieren die Hafen-

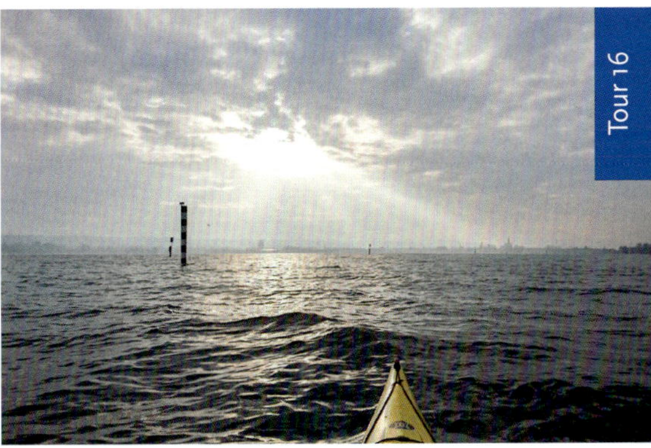

Obersee Richtung Konstanz, Foto: Verena Blattmann

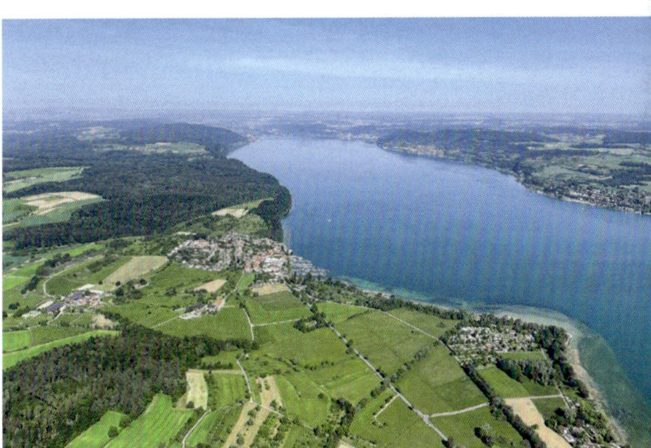

Luftbild Klausenhorn und Wallhausen, Foto: Matthias Pflüger

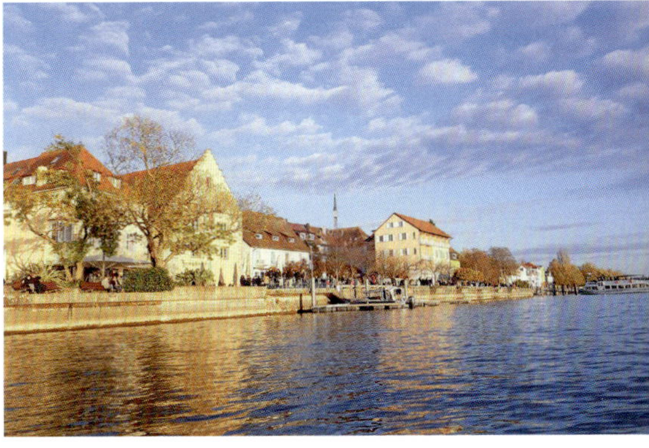

Überlingen, Foto: Kanu-Club Laiz

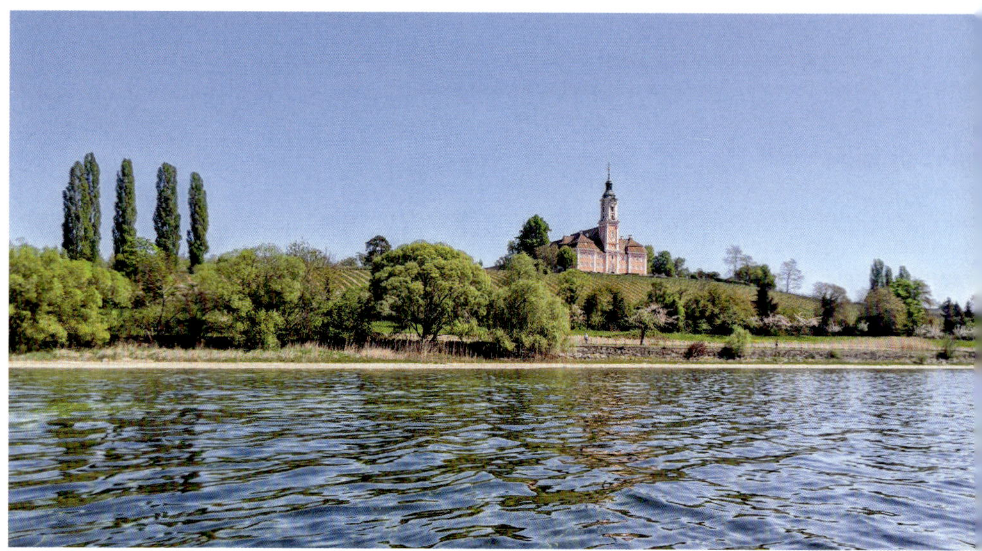

Kloster Birnau, Foto: Lucia Tyborski

einfahrt und das Bojenfeld der Segelschule und beenden unsere Tour da, wo wir sie begonnen haben, an der Schilfhütte.
Diese Tour führt, abgesehen von den beiden Querungen des Überlinger Sees, immer am Ufer entlang und es wird jede Bucht ausgefahren.

Text: Dagmar und Uwe Kummer, Matthias Pflüger

ADRESSEN UND INFOS

ÖPNV:

Kein ÖPNV erforderlich ab/an Litzelstetten. Von Überlingen bis Uhldingen-Mühlhofen mit der Deutschen Bahn.

Gastronomie

Uhldingen

- Schilfhütte

www.schilfhuette.de

- Restauant „Im Vorbei"

www.imvorbei.com

Litzelstetten

- Ko'Ono Hotel und Restaurant

www.koono.de

- Restaurant Entengraben

www.sv-litzelstetten.de/de/vereinsheim

Überlingen

- Keller Werft – Club 12

www.keller-werft.de

- Goa Überlingen

www.goa-ueberlingen.de

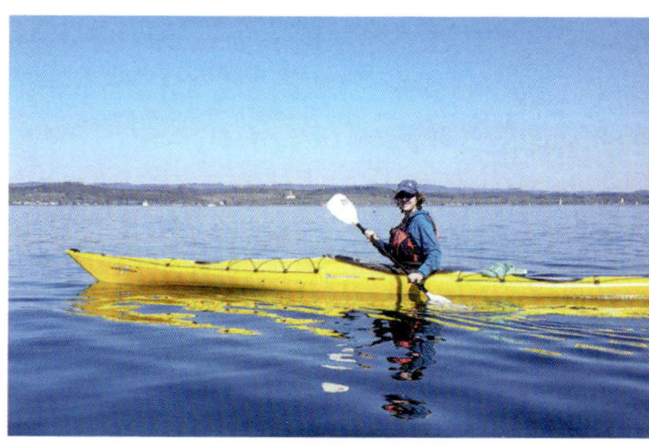

Obersee Richtung Birnau, Foto: Leonhard Sauter

- LaVita Überlingen
vww.lavita-ueberlingen.de

Nußdorf
- Seerestaurant Sinner's
m Strandbad Nußdorf
vww.restaurant-sinners.de

Unterkunft:

Uhldingen
- Gästehaus zur Seepromenade
vww.seepromenade-ill.de
- Hotel Knaus
vww.hotelknaus.de

Litzelstetten
- Naturcamping Litzelstetten-Mainau
vww.naturcamping-mainau.de
- Ko'Ono Hotel und Restaurant
vww.koono.de

Überlingen
- Paddel-Club Überlingen
(Voranmeldung erforderlich!)
ttps://paddelclub-überlingen.de
- Hotel Schäpfle
www.schaepfle.de
- Bad Hotel Überlingen
www.bad-hotel-ueberlingen.de

Sehenswürdigkeiten:
- Prähistorische Pfahlbauten Unteruhldingen
www.unesco-pfahlbauten.org

Alternativen:
- Affenberg Salem
www.affenberg-salem.de
- Haustierhof Reutemühle
www.haustierhof-reutemuehle.de
- Bodensee-Therme Überlingen
www.bodensee-therme.de

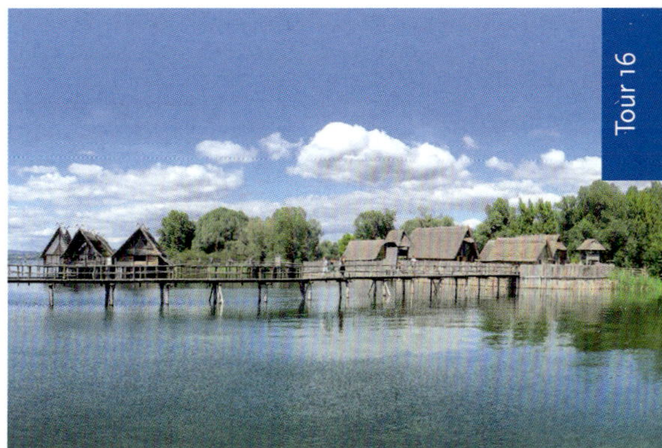

Pfahlbauten, Foto: Matthias Pflüger

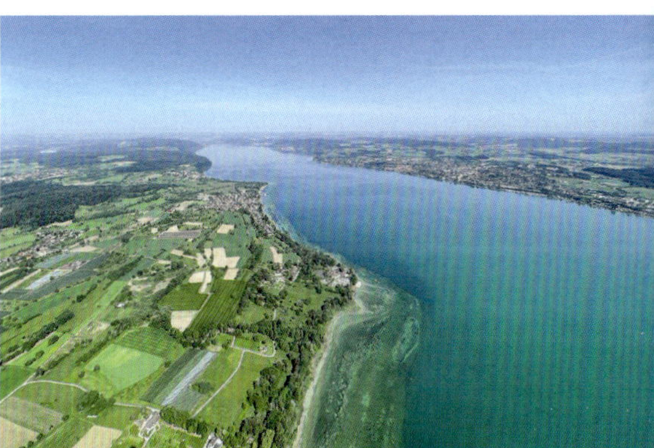

Luftbild Überlinger See, Foto: Matthias Pflüger

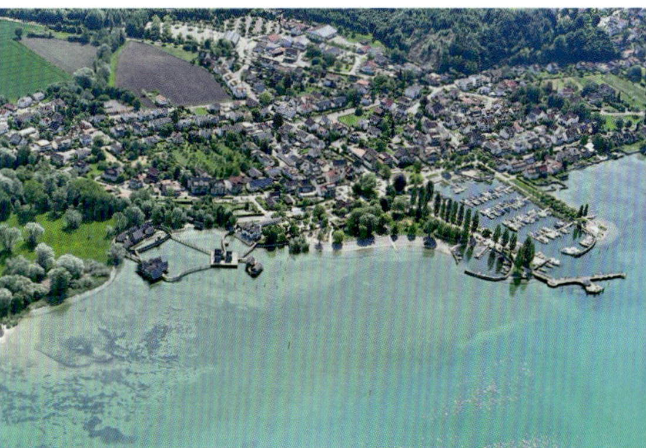

Luftbild Pfahlbauten Unteruhldingen, Foto: Matthias Pflüger

Tour 17: Bodensee West / Überlinger See

Schilfhütte – Sipplingen – Schilfhütte (28 km)

Wir starten am Restaurant Schilfhütte (Unteruhldingen-Mühlhofen) und paddeln am Ufer entlang Richtung Unteruhldingen. Sobald wir den Hafen passiert haben, müssen wir uns entscheiden, ob wir die Bucht unterhalb der Klosterkirche Birnau ausfahren oder direkt Überlingen-Goldbach ansteuern.

Überlingen-Goldbach ist die letzte Landzunge, die man am rechten Ufer erkennen kann. Diese Route führt beinahe mittig über den Überlinger See; man ist recht weit vom Ufer entfernt. Während der ersten fünf Kilometer ist auf der rechten Seite die Klosterkirche Birnau oben in den Weinbergen zu sehen,

Auf der Höhe von Überlingen nähern wir uns wieder dem Ufer und der Schiffsverkehr nimmt in der Regel deutlich zu; häufig mit beachtlicher Wellenbildung. Besonders muss auf die Fähr- und Ausflugsschiffe zur Mainau, nach Dingelsdorf, Wallhausen und zur Marienschlucht geachtet werden, denn diese haben immer Vorfahrt! Auch von den privaten Motor- und Segelbooten sollte man sich fernhalten: Die Segelboote sind vorfahrtsberechtigt, und die Fahrer der Motorboote (und Segelboote unter Motor) wissen häufig nicht, dass sie Kanuten gegenüber kein Wegerecht haben.

Wenn wir die malerische Überlinger Altstadt passieren, sind wir dem Ufer schon so nah, dass alle Einzelheiten gut zu erkennen sind. Vorbei geht es am Fähranleger, am Kurgarten und an der Therme mit dem Strandbad West.

Fährt man jetzt dicht am Ufer weiter, sollte man auf aufsteigende Blasen achten, denn hier sind häufig Taucher unterwegs und das entsprechende blau-weiße Warnschild ist oft erst dann zu sehen, wenn man schon fast vorbei ist.

Wir passieren an der Spitze der Landzunge von Goldbach das Gelände der LAGA 2020.

Kurz darauf sind die Molassefelsen von Goldbach zu sehen. Noch im Mittelalter gab es hier Wohnhöhlen, die 1846 für den Bau der Uferstraße und 1960 für deren Ausbau weitgehend gesprengt wurden.

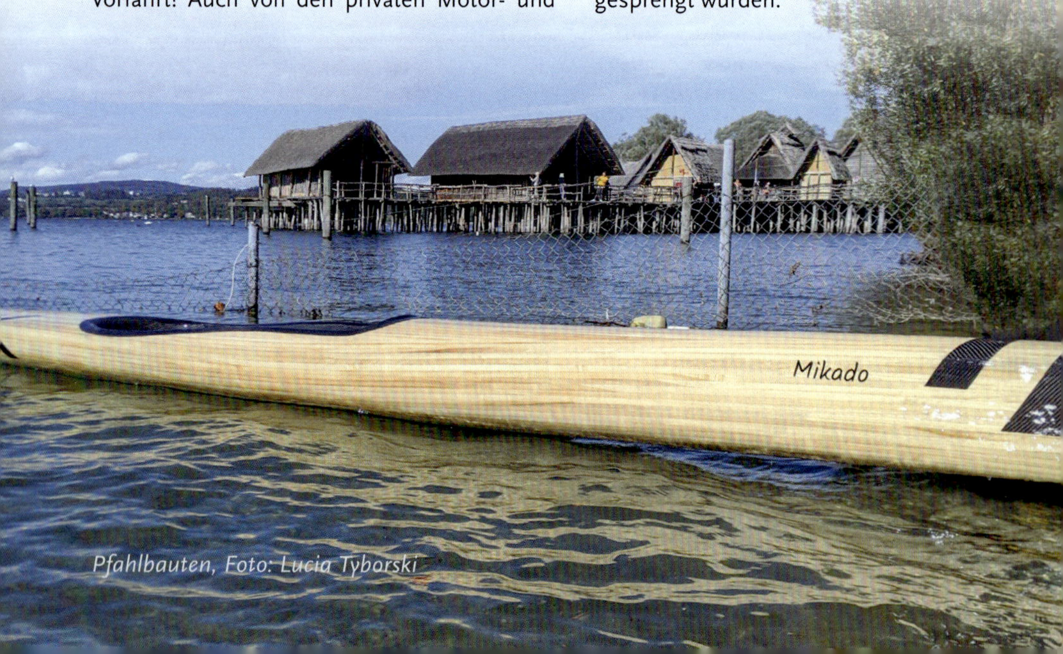

Pfahlbauten, Foto: Lucia Tyborski

Tourensteckbrief

Länge der Tour gesamt: 28 km
Tour-Teil 1: Schilfhütte - Unteruhldingen
Überlingen – Sipplingen (einfach): 14 km

Start / Ziel Haupttour:
Badestrand Unteruhldingen / Schilfhütte
Meersburger Straße 16,
88690 Uhldingen-Mühlhofen
47°42'54"N 9°14'09"E
47.715240, 9.236218

Ziel Sipplingen:
Naturbadestrand Sipplingen
Seestraße, 78354 Sipplingen
47°47'47"N 9°05'32"E
47.796701, 9.092231

Gesamtanspruch: leicht / mittel / schwer

SUP

Kategorie	SUP Touring	
Boards	iSUP 10'- 14'	Hardboard
Finne	Touring - Finne	Seegras - Finne
Sicherheit	Leash	Schwimmweste

Alle Bootsgattungen

Ausrüstung	Neopren oder	Trockenanzug	im Winter	
Können: Technik + Sicherheit	Basic Einsteiger	Advanced Fortgeschrittene	Expert Semi-Profi	
Schwierigkeit	Leicht Grund-kenntnisse Paddeln	Mittel Fortgeschrittenen-kenntnisse Paddeln	Schwer Semiprofes-sionelle Kenntnisse Paddeln	Ambitioniert Profi-Kenntnisse
Kondition	Basic bis 10 km	Advanced bis 20 km	Expert ab 20 km	
Gefahren	Kursschiffe/ Motorboote	Seequerung / Wellen / Wind	Hafenein-fahrten	

Hinweis: Auch nur One-Way möglich und Rückkehr mit Auto / ÖPNV. Dann Kondition ADVANCED.

Es folgt der kleine Hafen von Goldbach. Hier beginnt das Sperrgebiet für die Wasserentnahmestation Sipplingen, das durch rot-weiße Tonnen und Pfähle markiert ist und bis kurz vor Sipplingen reicht. Ufernah darf dieses Sperrgebiet in einem ca. 100 Meter breiten Streifen von muskelbetriebenen Fahrzeugen passiert werden.

Deshalb sollte man sich rechtzeitig entscheiden, ob man das Sperrgebiet außen oder innen umfahren möchte. Hierzu steuert man von der Landzunge Goldbach entweder die äußere seeseitige Tonne an oder fährt in die Nähe der Mole des Hafens Goldbach. Hier befindet sich ein Pfahl, der die landseitige Grenze des Sperrgebiets markiert.

Entscheidet man sich für die Route außerhalb dieser Zone, folgt man der äußeren Tonnenreihe und steuert nach Ende des Sperrgebiets zunächst auf den Kirchturm von Sipplingen zu. Bei der Route in Ufernähe passieren wir zunächst einen mit Steinen befestigten Uferstreifen in unmittelbarer Nähe von Eisenbahn und B31.

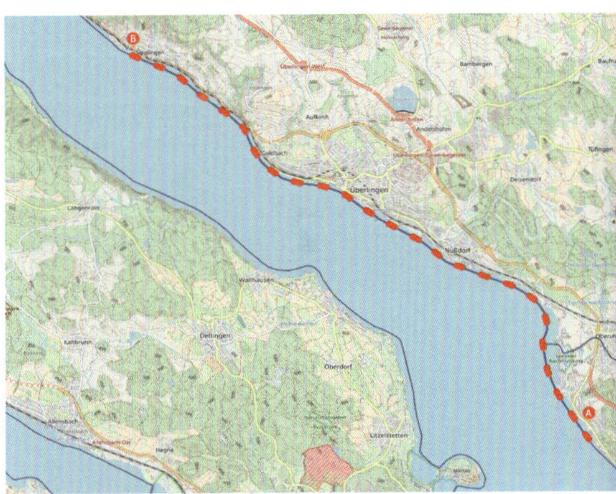

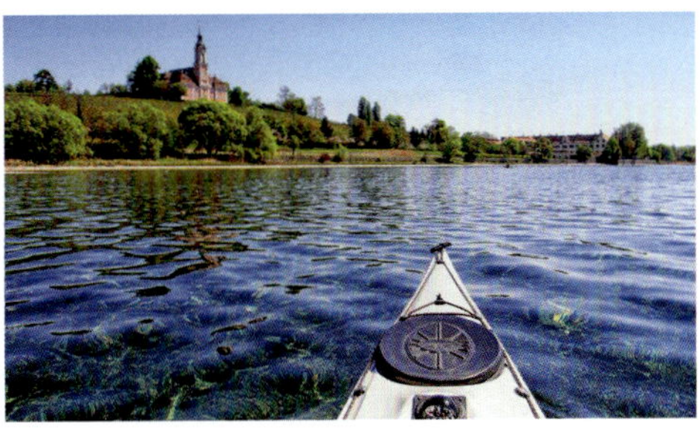

Kloster Birnau, Foto: Kanu-Club Laiz

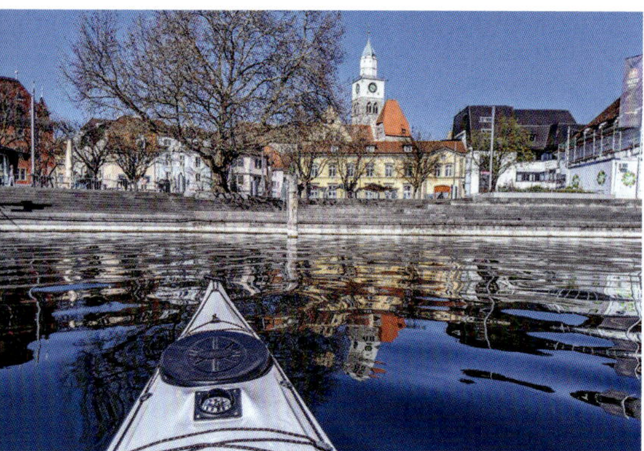

Überlingen, Foto: Lucia Tyborski

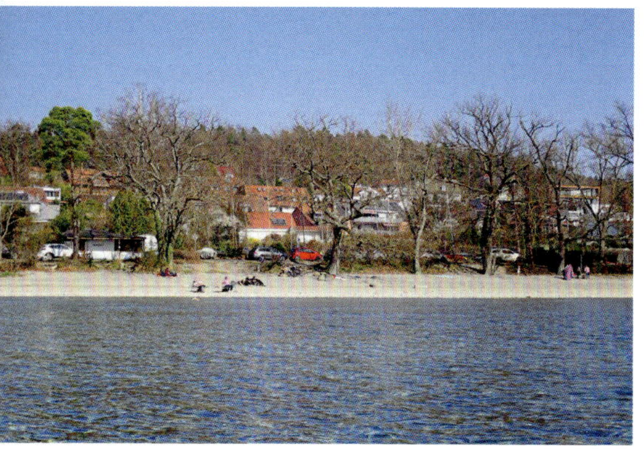

Schilfhütte, Foto: Uwe und Dagmar Kummer

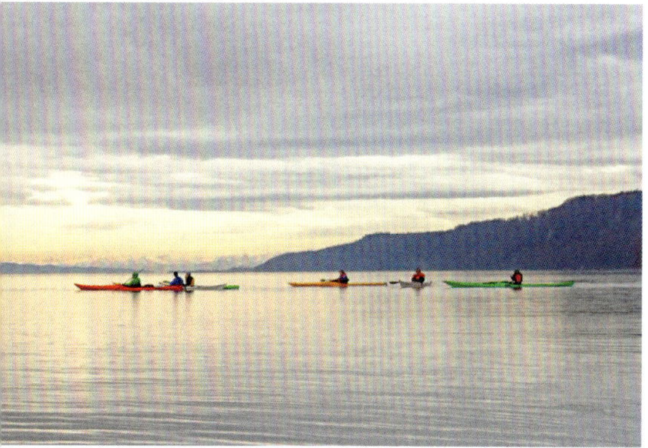

Querung Bodman Sipplingen mit Bergsicht, Foto: Verena Blattmann

Danach wird der Uferstreifen zwischen Bahn und See ein wenig breiter, hat ein natürliches Ufer und ist mit Bäumen und Büschen bewachsen. Dieses Gebiet wird von FKK-Anhängern genutzt, der südliche Teil gehört einem Verein, der nördliche Teil ist kostenfrei zugänglich. Circa 250 Meter weiter erreichen die Rohre der Wasserentnahmestelle das Ufer, diese führen das Bodenseewasser weiter zur Pumpstation. Dieser Bereich, wie auch das Sperrgebiet, ist radar- und videoüberwacht. Der Uferbereich des FKK-Gebietes bis zum Ende des Sperrgebiets darf nicht betreten werden und ist teilweise eingezäunt.

Von hier aus fahren wir auf den Kirchturm von Sipplingen zu, paddeln am Sipplinger Hafen vorbei und passieren einige Gastronomiebetriebe sowie Anlegestege. Im Bereich des Badestrandes lässt es sich gut anlanden. Von hier aus sind es nur wenige Schritte bis zu einer Pizzeria mit großer seeseitiger Terrasse. Diese Tour ist in eine Richtung auf dem kürzesten Weg knapp 14 Kilometer lang und etwa einen Kilometer länger, wenn ufernah gefahren wird.

Text: Dagmar und Uwe Kummer, Matthias Pflüger

ADRESSEN UND INFOS

ÖPNV:

Von Überlingen bis Uldingen-Mühlhofen mit der Deutschen Bahn.

Gastronomie

Uhldingen

► Schilfhütte
www.schilfhuette.de

Nußdorf

► Seerestaurant Sinner's
Im Strandbad Nußdorf
www.restaurant-sinners.de

Sipplingen, Foto: Kanu-Club Laiz

Überlingen

- Keller Werft – Club 12

www.keller-werft.de

- Goa Überlingen

www.goa-ueberlingen.de

- LaVita Überlingen

www.lavita-ueberlingen.de

Sipplingen

- Restaurant Seehaus

www.seehaus-sipplingen.de

- Hotel Restaurant Seeliebe Beach

www.hotelseeliebe.de

Unterkunft:

Uhldingen

- Gästehaus zur Seepromenade

www.seepromenade-ill.de

- Hotel Knaus

www.hotelknaus.de

Sipplingen

- Restaurant Seehaus

www.seehaus-sipplingen.de

- Hotel Restaurant Seeliebe Beach

www.hotelseeliebe.de

Sehenswürdigkeiten:

Uhldingen

- Prähistorische Pfahlbauten Unteruhldingen

www.unesco-pfahlbauten.org

Überlingen

- Stadt Überlingen

www.ueberlingen.de

Alternativen:

- Affenberg Salem

www.affenberg-salem.de

- Haustierhof Reutemühle

www.haustierhof-reutemuehle.de

- Bodensee-Therme Überlingen

www.bodensee-therme.de

- Funsportarena Sipplingen

www.surfshop-schumacher.de

Tour 18: Bodensee West / Überlinger See

Wallhausen – Teufelstisch – Marienschlucht – Wallhausen (8 km)

Zwischen den beiden „Fingern" des Bodensees, Überlinger See und Untersee, liegt ein Höhenzug, der sogenannte „Bodanrück". An seiner Nordseite befindet sich im Überlinger See zwischen Wallhausen und Bodman die Felsabbruchkante knapp unter der Wasseroberfläche. Die Kanuten können hier direkt über dem „Balkon" paddeln, bevor der Fels ca. 20 Meter vom Ufer entfernt jäh abfällt. Der Bodanrück geht hier direkt über in den See. Bei der Marienschlucht erhebt er sich 125 Meter über den Wasserspiegel des Bodensees, vor Wallhausen geht er direkt hinunter bis zu einer Wassertiefe von 125 Metern.

Ausgangspunkt der Tour ist das Strandbad Wallhausen. Toiletten und Umkleidemöglichkeiten stehen während der Badesaison zur Verfügung. Gegen eine geringe Parkgebühr sind in der Nähe des Strandbades ausreichend Parkplätze vorhanden. Von dort können die Boote mit einem Bootswagen hinunter zum Wasser geschoben werden. Von der gegenüber liegenden Seite grüßt die ehemalige Freie Reichsstadt Überlingen. Zwischen ihr und Wallhausen besteht eine Schiffsverbindung; sie kreuzt die Strecke zwischen Yachthafen und Landesteg. Beim Vorbeipaddeln deshalb auf ein- und ausfahrende Schiffe achten. Nach der Flachwasserzone vor dem Strandbad passieren wir den Yacht-Club Wallhausen. Direkt neben dem Clubgelände befinden sich der Landesteg und die Bodenseewerft Wallhausen. Die Häuser – meist Ferienwohnungen, die nun an der Strecke gelegen sind – wurden direkt auf die Felsen gebaut. Sie sind das letzte Zeichen der Zivilisation, denn die gesamte Strecke bis nach Bodman ist völlig unbebaut.

Schon kurz nach dem Hafenbecken paddeln wir über die Felskante, die knapp unter der Wasseroberfläche liegt. Für Taucher wurde hier nach mehreren tödlichen Unfällen im Jahr 1994 eine Tauchverbotszone eingeführt.

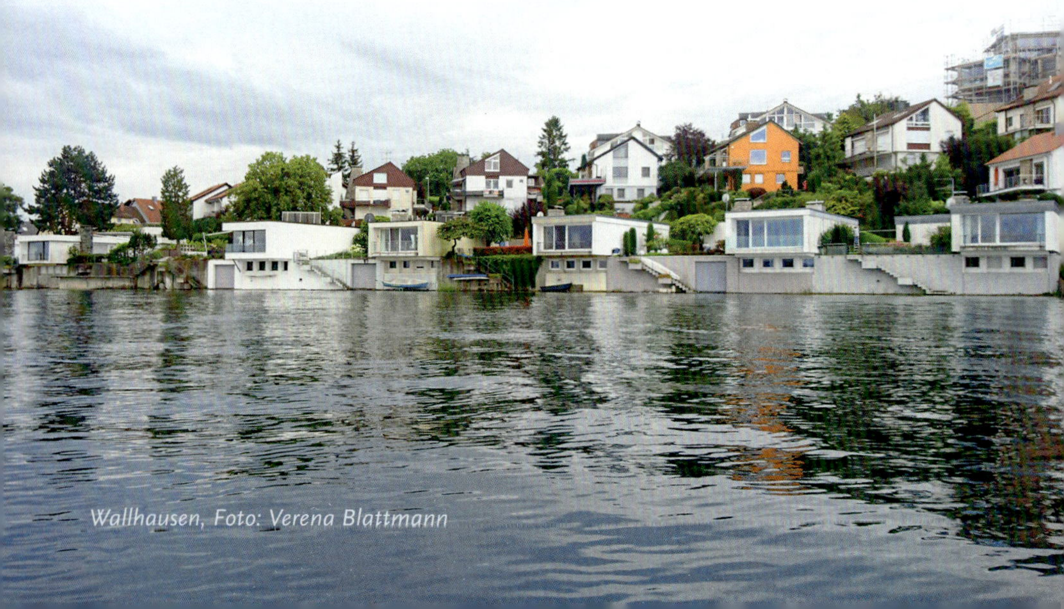

Wallhausen, Foto: Verena Blattmann

Tourensteckbrief

Länge der Tour gesamt: 8 km

Start / Ziel:
Slipanlage
Yachthafen Wallhausen
Uferstraße 4, 78465 Konstanz-Wallhausen
47°44'49"N 9°08'07"E
47.747144, 9.135519

Etwa 600 Meter nach dem letzten Haus erreichen wir den sogenannten „Teufelstisch"; ein Naturphänomen. Der Teufelstisch ist mit dem Seezeichen 22 markiert und schon von weitem erkennbar. Die Oberkante dieser Unterwasser-Felsnadel liegt bei Pegel Konstanz 230 Zentimeter und hat eine Größe von 22 x 10 Meter. Das Plateau liegt je nach Wasserstand 50 Zentimeter bis zwei Meter unter der Wasseroberfläche. Der Fuß dieser Felsnadel liegt in ca. 90 Meter Tiefe. Die Fahrt folgt dem Verlauf der Unterwasser-Felskante. Die Felsen sind mit Muscheln übersät, daher ist Vorsicht beim Baden geboten! Vom Teufelstisch bis zur Marienschlucht sind noch etwas mehr als zwei Kilometer zu fahren. Die Marienschlucht gilt als die schönste Schlucht und ist eine der beliebtesten Wanderziele am Bodensee. Nach

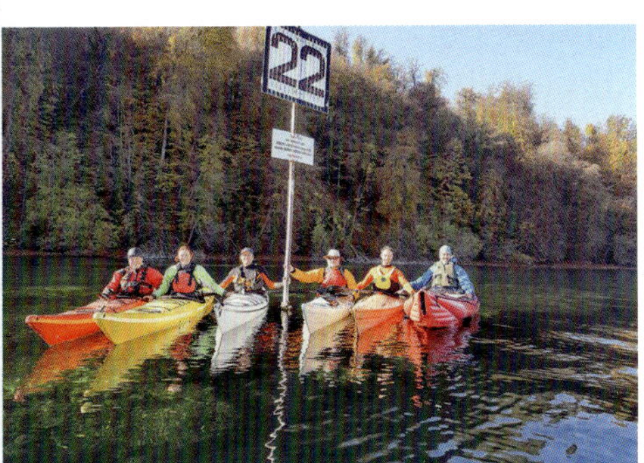

Teufelstisch, Foto: Kanu-Club Laiz

Gesamtanspruch: leicht / mittel / schwer

SUP

Kategorie	SUP Touring	
Boards	iSUP 10'- 14'	Hardboard
Finne	Touring - Finne	Seegras - Finne
Sicherheit	Leash	Schwimmweste

Alle Bootsgattungen

Ausrüstung	Neopren oder	Trockenanzug	im Winter	
Können: Technik + Sicherheit	**Basic** Einsteiger	**Advanced** Fortgeschrittene	**Expert** Semi-Profi	
Schwierigkeit	**Leicht** Grund-kenntnisse Paddeln	**Mittel** Fortgeschrittenen-kenntnisse Paddeln	**Schwer** Semiprofes-sionelle Kenntnisse Paddeln	**Ambitioniert** Profi-Kenntnisse
Kondition	**Basic** bis 10 km	**Advanced** bis 20 km	**Expert** ab 20 km	
Gefahren	Kursschiffe/ Motorboote	Seequerung / Wellen / Wind	Hafenein-fahrten	

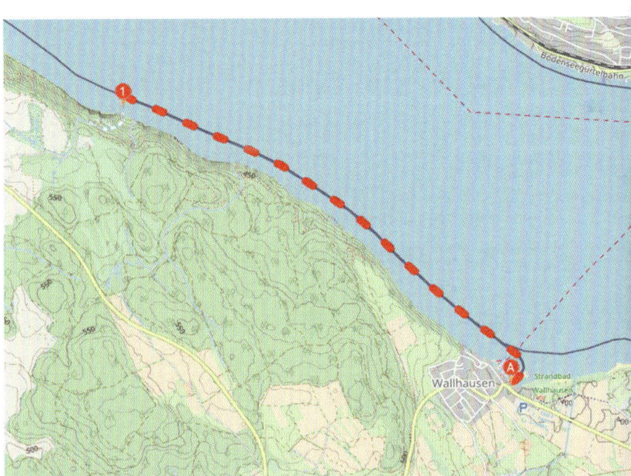

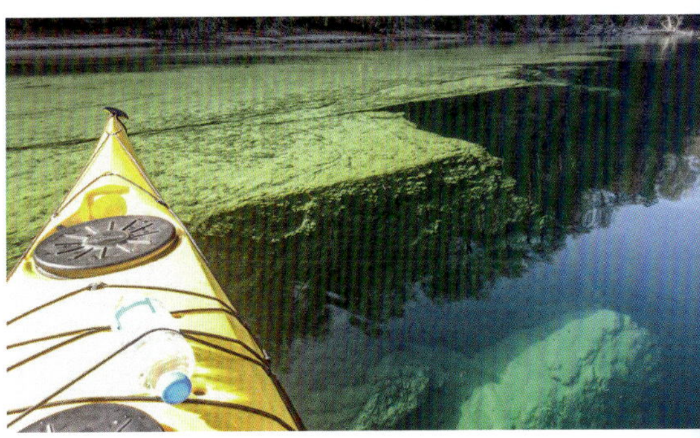

Teufelstisch Abbruchkante, Foto: Verena Blattmann

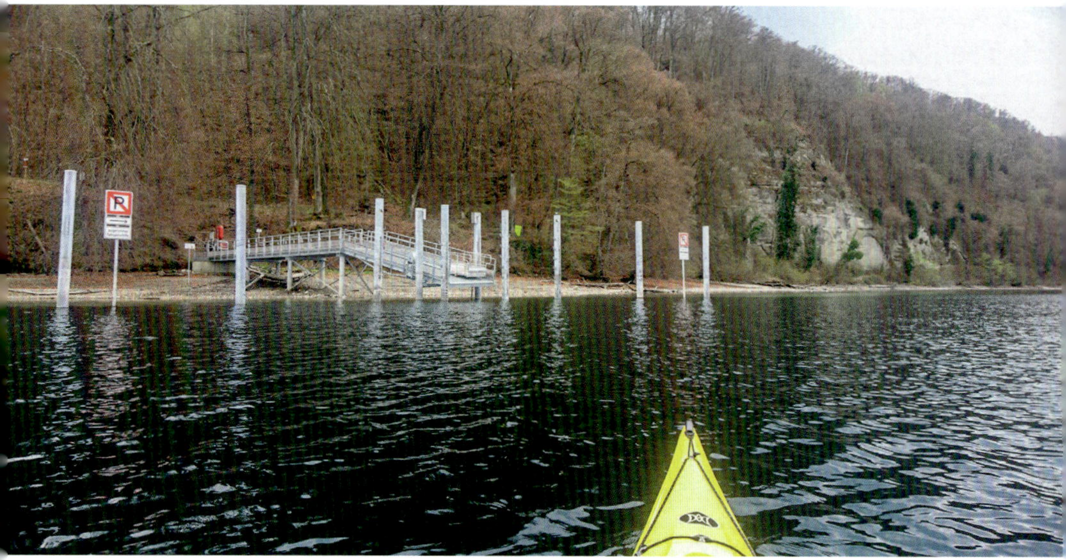

Marienschlucht Anleger, Foto: Verena Blattmann

einem verheerenden Erdrutsch wurde sie im Jahr 2015 geschlossen, eine Wiedereröffnung ist bislang noch nicht in Sicht. Zumindest der Bootsanleger und der Uferweg nach Wallhausen sind wieder passierbar.
Entlang der Strecke bietet sich das Ufer immer wieder als Rastmöglichkeit an. Teilweise sind auch Bänke an den Mündungen der kleinen Bäche vorhanden.
Wer nur die kleine Strecke paddeln möchte, kehrt hier wieder um und bestaunt noch einmal die faszinierende Unterwasserwelt.

Text: Petra Hassler-Mattes, Matthias Pflüger

ADRESSEN UND INFOS

Gastronomie

► Ufer39
Strandbadlokal mit moderner Landküche
www.ufer39.de

Unterkunft:

► Landhotel Bodensee
Konstanz-Wallhausen
www.landhotel-bodensee.de

Sehenswürdigkeiten:

► Marienschlucht
(an durchgängiger Wiedereröffnung wird gearbeitet)
www.marienschlucht.de

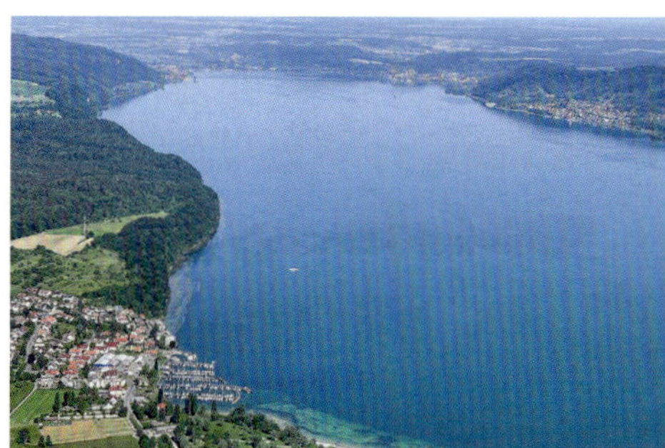

Luftbild Wallhausen, Foto: Matthias Pflüger

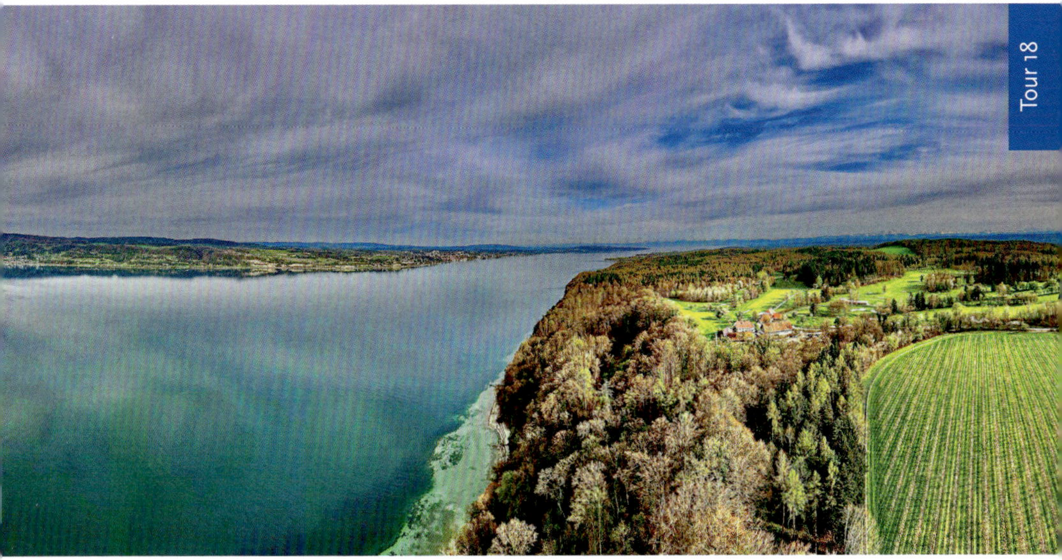

Drohnenbild Marienschlucht von oben, Foto: Matthias Pflüger

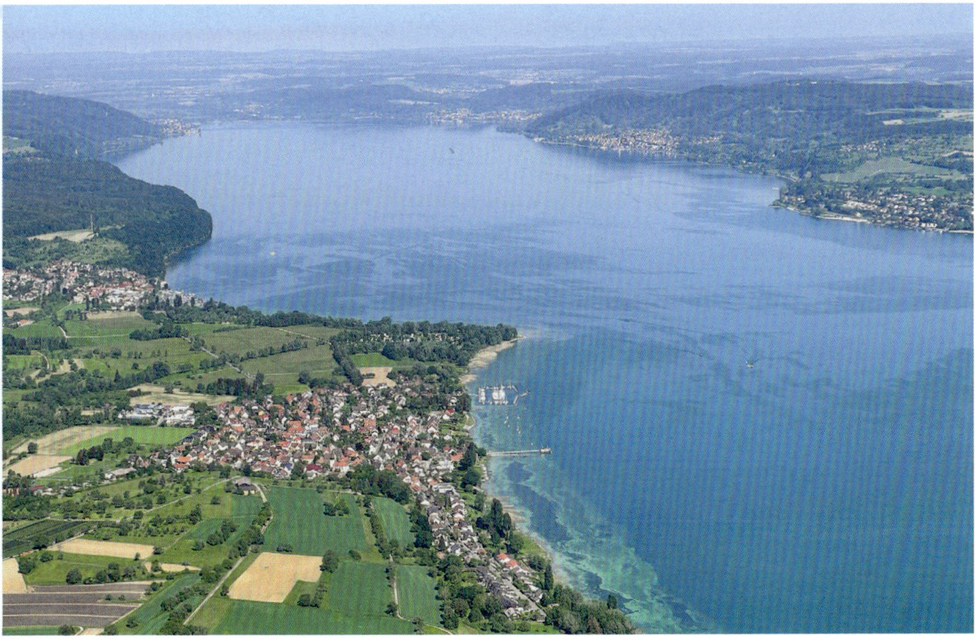

Luftbild Dingelsdorf und Überlinger See, Foto: Matthias Pflüger

Tour 19: Bodensee West / Überlinger See

Wallhausen – Ludwigshafen – Überlingen – Wallhausen (24 km)

Ausgangspunkt ist wie bei Tour 18 das Strandbad Wallhausen (am Ende der Badezone einsetzen). Von dort aus paddeln wir Richtung Ortskern und vorbei am Yachthafen. Am Ende des Hafens queren wir die Fahrlinie der Fähre nach Überlingen. Ab dem Fähranleger Richtung Teufelstisch sind häufig Taucher unterwegs, welche an den aufsteigenden Luftblasen und der Blau-Weißen Fahne auf einer Boje zu erkennen sind. Am Beginn der Abbruchkante ist Tauchen noch erlaubt. Um den Teufelstisch gibt es eine weiträumige Tauchverbotszone. An der teilweise über 100 Meter senkrecht in die Tiefe abfallenden Kante entstehen Vertikalwellen, welche für Taucher sehr gefährlich sind und in früheren Jahren zu mehreren tödlichen Unfällen führten. Bei ruhigem Wasser ist die Abbruchkante eindrucksvoll zu sehen, wenn sie von der Sonne angeleuchtet wird. Wir folgen ihrem Verlauf vorbei an der wohl bekanntesten Stelle, dem Teufelstisch, einer Felsnadel, die mit dem Seezeichen 22 markiert ist.

Gut zwei Kilometer weiter kommen wir an der Marienschlucht vorbei, die bis zu einem dramatischen Erdrutsch im Frühjahr 2015 durchwandert werden konnte. Seit 2021 wird zumindest der neugebaute Passagiersteg von Fahrgastschiffen wieder angefahren und die Wege am unmittelbaren Ufer wieder passierbar. Bis wieder eine Durchwanderung möglich ist, werden vermutlich noch einige Jahre vergehen. Die Planungen und Arbeiten sind aber bereits im Gange. Eine (Teil-)Wiedereröffnung ist für das Jahr 2023 geplant.

Weiter dem bewaldeten Ufer folgend, erreichen wir schließlich den Teilort Bodman. Das kleine Städtchen am See bietet einige Einkehrmöglichkeiten und ist ideal für eine erste Rast und gute Bademöglichkeiten. Gute Ausstiegsmöglichkeiten gibt es im Hafen entweder an der großen Treppe oder direkt an der Slipanlage. Kaffee

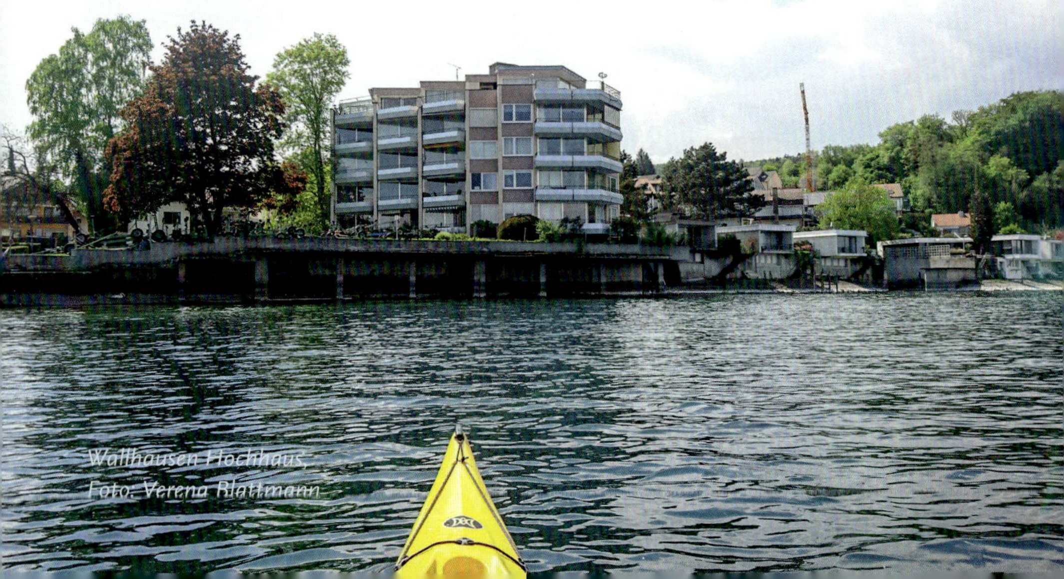

Wallhausen Hochhaus, Foto: Verena Blattmann

Tourensteckbrief

Länge der Tour gesamt: 24 km
Tour-Teil 1: Wallhausen – Bodman-Ludwigshafen 9-12 km
Tour-Teil 2: Bodman-Ludwigshafen – Überlingen – Wallhausen 12 km

Start / Ziel:
Slipanlage
Yachthafen Wallhausen
Uferstraße 4, 78465 Konstanz-Wallhausen
47°44'49"N 9°08'07"E
47.747144, 9.135519

Zwischen-Etappe Bodman-Ludwigshafen:
Bodman
Yachthafen / Welterbe-Spielplatz
Seestraße, 78351 Bodman
47°48'04"N 9°02'13"E
47.800911, 9.037708

Campingplatz Schachenhorn
www.camping-schachenhorn.de
47°49'03"N 9°02'18"E
47.817561, 9.039226

Gesamtanspruch: leicht / mittel / schwer

SUP

Kategorie	SUP Touring	
Boards	iSUP 10'- 14'	Hardboard
Finne	Touring - Finne	Seegras - Finne
Sicherheit	Leash	Schwimmweste

Alle Bootsgattungen

Ausrüstung	Neopren oder	Trockenanzug	im Winter	
Können: Technik + Sicherheit	Basic Einsteiger	Advanced Fortgeschrittene	Expert Semi-Profi	
Schwierigkeit	Leicht Grund-kenntnisse Paddeln	Mittel Fortgeschrittenen-kenntnisse Paddeln	Schwer Semiprofes-sionelle Kenntnisse Paddeln	Ambitioniert Profi-Kenntnisse
Kondition	Basic bis 10 km	Advanced bis 20 km	Expert ab 20 km	
Gefahren	Kursschiffe/ Motorboote	Seequerung / Wellen / Wind	Hafenein-fahrten	

Hinweis: Bei Querung mit dem Kursschiff entfällt die schwierige Seequerung! Zudem Halbierung bis Ludwigshafen machbar.

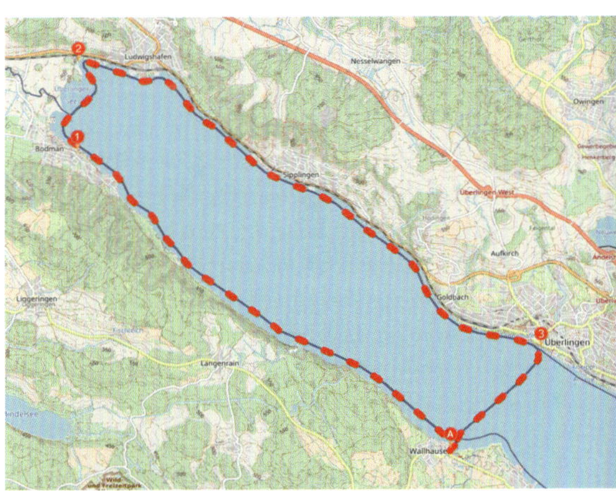

und Kuchen lässt sich bei Café-Pension Hasler genießen. Die Fahrt geht nun vorbei am Naturschutzgebiet Stockacher Aach Richtung Ludwigshafen. In Ludwigshafen gibt es ebenfalls schöne Rast- und Einkehrmöglichkeiten.

Auf der nördlichen Seite fahren wir am Ufer entlang weiter Richtung Überlingen. Die nächste Ortschaft auf unserem Weg dorthin ist Sipplingen. Hier bietet sich am Badestrand nahe einer Pizzeria mit großer Terrasse direkt am See eine gute Gelegenheit zum Anlanden. Das Cefé Ristorante Riva ist sehr zu empfehlen.

Nach Sipplingen befindet sich die Bodensee-Trinkwasserversorgung. Ca. 300 Meter vom

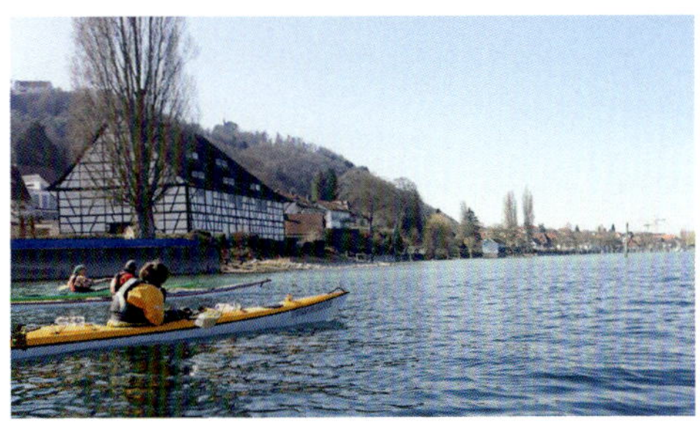

Bodman, Foto: Verena Blattmann

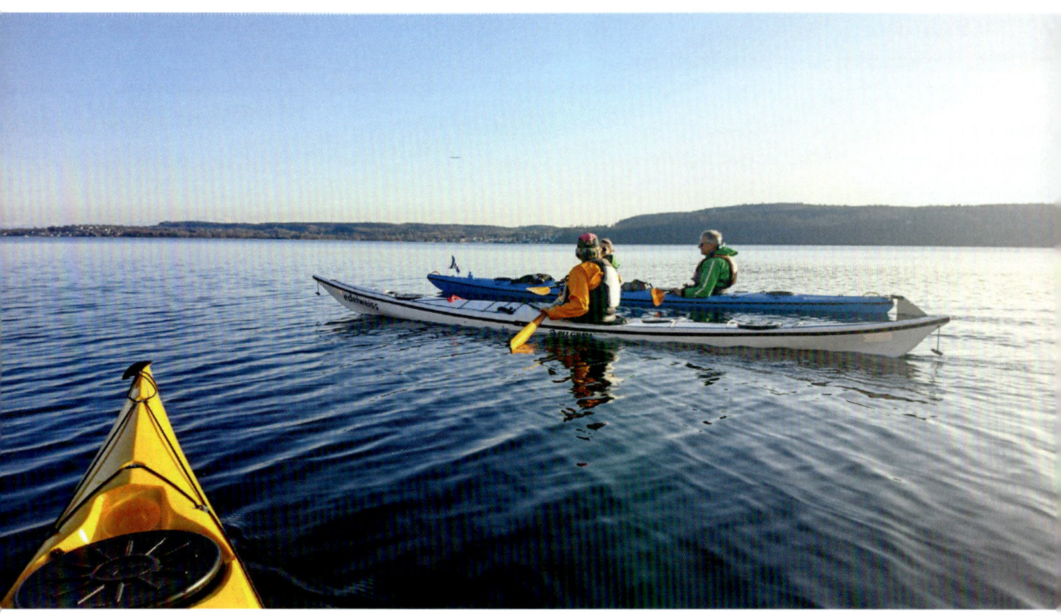

Vor Überlingen Blick Richtung Wallhausen, Foto: Verena Blattmann

Ufer entfernt liegt die Entnahmestelle und daher ist bis Überlingen-Goldbach ein weiträumiges Sperrgebiet. Achtung: Dieses Sperrgebiet ist videoüberwacht und darf nicht durchfahren werden. Bojen zeigen die Sperrzone an, die zu umfahren ist. Ufernah darf dieses Sperrgebiet in einem je nach Wasserstand mehr oder weniger breiten Streifen von muskelbetriebenen Fahrzeugen passiert werden, siehe hierzu auch die allgemeinen Hinweise. Bei ausgeprägtem Niedrigwasser empfiehlt sich eine Umfahrung seewärts.

Kurz nach dem Sperrgebiet erreichen wir den kleinen Hafen des Überlinger Teilorts Goldbach. Weiter Richtung Ortskern kommen wir an den Molassefelsen von Goldbach und dem Landesgartenschaugelände von 2021 vorbei. Ursprünglich war die Landesgartenschau für das Jahr 2020 geplant, wurde dann aber aufgrund der Pandemie um ein Jahr verschoben.

Bei gutem Wetter geht es von hier aus quer über den See zurück nach Wallhausen; nicht ohne nochmals den Anblick auf die Überlinger Altstadt mit Promenade zu genießen.
SUP'ler mit einem iSUP können die Tour und die Seequerung auch mit dem Kursschiff abschließen. Dies reduziert die Schwierigkeit von schwer auf mittel.

Bei unsicheren Windverhältnissen ist es ratsam, diese Tour entgegen dem Uhrzeigersinn zu unternehmen, denn wie sich der Wind Stunden später entwickeln wird, lässt sich oft nicht abschätzen. Es ist deshalb empfehlenswert, die einzige Querung über den offenen See zu Beginn der Fahrt anzugehen.

Text: Petra Hassler-Mattes, Andreas Mattes, Verena Blattmann

ADRESSEN UND INFOS

Gastronomie

- Ufer39
Strandbadlokal mit moderner Landküche
www.ufer39.de

Unterkunft:

- Landhotel Bodensee
Konstanz-Wallhausen
www.landhotel-bodensee.de

Bodman-Ludwigshafen

- Café Hasler
www.cafe-hasler.de
- GALLARDO Restaurante
www.restaurante-gallardo.de
- Restaurant Bodano
www.bodano.de
- Bisonstube Bodenwald
(ggf. kleine Wanderung auf die Höhe)
www.bisonstube-bodenwald.de

Sipplingen

- Café Ristorante Riva
https://ristorante-riva.de

Wallhausen

- Landhotel Bodensee
Konstanz-Wallhausen
www.landhotel-bodensee.de

Bodman-Ludwigshafen

- Campingplatz Schachenhorn
www.camping-schachenhorn.de
- Hotel Sommerhaus Garni am See
www.hotel-sommerhaus.de
- Hotel Fischerhaus
www.hotel-fischerhaus.de

Sehenswürdigkeiten:

- Marienschlucht
(An durchgängiger Wiedereröffnung wird gearbeitet)
www.marienschlucht.de

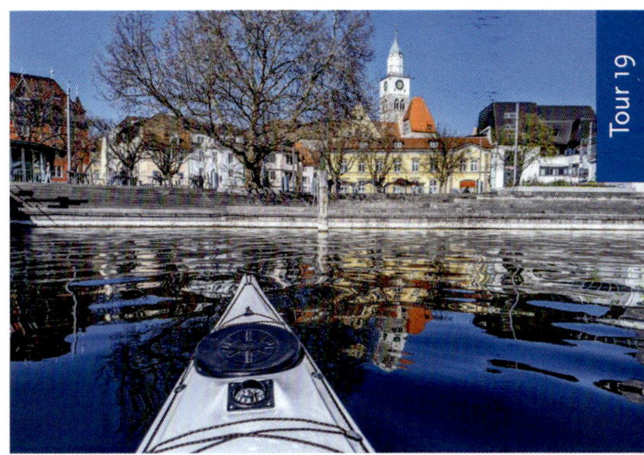

Überlingen, Foto: Lucia Tyborski

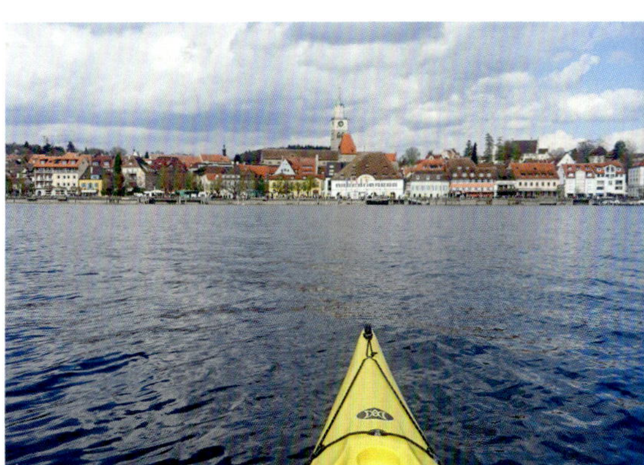

Überlingen, Foto: Verena Blattmann

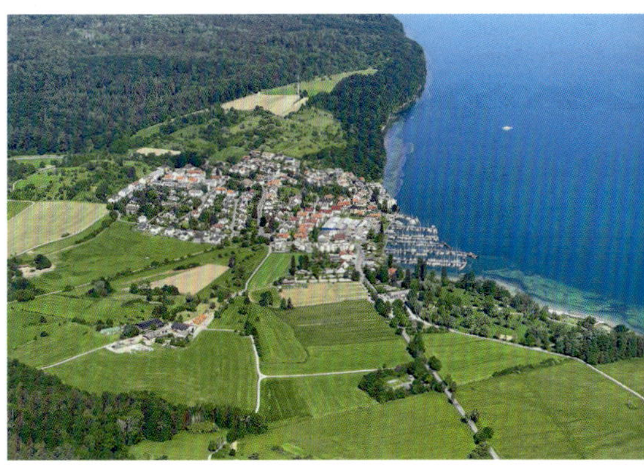

Luftbild Wallhausen, Foto: Matthias Pflüger

Tour 20: Untersee / Gnadensee

Markelfingen – Reichenau – Allensbach – Markelfingen (16,5 km)

Der Bereich des Bodensees nördlich der Reichenau wird als Gnadensee bezeichnet. Die Herkunft des Namens ist nicht eindeutig. Entweder leitet er sich von der Gerichtsbarkeit der früheren Äbte ab, oder bezieht sich auf die gnädige Mutter Maria, der das Kloster in Mittelzell früher geweiht war.

Die maximale Breite ist 1,9 Kilometer, die tiefste Stelle beträgt 19 Meter.

Das östliche Ende des Gnadensees ist der Bereich des Untersees, der entlang des Wollmatinger Rieds im Winter oft zufriert und eine beliebte Adresse für Schlittschuhläufer ist.

Die Tour ist eine schöne kleine Rundtour. Wie der Name schon verrät, kann sie an allen Einsetzstellen entlang der Strecke beginnen und dann dort auch wieder – ganz ohne aufwändiges Autoverstellen – enden.

Wer die Fahrt mit ÖPNV und Faltboot durchführen will, dem bietet sich als Startpunkt die Gaststätte Seegarten in Allensbach an. Dieser ist mit einem Bootswagen vom nahen Bahnhof aus gut zu erreichen.

Mit dem Auto ist das Naturfreundehaus Markelfingen wegen der guten Parkmöglichkeiten eine gute Alternative.

Die hier beschriebene Tour gegen den Uhrzeigersinn beginnt beim Naturfreundehaus in Markelfingen. Hier können auch Boote vom Verleiher vor Ort gemietet werden. Nach dem Einsetzen queren wir den See hinüber zur Mettnauspitze. Ein Anlanden ist hier verboten, da dieses Ufer Teil des Naturschutzgebietes Mettnau ist. Dort wachsen das endemische Bodensee-Vergissmeinnicht und der Strandling. Beide Pflanzen sind eher unscheinbar und können beim unachtsamen Betreten des Kies-

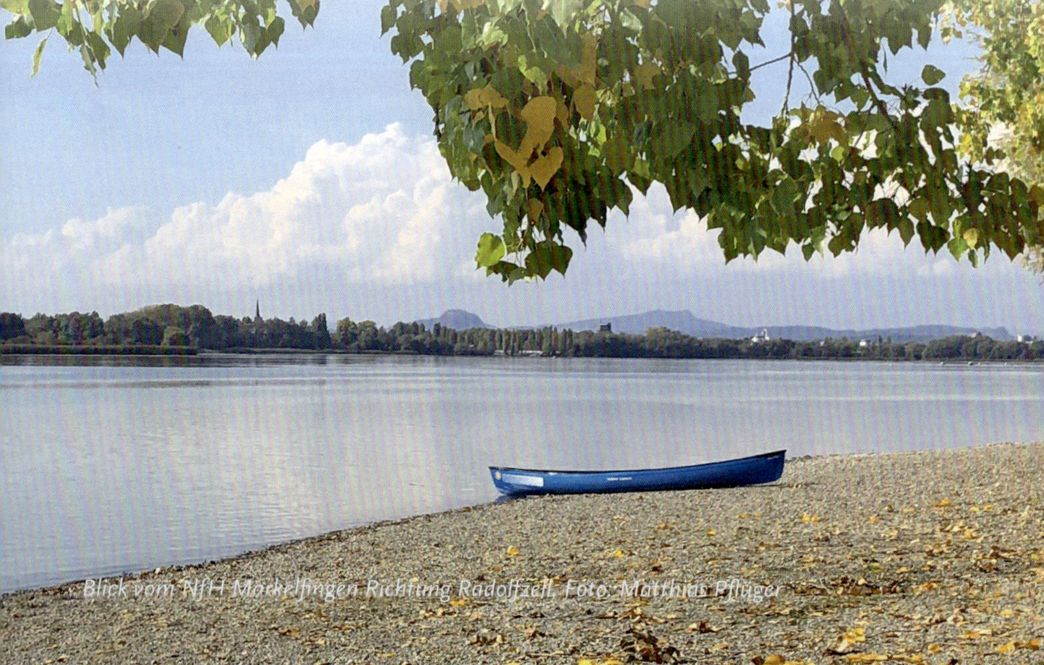

Blick vom NfH Markelfingen Richtung Radolfzell, Foto: Matthias Pflüger

Tourensteckbrief

Länge der Tour gesamt: 16,5 km

Start / Ziel:
Naturfreundehaus Markelfingen
Radolfzeller Straße 1, 78315 Radolfzell
www.naturfreundehaus-bodensee.de
47°43'57"N 9°00'49"E
47.732686, 9.013737

Etappenziel:
Seegarten
Strandweg, 78476 Allensbach
47°42'45"N 9°04'09"E
47.712514, 9.069208

strandes zerstört werden. vvcVon der Mettnauspitze geht es direkt hinüber zur Insel Reichenau. Bei herrschendem Westwind ist auf diesem Abschnitt das Wasser durch den Wind, der von Stein am Rhein heraufweht, oft sehr unruhig.
Ab dem Erreichen der Nordwestspitze der Reichenau, dem sogenannten Bürglehorn, verläuft der Rest der Tour unter Land. Auch wenn am Ostende beim Wollmatinger Ried wegen des Naturschutzgebietes keine ufernahe Passage möglich ist, ist hier sehr selten mit problematischen Windverhältnissen zu rechnen.
Etwa 300 Meter nach dem Bürglehorn geht die Fahrt vorbei an Georgs Fischerhütte. Anschließend quert man die Bucht vor dem Strandbad und ist bald darauf beim Jachthafen. Hier ist ein Anlanden sehr gut möglich. Es gibt eine öffentliche Toilette und ein SB-Restaurant. Weiter geht es entlang des Ufers Richtung Bruckgraben. Ca. 300 Meter vor dem Bruckgraben liegt etwas versteckt hinter dem Schilf das Restaurant „Riebels Fisch" mit täglich fangfrischem Fisch im Angebot. Das Anlanden dort ist teilweise etwas beschwerlich und abhängig vom Wasserstand.

Gesamtanspruch: leicht / mittel / schwer

SUP

Kategorie	SUP Touring	
Boards	iSUP 10'- 14'	Hardboard
Finne	Touring - Finne	Seegras - Finne
Sicherheit	Leash	Schwimmweste

Alle Bootsgattungen

Ausrüstung	Neopren oder	Trockenanzug	im Winter	
Können: Technik + Sicherheit	Basic Einsteiger	Advanced Fortgeschrittene	Expert Semi-Profi	
Schwierigkeit	Leicht Grund-kenntnisse Paddeln	Mittel Fortgeschrittenen-kenntnisse Paddeln	Schwer Semiprofes-sionelle Kenntnisse Paddeln	Ambitioniert Profi-Kenntnisse
Kondition	Basic bis 10 km	Advanced bis 20 km	Expert ab 20 km	
Gefahren	Kursschiffe/ Motorboote	Seequerung / Wellen / Wind	Hafenein-fahrten	

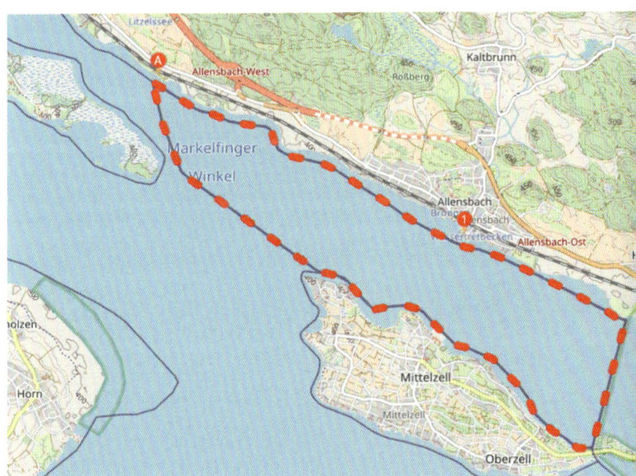

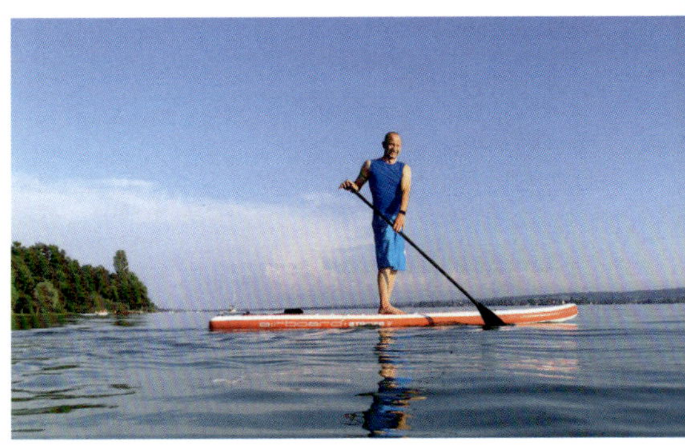

Vor Markelfingen, Foto: Matthias Pflüger

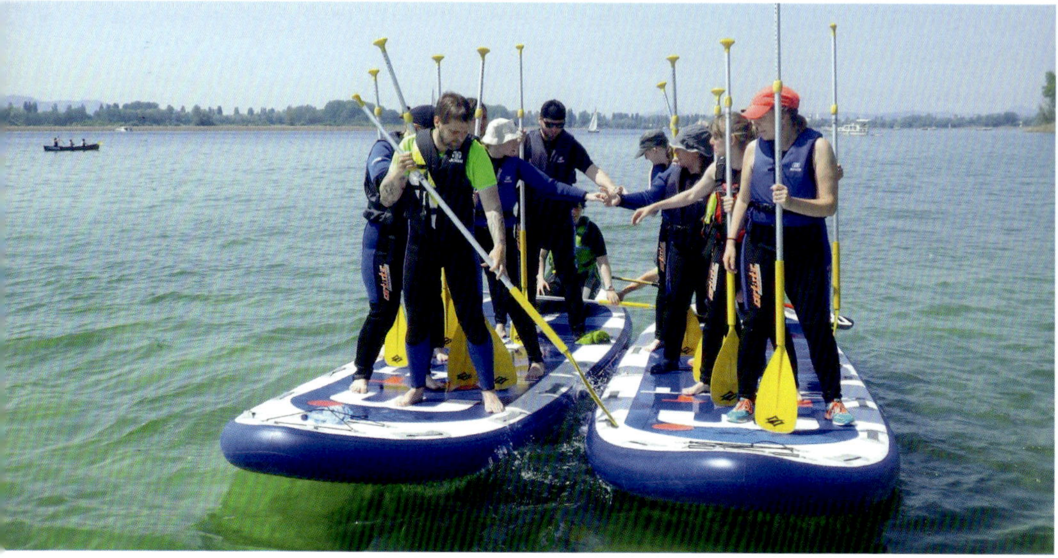

Blick Richtung Radolfzell Markelfinger Winkel, Foto: Matthias Pflüger

Der Bruckgraben trennt die Insel Reichenau vom Damm zum Festland. Er ist gekennzeichnet durch zwei Seezeichen, welche die Durchfahrt für kleinere Boote und auch für Motorboote, markieren.

Von dort aus geht es entlang der Seezeichen, die das Naturschutzgebiet begrenzen, hinüber nach Hegne. Auch hier ist das Schutzgebiet zu respektieren. Der Campingplatz Hegne mit seinem Restaurant bietet sich für eine Rast an.

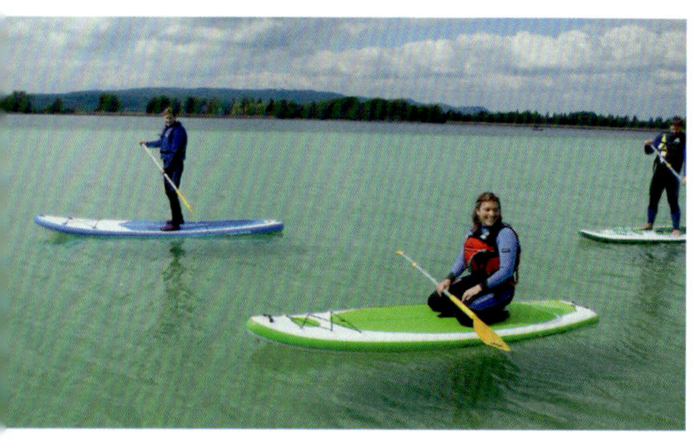

Blick zur Mettnau, Foto: Matthias Pflüger

Weiter geht es zurück Richtung Westen dem Ufer entlang nach Allensbach. Vor dem Restaurant Seegarten in Allensbach gibt es wasserstandsabhängig meist gute Liegeplätze beim Bachbett für die Boote. Auch hier ist eine öffentliche Toilette vorhanden. Vom Seegarten aus sind die schönsten Sonnenuntergänge des Untersees zu sehen. Das Panorama dazu bilden die Hegauvulkane im Hintergrund.

Hier kann nochmals eine kurze Rast eingelegt werden, da sich auf dem Weg zurück zum Startpunkt Markelfingen keine öffentlichen Anlandemöglichkeiten mehr befinden. Beim Naturfreundehaus lässt sich der Tag mit einem Bad im See und einem Besuch des Restaurants mit seiner schönen Sonnenterasse beschließen.

Wer die Fahrt im Uhrzeigersinn macht, den erwartet immer wieder – nach einer Fahrt im Windschatten der Insel – am Bürglehorn plötzlich kräftige Wellen. Dann kann auch eine Seequerung direkt hinüber Richtung Markelfingen eine sichere Alternative sein.

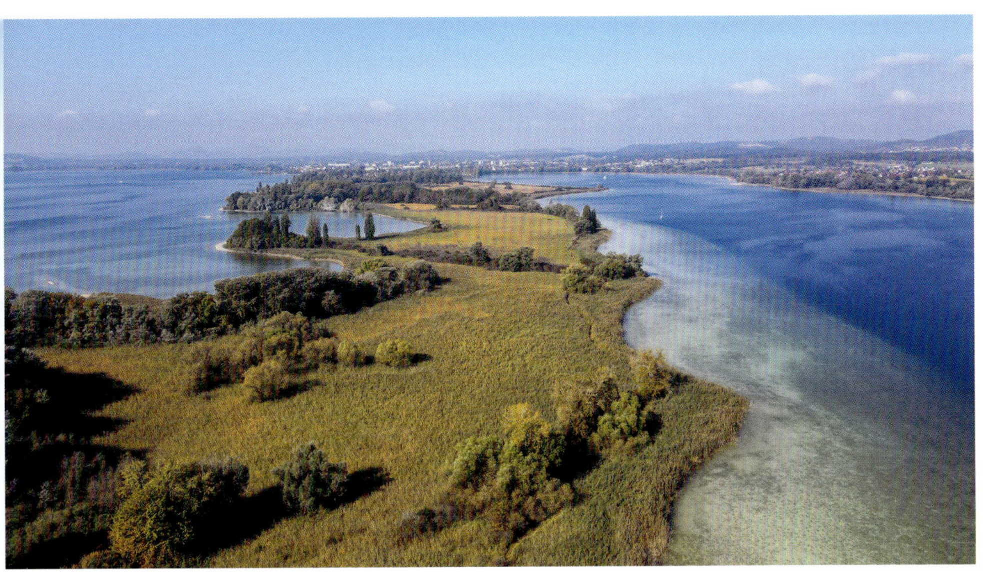

Drohnenbild NSG Mettnau Richtung Radolfzell, Foto: Matthias Pflüger

Erweiterte Tour: Statt den direkten Kurs von Markelfingen auf die Mettnauspitze zu nehmen, zunächst den See queren, mit Kurs auf den Aussichtsturm der Halbinsel Mettnau. Der Turm ist frei zugänglich und bietet einen schönen Rundumblick auf den Untersee. Anschließend dem Ufer entlang der beschriebenen Tour weiter folgen.

Text: Petra Hassler-Mattes

ADRESSEN UND INFOS

Gastronomie

- Naturfreundehaus Markelfingen
  www.naturfreundehaus-bodensee.de
- Riebels Fischhandlung mit Imbiss
  www.riebels-fischdelikatessen.de
- Georg´s Fischerhütte, Reichenau
  www.georgs-fischerhuette-reichenau.de
- Seegarten Allensbach
  www.seegarten-restaurant.de

Unterkunft:

- Naturfreundehaus Markelfingen,
  www.naturfreundehaus-bodensee.de
- Campingplatz Markelfingen
  www.camping-markelfingen.de
- Camping Hegne
  www.camping-hegne.de
- Campingplatz Willam (zwischen Allensbach und Markelfingen)
  www.campingplatz-willam.de

Sehenswertes:

- Insel Reichenau, Wild- und Freizeitpark Allensbach
  www.wildundfreizeitpark.de
- Kloster Hegne, Allensbach-Hegne
  www.kloster-hegne.de

Alternativen:

- Affenberg Salem
  www.affenberg-salem.de
- Rundwanderung um den Mindelsee

- Festungsruine Hohentwiel in Singen
  www.festungsruine-hohentwiel.de
- Blumeninsel Mainau
  www.mainau.de
- Altstadt Konstanz mit Münster
- Sealife-Center in Konstanz
  www.visitsealife.com/konstanz

Weitere KURZ-INFOS finden Sie am Ende der Tour 10.

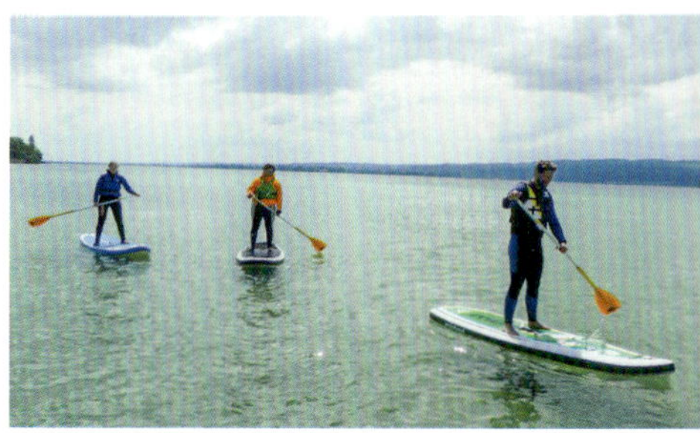

Vor Allensbach - Konstanz, Foto: Matthias Pflüger

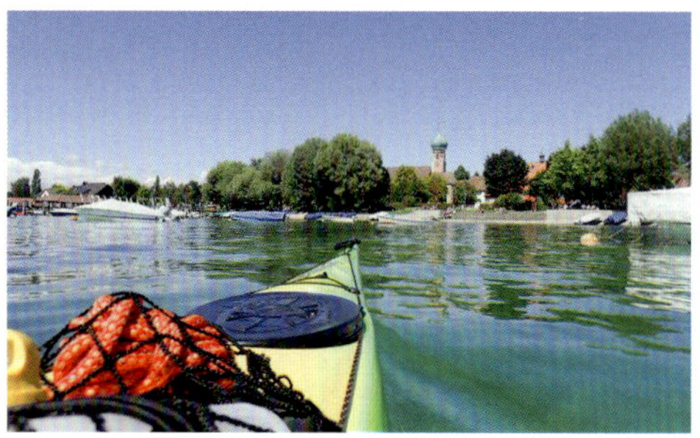

Allensbach, Foto: Kanu-Club Laiz

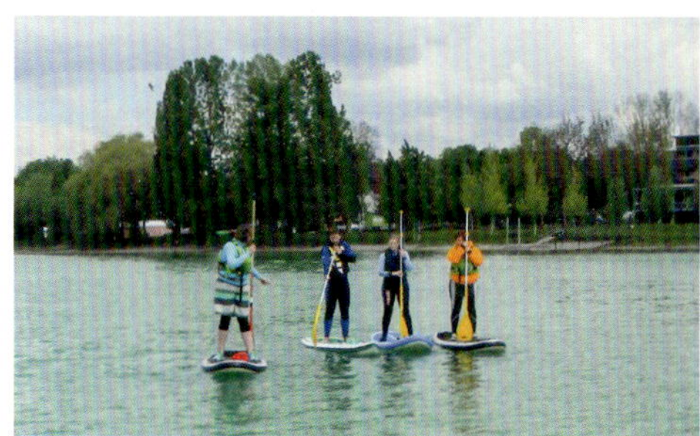

Blick auf NfH Markelfingen, Foto: Matthias Pflüger

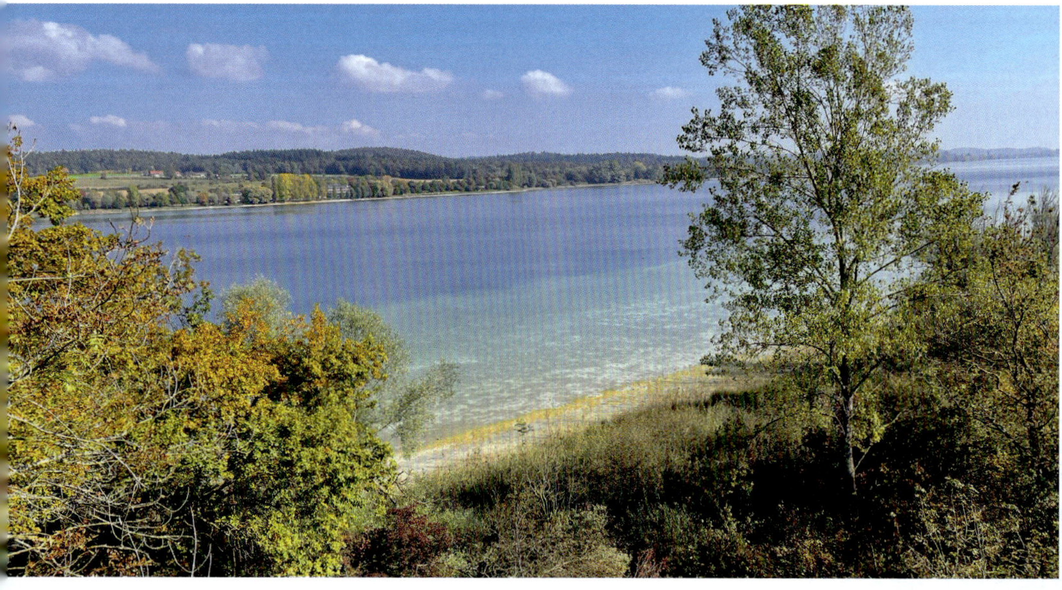

Blick von der Mettnau Richtung Allensbach, Foto: Matthias Pflüger

Tour 21: Untersee / Reichenau - Reichenau Rundtour (11 km)

Reichenau ist eine Gemeinde im Landkreis Konstanz. Die Insel Reichenau, auch bekannt als „Gemüse- oder Salatinsel", liegt im westlichen Bodensee, dem Untersee, zwischen Konstanz und Radolfzell und hat eine Fläche von 444 Hektar. Sie ist damit die größte Insel im gesamten Bodensee. Ein großer Teil der Insel steht unter Landschaftsschutz, einzelne Gebiete, wie das Wollmatinger Ried, auch unter Naturschutz. Die ufernahen Feuchtgebiete beherbergen die typischen Tier- und Pflanzengesell-schaften der Bodenseeregion und sind vor allem für zahlreiche Wasservögel aus ganz Europa als Brut-, Rast- und Überwinterungsplatz von herausragender Bedeutung.

Die drei mittelalterlichen romanischen Klöster aus dem 9. bis 11. Jahrhundert sind ein wesentlicher Grund dafür, dass die Insel im Jahr 2000 zum UNESCO-Weltkulturerbe erklärt wurde. Über den 1838 aufgeschütteten Reichenauer Damm ist die Insel mit dem Festland verbunden.

Durch die temperaturausgleichende Wirkung des Bodensees, die positive Auswirkungen des Alpenföhns und die hohe Zahl an Sonnentagen ist das Klima dort besonders mild.

Tour-Beschreibung:

Die Insel kann mit oder gegen den Uhrzeigersinn umrundet werden. Es empfiehlt sich, dies nach den Windverhältnissen zu gestalten. Empfehlung: Für die Rückfahrt den Windschatten der Insel nutzen. Die hier beschriebene Route verläuft im Uhrzeigersinn.

Die Tour startet beim Yachthafen Herrenbruck. Dieser liegt unweit der früheren Benediktiner-Klosterkirche und der heutigen katholischen Pfarrkirche / Münster „St. Maria und Markus". Sie ist die Hauptkirche der Insel. Auf der vom Wind geschützten Seite der Insel paddeln wir Richtung Inseleingang und der Seeverbindung „Bruckgraben".

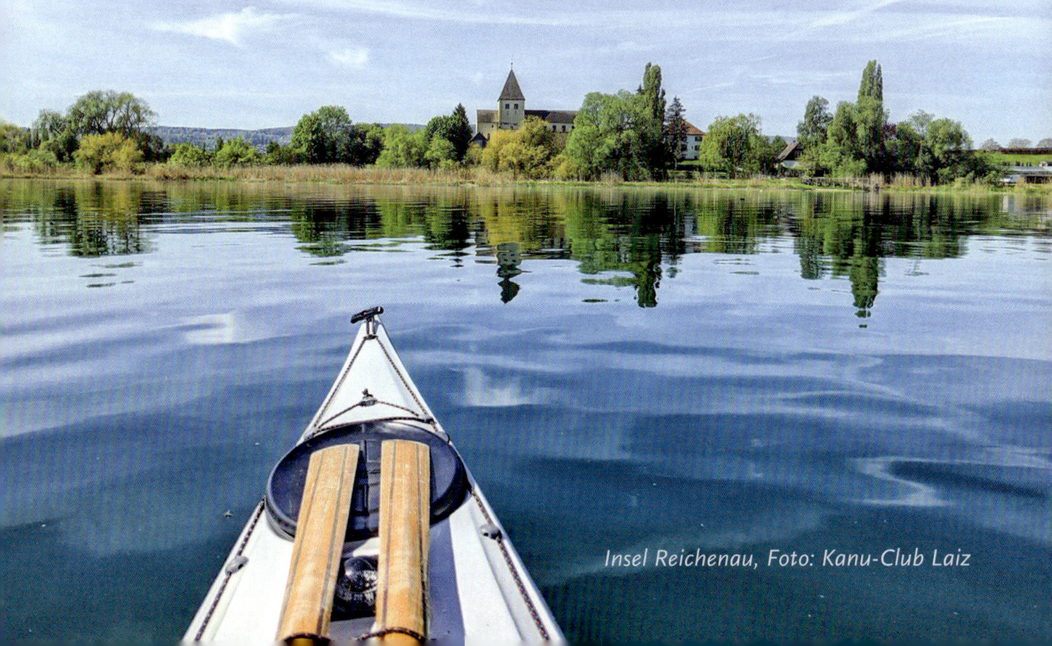

Insel Reichenau, Foto: Kanu-Club Laiz

Tourensteckbrief

Länge der Tour gesamt: 11 km

Start / Ziel:
Yachthafen Reichenau -
Sportboothafen Herrenbruck
Hermannus-Contractus-Straße 28,
78479 Reichenau
47°42'01"N 9°03'49"E
47.700406, 9.063862

Gesamtanspruch: leicht / mittel / schwer

SUP

Kategorie	SUP Touring	
Boards	iSUP 10'- 14'	Hardboard
Finne	Touring - Finne	Seegras - Finne
Sicherheit	Leash	Schwimmweste

Alle Bootsgattungen

Ausrüstung	Neopren oder	Trockenanzug	im Winter	
Können: Technik + Sicherheit	Basic Einsteiger	Advanced Fortgeschrittene	Expert Semi-Profi	
Schwierigkeit	Leicht Grundkenntnisse Paddeln	Mittel Fortgeschrittenenkenntnisse Paddeln	Schwer Semiprofessionelle Kenntnisse Paddeln	Amb Prof Ken
Kondition	Basic bis 10 km	Advanced bis 20 km	Expert ab 20 km	
Gefahren	Kursschiffe/ Motorboote	Seequerung / Wellen / Wind	Hafeneinfahrten	

Hinweis: Vorsicht auf der offenen Seeseite hinsichtlich des Windes und der Welle Kann sich schnell ändern.

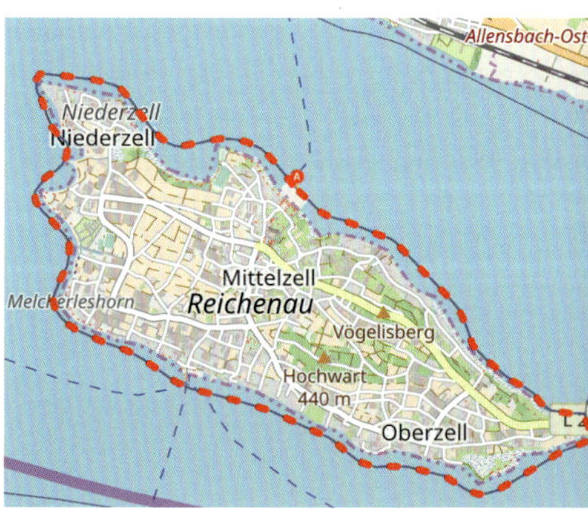

Kurz vor dem Ende der Nordhälfte und im Schilf versteckt, befindet sich die „Offene Fischküche bei Riebels" mit täglich fangfrischem Fisch im Angebot. Das Anlanden dort ist teilweise etwas beschwerlich und abhängig vom Wasserstand. Dennoch lohnt sich der Ausstieg allein schon wegen der Pfarrkirche „Sankt Georg" in Oberzell mit ihrer reichen Kirchen- und Kulturgeschichte, die nur wenige Schritte von der Ausstiegsstelle entfernt liegt.

„Sankt Georg" ist ebenfalls eine katholische Kirche (Basilika), die aus dem 9. Jahrhundert datiert. Sie ist ein spätkarolinisches und ottonisches Kirchengebäude mit Wandmalereien aus ihrer Frühgeschichte. Diese wurden im Laufe der Zeit mit weißer Farbe übermalt, wiederentdeckt und so gut als möglich restauriert. Für Interessierte lohnt sich ein Besuch. Die Kirche ist jedoch nur im Rahmen von Führungen zu besichtigen.

Ein paar Paddelschlägen weiter ist der sogenannte „Bruckgraben" erreicht. Der Bruckgraben unterbricht den Damm auf einer Breite von sieben und einer Länge von 97 Metern und ermöglicht so eine Durchfahrt für Boote bei einem Pegelstand von 3,00 – 4,70 Meter (Pegel Konstanz, www.elwis.de). Die Durchfahrt ist durch Seezeichen markiert. Direkt am Zugangsdamm ist die Steinstatue des Heiligen Pirmin zu sehen. Der Wanderbischof gründete das Benediktinerkloster Reichenau im Jahr 724. Nach der Durchfahrt ist links die große Flachwasserzone des Wollmatinger Rieds zu sehen.

Das Naturschutzgebiet Wollmatinger Ried ist das größte und bedeutendste Naturreservat am deutschen Bodenseeufer mit einem großen

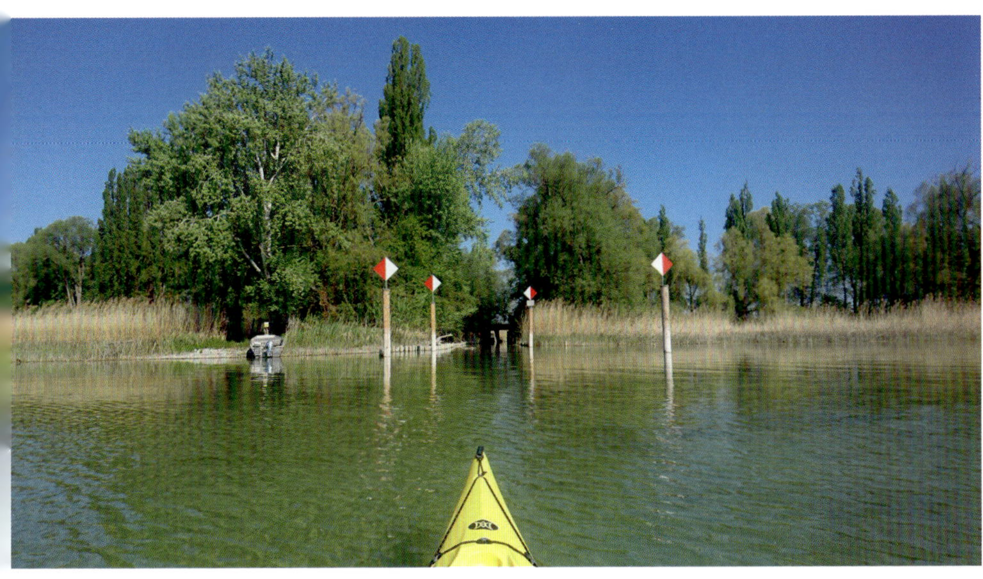

Bruckgraben Fahrtrichtung Hegne, Foto: Verena Blattmann

Pflanzen- und Tierweltartenreichtum. Hier können mit etwas Glück sehr seltene Tiere beobachtet werden.

Rechts dem Uferverlauf folgend erreicht man nach rund drei Kilometer den Hafen der Insel. Auf diesem Abschnitt liegen teilweise sehr schöne private Häuser mit eigenem Seezugang und Seeblick.

Am Hafen legen die Passagier- und Ausflugschiffe des Untersees und der Verbindung Kreuzlingen – Konstanz – Untersee – Schaffhausen an. Direkt nach dem Landesteg bietet sich eine gute Ausstiegsmöglichkeit. In der Nähe befinden sich eine öffentliche Toilette sowie ein kleiner Kiosk.

Für den gehobenen Geldbeutel lohnt sich ein Besuch im Hotel und Restaurant Löchnerhaus mit tollem See-Blick von der großen Hochterrasse Richtung Westen. Die Küche des Hotels ist eine klare Empfehlung wert. Nach etwas mehr als einem Kilometer, am Südufer der Insel, liegt der Campingplatz „Sandseele“ (Badebereich beachten; Ausstieg vor der Sperrfläche!). Von dort bietet sich ein fantastischer Blick auf die Halbinsel Höri, die Hegau-Vulkane und das Schweizer Ufer. Vor der Seequerung bietet sich hier eine kleine Rast an. In der Ferne ist die Ruine Burg Hohentwiel zu erkennen. Diese kann besichtigt werden und bietet einen tollen Blick über den Untersee bis nach Konstanz.Interes-

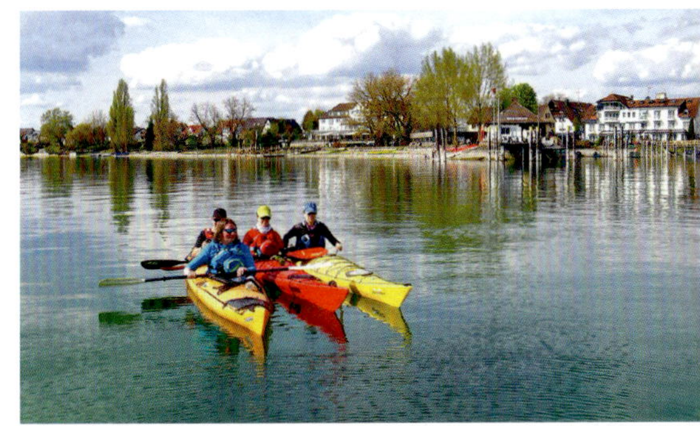

Reichenau Schiffsanleger, Foto: Matthias Pflüger

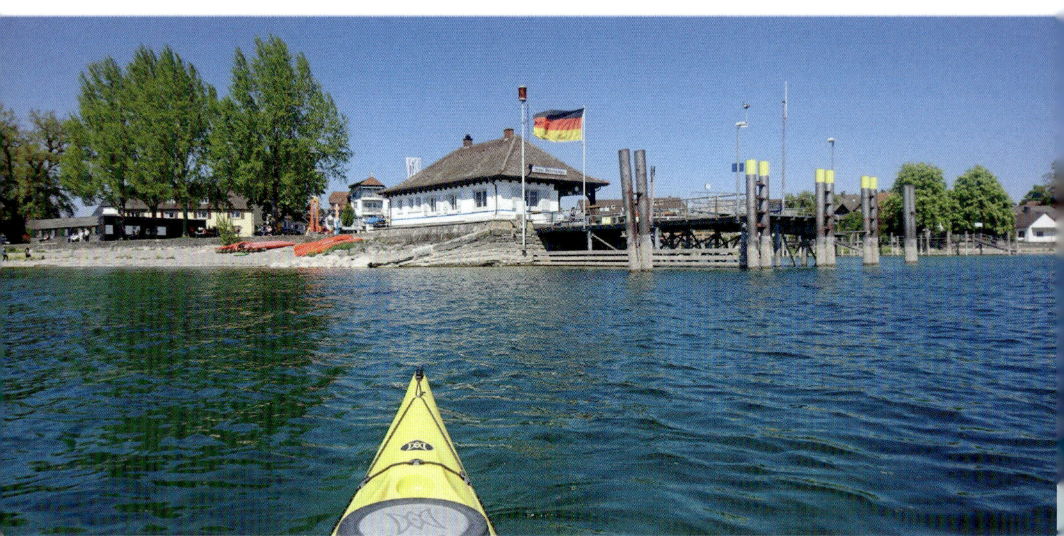

Reichenau Anleger, Foto: Verena Blattmann

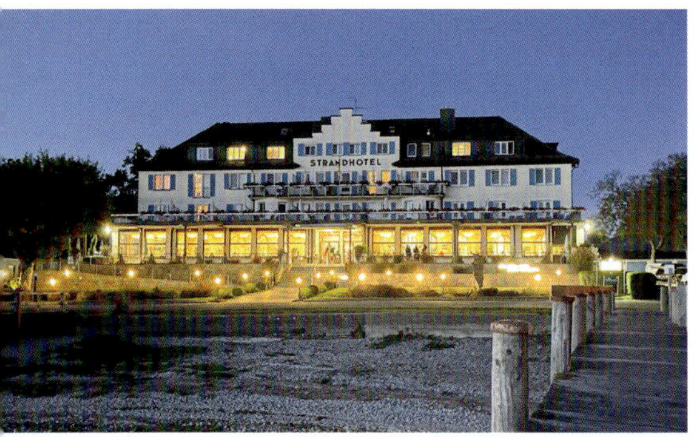

Reichenau Hotel Löchnerhaus, Foto: Matthias Pflüger

Blick von Reichenau Richtung Ermatingen
Foto: Matthias Pflüger

sant auf diesem Abschnitt sind die Untiefen, welche durch Seezeichen markiert sind. Von der Spitze der Reichenau eröffnet sich ein herrlicher Blick über den Zeller See, dem Markelfinger Winkel, Markelfinger See und dem Gnadensee.

Weiter geht es in direkter Fahrt zur Nord-West-Spitze, an der das Schloss Windegg liegt. Nach Umrundung der Spitze kann an einer Kies-Rampe angelandet werden, um die dritte Kirche der Insel, „Sankt Peter und Paul" im Ortsteil Niederzell zu besichtigen. Sie ist eine romanische Säulenbasilika. Diese Kirche kann, wie auch die Hauptkirche (das Münster) ohne Führung besichtigt werden.

Am nördlichen Ufer geht es vorbei an der romanischen Basilika „St. Peter und Paul". In unmittelbarer Nähe der Basilika liegt „Georg´s Fischerhütte", für Fischliebhaber eine gute Gelegenheit, eine Paddelpause einzulegen. Hier gibt es eine gute Anlandemöglichkeit direkt vor der Fischerhütte.

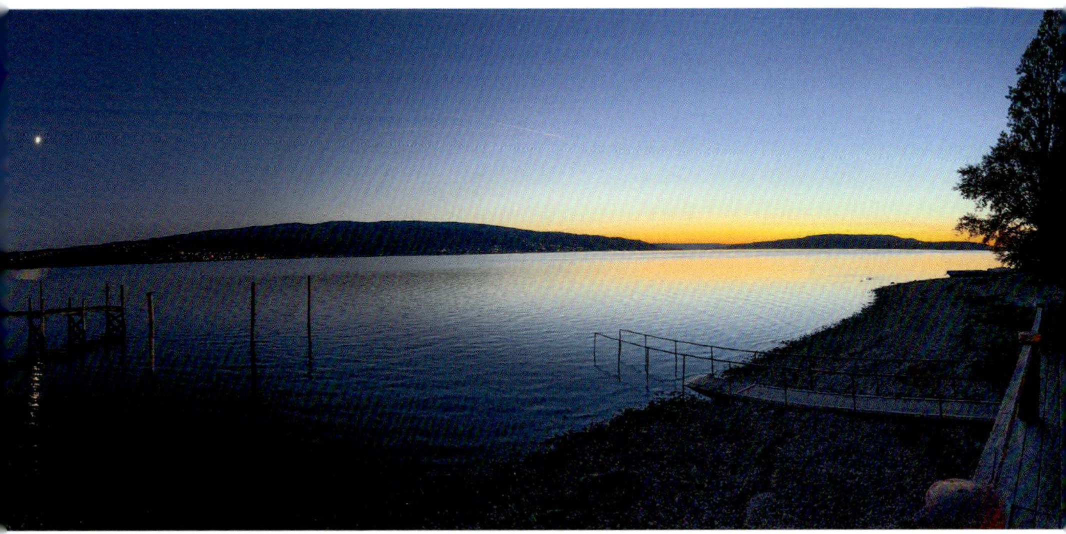

Blick von Reichenau Richtung Steckborn und Berlingen, Foto: Matthias Pflüger

Wir passieren die nachfolgende Bucht mit dem Strandbad Reichenau. Weitere 500 m später liegt der Yachthafen Herrenbruck, unserem Start und Zielpunkt der Tour.

Die Insel kann auch überwiegend auf einem Uferweg zu Fuß umrundet werden. Nur von Oberzell und der Kirche Sankt Georg muss man die Insel Richtung Süden queren, und kommt erst an der Schiffsanlegestelle Reichenau zurück ans Wasser.

Einen tollen Überblick über die Insel und in alle Richtungen kann man von der höchsten Erhebung Hochwart bekommen. Nahezu der gesamte Untersee bis nach Konstanz ist von hier einsehbar. Nebenbei kann hier am höchsten Inselpunkt der Turm der Werkgalerie bestiegen und guter Kuchen und Café genossen werden.

Text: Petra Hassler-Mattes, Matthias Pflüger

ADRESSEN UND INFOS

Gastronomie:

Reichenau

- Hotel Löchnerhaus
www.loechnerhaus.de
- Campingplatz Sandseele
www.sandseele.de
- Werkgalerie Hochwart
www.werkgaleriehochwart.de
- Cafe am Kloster
https://cafeamkloster.net
- Georg's Fischerhütte Fischrestaurant
www.georgs-fischerhuette-reichenau.de
- Restaurant Seeräuber
www.seeraeuber-reichenau.de
- Laib und Seele
www.laibundseele.de

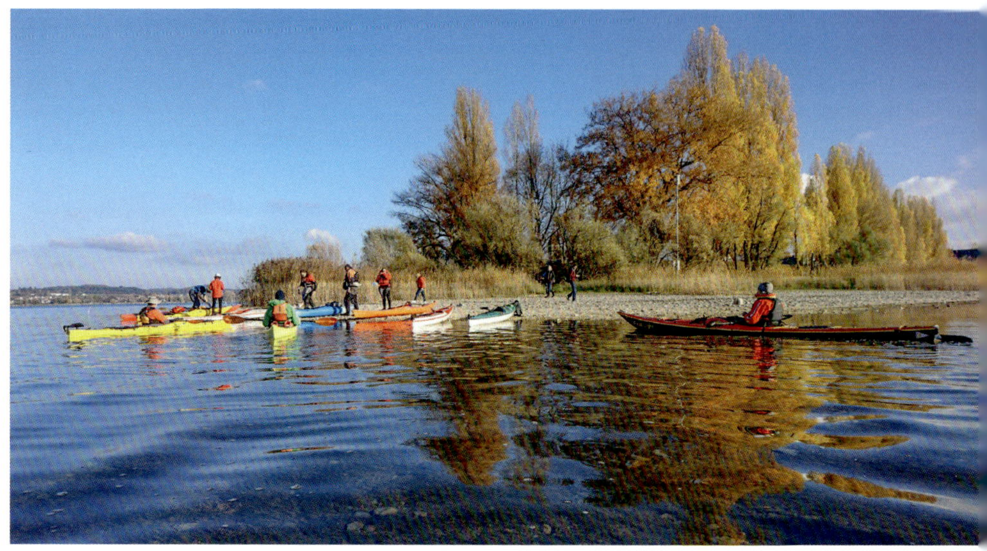

Reichenauspitze, Foto: Verena Blattmann

Unterkunft:

- Hotel Löchnerhaus
www.loechnerhaus.de
- Campingplatz Sandseele
www.sandseele.de
- Ganter Hotel & Restraurant Mohren
www.mohren-bodensee.de

Markelfingen

- Naturfreundehaus Markelfingen
www.naturfreundehaus-bodensee.de

Sehenswürdigkeiten:

Münster St. Maria und Markus, Abteikirche des Klosters Reichenau (Mittelzell).
Dreischiffige Basilika mit beindruckendem Dachstuhl. Im Westteil der Markusaltar
mit den Reliquien des Evangelisten Markus, St. Peter und Paul (Niederzell) mit der eindrucksvollen Orgel und Apsisbild (erbaut im 11. und 12. Jahrhundert), St. Georgs-Kirche (Oberzell) mit ottoni-
schen und nahezu unveränderten Wandmalereien aus dem 10. Jahrhundert (erbaut 888), Burgruine Schopflen (Oberzell, Reichenauer Damm) mit Aussichtsplattform. Hier bietet sich ein wunderschöner Blick auf die Schilflandschaft des Wollmatinger Rieds mit seinen unzähligen Wasservögeln.
www.reichenau.de

Alternativen:

Stadt Radolfzell mit Münster und Altstadt, Spaziergang von der Radolfzeller Altstadt zur Mettnauspitze (vom 15. April bis 31. August wegen Vogelbrut gesperrt) und zum Aussichtspunkt Mettnau-Turm (Finckh-Turm).
www.radolfzell-tourismus.de

- Rundwanderung um den Mindelsee
http://www.bund-radolfzell.de/
- Wild- und Freizeitpark Allensbach
www.wildundfreizeitpark.de
- Festungsruine Hohentwiel in Singen
www.festungsruine-hohentwiel.de
- Blumeninsel Mainau
www.mainau.de

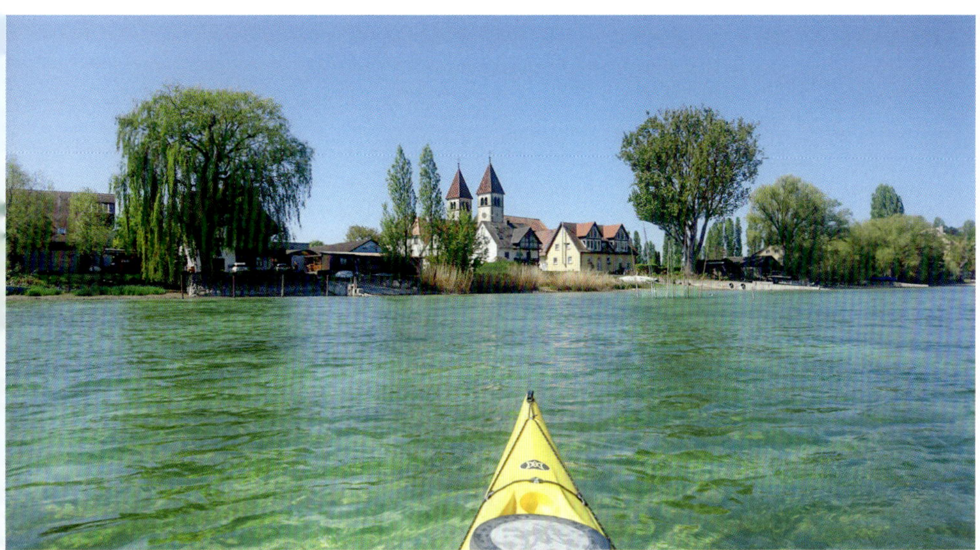

Sankt Peter und Paul, Reichenau, Foto: Verena Blattmann

- Altstadt Konstanz mit Münster
www.konstanz-info.com
- Sealife-Center in Konstanz
www.visitsealife.de

KURZ-INFO Reichenau:

Beste Zeit
Ganzjährig. In der kälteren Jahreszeit mit ausreichender Kälteschutzausrüstung. Besonders schön in der Vor- und Nachsaison, da wenig Motorbootsverkehr.
Pegel: Konstanz *(www.elwis.de)*

Gefahren:
Überraschender Südwestwind den Rhein herauf über den Untersee, der auch bei einer Seequerung für bewegtes Wasser sorgt. Fallwinde mit Windstärken bis zur Orkanstärke und Gewittern möglich.
Beachtung der Lichtsignale rund um den See. Wenn sich der See grün verfärbt, droht heftiges Wetter, dann gilt es schnellstmöglich an Land zu gehen!

Buchtipps/Karten:
Freizeitkarten Baden-Württemberg 1:50.000, Westlicher Bodensee

Kanugewässer in der näheren Umgebung:
Hochrhein von Stein am Rhein bis Schaffhausen, Thur.

Bootsverleih:
- Naturfreunde Markelfingen
www.bodensee-kanu-tours.de
- Freizeitcenter Reichenau
www.freizeitcenter-reichenau.de

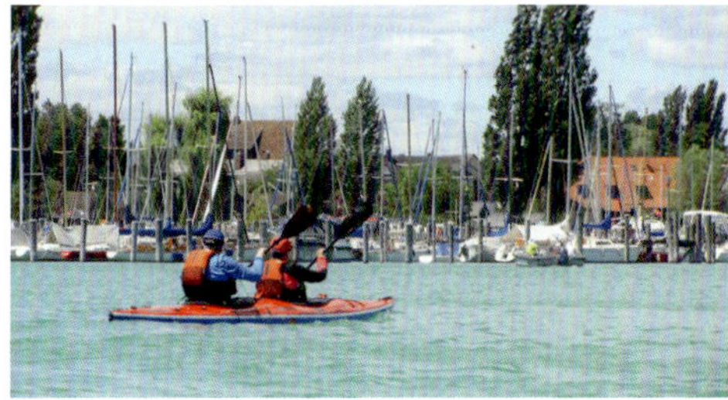

Yachthafen Reichenau, Foto: Andreas Mattes

Die Autoren

Matthias Pflüger
Beheimatet im Großraum Stuttgart verbringt er viel Freizeit am Bodensee. Ursprünglich als Wildwasserfahrer angefangen, hatte der SUP-Pionier die Idee zu diesem Buch und sorgte für die Realisierung. Mittlerweile ist er in vielen Bootsgattungen zu Hause. Seit 2014 betätigt er sich im Kanu-Club Konstanz (KCK) als Trainer (DOSB Trainer B und C). Nebenbei guided er by Rock-the-River.com Touren für Gruppen auf unterschiedlichen Gewässern. In seiner Freizeit steuert er gerne Drachenboote und fährt mit verschiedenen Teams bei Regatten mit.

Verena Blattmann
Die Wahl-Konstanzerin stammt aus Freiburg und ist seit 2016 Mitglied im Kanu-Club Konstanz. In ihrer Freizeit paddelt sie zu allen Jahreszeiten im Einer- und Zweierkajak vorwiegend Langstrecken-Touren auf allen Abschnitten des Bodensees.

Petra Hassler-Mattes und Andreas Mattes
Beide Autoren sind langjährige Mitglieder im Kanu-Club Singen (KCS) und sowohl dort als auch beim Bodensee-Kanu-Ring (BKR) und im Kanu-Verband Baden-Württemberg (KV BW) in der Geschäftsstelle engagiert. Ebenfalls seit vielen Jahren wirken beide bei der Organisation und Durchführung des Bodensee-Kanu-Marathons mit. Viele Vereins- und Verbandsfahrten auf dem Bodensee und Hochrhein wurden von Petra und Andreas organisiert und auf dem Wasser begleitet. Beide paddeln im Tourenkajak, im Surfski und gerne auch mit dem SUP.

Dagmar und Uwe Kummer

Bilder

Neben den Autoren werden Bilder bereitgestellt von:

Leonhard Sauter
(Kanu-Club Konstanz)

Wolfgang Schönwald
(Kanu-Club Konstanz)

Lucia Tyborski
(Kanu-Club Laiz)

und weiteren Mitgliedern des Kanu-Club Laiz